公路水运工程试验检测职业资格考试

桥梁隧道工程

一本通

杰 伦 赵文杰 编著

中国建材工业出版社
北 京

图书在版编目（CIP）数据

桥梁隧道工程一本通/杰伦，赵文杰编著．--北京：中国建材工业出版社，2024.5

公路水运工程试验检测职业资格考试

ISBN 978-7-5160-4123-9

Ⅰ.①桥… Ⅱ.①杰… ②赵… Ⅲ.①桥梁工程－试验－资格考试－自学参考资料②桥梁工程－检测－资格考试－自学参考资料③隧道工程－试验－资格考试－自学参考资料④隧道工程－检测－资格考试－自学参考资料 Ⅳ.①U4

中国国家版本馆CIP数据核字（2024）第077794号

内容提要

本书根据2024年度《公路水运工程试验检测专业技术人员职业资格考试大纲》中《桥梁隧道工程》科目的相关要求编写，全书章节设置与考试教材一致。

本书可作为公路水运工程试验检测人员考前复习参考资料，备考试验检测师、助理试验检测师的考生均适用。

桥梁隧道工程一本通

QIAOLIANG SUIDAO GONGCHENG YI BENTONG

杰 伦 赵文杰 编著

出版发行：中国建材工业出版社

地　　址：北京市海淀区三里河路11号

邮　　编：100831

经　　销：全国各地新华书店

印　　刷：东莞市印得好印刷有限公司

开　　本：787mm×1092mm 1/16

印　　张：15

字　　数：320千字

版　　次：2024年5月第1版

印　　次：2024年5月第1次

定　　价：**80.00元**

本社网址：www.jccbs.com，微信公众号：zgjcgycbs

前　言

为满足广大考生的备考需要，我们根据2024年度《公路水运工程试验检测专业技术人员职业资格考试大纲》（简称《考试大纲》）的相关要求，精心编写了本套辅导用书。本套辅导用书包括《公共基础》《道路工程》《桥梁隧道工程》《交通工程》和《水运材料》5本。

【速记宝典】特色：对教材知识点进行了认真梳理，为方便考生记忆，采用了对比记忆和联想记忆方法，根据历年考试重点对知识点使用不同颜色进行标注，对多选题考点采用下画线标注，对数字知识点采用红色字体，对高频考点采用蓝色字体，对超高频考点采用紫色字体，使考生在复习过程中更清楚知识点的重要性和题型设置，有助于提高复习效率，达到事半功倍的效果！

【真题汇编】特色：将历年真题按照教材章节进行梳理，去除部分因考试大纲调整、相关规范更新后已过时效的旧题，对部分争议题进行适当修改，真题答案都经过认真核对，答案解析采用对比记忆和联想记忆方法进行了适当的扩展，旨在帮助考生掌握重要知识点，而不是死记答案。通过练习对应的章节真题，可以巩固和强化速记宝典知识点，起到相辅相成的作用，同时能熟悉考试命题的规律和走向！

本书以最新的标准规范为编写依据，《考试大纲》中明确当教材与现行标准规范不一致时，应以现行有效的标准规范为准。所以时间充裕的考生还是要多学习规范，多进行试验操作，提高自身试验检测的理论知识和操作技能，保证能够胜任自己所从事的公路水运工程试验检测工作的实际需要。考生在备考复习过程中，一定要以考试大纲和教材作为主要复习资料，认真踏实地复习，深入掌握各个知识点。本书仅作为参考辅导用书，要配合教材复习才能事半功倍！

由于编者水平有限，疏漏之处在所难免，欢迎批评指正或提出宝贵意见和建议，以便在修订时优化完善。试验检测考试交流QQ群为904038433，群内分享最新学习资料及本书勘误，有问题可以免费咨询编者（杰伦老师微信、QQ同号：2387378441）。

编　者

2024年3月

※※备考经验分享※※

【一】根据近5年真题分值章节分布表，对各章节的重要性有初步的认识。复习以教材为主，为了避免枯燥地学习厚厚的教材，强烈建议搭配“中迅网校”视频课件学习，通过老师深入浅出的讲解，快速熟悉教材的重难点。

【二】制定适合自己的学习计划，不要三天打鱼、两天晒网，每天努力一点就离成功更近一点。本辅导书适合对教材学习1~2遍后再使用，这样效果更好，学习完某一章节知识点后再做后面对应的章节真题，强化知识点记忆，起到相辅相成的作用。

【三】历年真题永远是最有价值的题目，很多题目都换汤不换药，做章节真题汇编时考生就会发现同一个知识点去年考的是单选题，今年考了判断题。所以对历年真题考过的高频考点必须认真掌握，在此基础上可以选几套模拟题做做，以查漏补缺。

【四】多选题判分规则是只要漏选，每选对一个得0.5分，所以一般至少要选2个答案。也要做到适当保守，4个答案必须绝对确定才能全选，否则有一个错误选项就得零分。因为现在不能使用智能计算器，所以掌握历年真题中考过的计算即可。

【五】桥梁隧道工程科目相对专业性较强，三篇内容的考试比例接近3:4:3，第二篇桥梁的前3章基本必考综合题，第三篇隧道虽然章节多，但是内容和考点相对比较简单。复习过程中速记宝典与真题搭配学习，通过考试so easy!

公路水运工程试验检测职业资格考试

桥梁隧道工程

一本通

2024 年公路水运工程试验检测考试时间表

时间	10 月 26 日		10 月 27 日	
	上午 10：00—12：00	下午 14：30—17：00	上午 9：30—12：00	下午 14：30—17：00
（助理）试验检测师	公共基础	道路工程	桥梁隧道工程	交通工程
			水运结构与地基	水运材料

桥梁隧道工程【试验检测师】近5年分值章节分布

章节内容	2019年真题	2020年真题	2021年真题	2022年真题	2023年真题
绪论	4	4	5	11	4
第一章 原材料试验检测	7	8	20（综合）	4	15
第二章 工程制品试验检测	21（综合）	20（综合）	11	18（综合）	20（综合）
第三章 构件材质状况无损检测	23（综合）	14（综合）	18（综合）	28（综合）	25（综合）
第四章 地基与基础试验检测	19	13（综合）	12	18（综合）	16（综合）
第五章 桥梁技术状况评定	13（综合）	15	21（综合）	8	15（综合）
第六章 桥梁荷载试验	20（综合）	19（综合）	13（综合）	3	6
第七章 桥梁承载力评定	18（综合）	13	4	14（综合）	2
第八章 基础知识	3	2	5	3	0
第九章 洞身开挖质量检测	4	4	5	5	2
第十章 喷锚衬砌施工质量检测	2	7	3	14（综合）	11（综合）
第十一章 混凝土衬砌施工质量检测	10（综合）	12（综合）	12（综合）	2	2
第十二章 隧道防排水检测	1	3	3	4	17（综合）
第十三章 辅助工程施工质量检查	1	15（综合）	4	4	5
第十四章 施工监控量测	3	2	3	12（综合）	3
第十五章 超前地质预报	2	3	11（综合）	2	7
第十六章 隧道施工环境检测	1	3	1	4	12（综合）
第十七章 隧道运营环境检测	1	12（综合）	16（综合）	4	4
第十八章 运营隧道结构检查	15（综合）	1	3	12（综合）	0
第十九章 盾构隧道施工质量检测与监测	2	0	0	0	4
总分150分，单选题30分，判断题30分，多选题40分，综合题50分（7选5），合格分数线为90分					

目　　录

【紫色字体为2017—2023年考过3次以上的超高频考点，蓝色字体为2017—2023年考过1~2次的次高频考点，红色字体为数字知识点，下画线为多选题考点】

绪　论

速记宝典

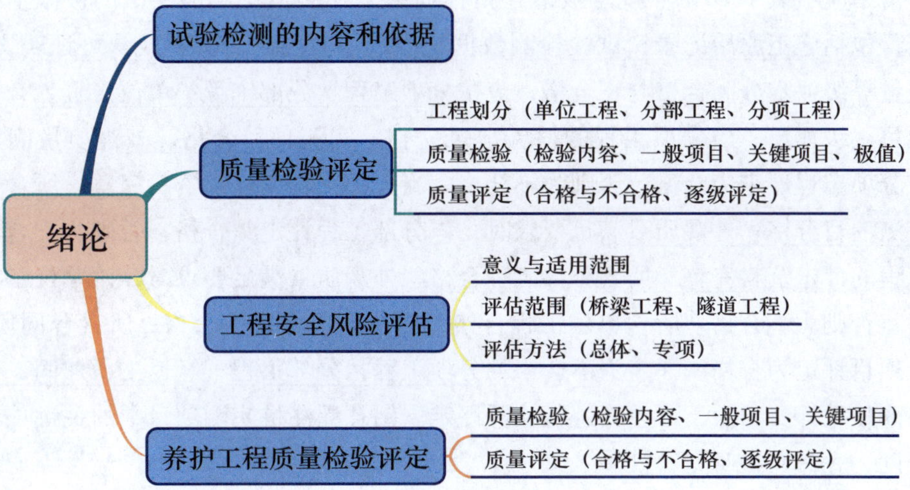

【质量检验评定】

1. 公路隧道的检测、监测活动贯穿建设和运营两个阶段，隧道工程试验检测技术的主要内容包括材料检测、施工检测、环境检测、运营隧道的养护检查检测与结构技术标准状况评定。公路工程标准的体系结构分为三层：板块层、模块层、标准层。公路工程标准体系由总体、通用、公路建设、公路管理、公路养护、公路运营六个板块构成。《质量检评标准》包含检验标准和评定准则两部分内容，检验标准规定了检查项目、方法、数量及检查项目合格应满足的要求；评定准则规定了质量等级制度和如何利用检验结果进行评判的方法。公路桥涵质量检验的依据包括《公路工程质量检验评定标准》、设计文件以及《公路桥涵施工技术规范》。当缺乏适宜的技术规定时，在确保工程质量的前提下，可参照制定，按规定报主管部门批准。按照“两级制度、逐级评定、合规定质”的原则进行评定。《质量检评标准》适用于各等级公路新建与改扩建工程施工质量的检验评定。按工程建设规模大小、结构部位和施工工序将建设项目划分为单位工程、分部工程和分项工程，对复杂工程还可设立子分部工程。具有独立施工条件和结构功能的工程为单位工程；按施工特点、结构部位及路段长度划分为分部工程；按不同的施工工序、工艺或材料等划分为分项工程。小桥和涵洞划分到路基单位工程中。桥梁工程的分部工程包括基础及下部构造、上部构造预制和安装、上部构造现场浇筑、桥面系附属工程及桥梁总体、防护工程、引道工程。每座或每合同段的桥梁、隧道都是单位工程。

2. 工程质量评定以分项工程为基本单元，采用合格率法进行。分项工程质量检验内容包括基本要求、实测项目、外观鉴定和质量保证资料四个部分。检查项目分为一般项目和关键项目，关键项目是分项工程中对结构安全、耐久性和主要使用功能起决定性作用的检查项目，以“△”表示，合格率应不低于95%（机电工程为100%），一般项目的合格率应不低于80%。规定极值是指任何一个检测值都不能突破的极限值，质量保证资料包括施工原始记录、试验检测数据、质量检验结果、资料及认可证明文件等，工程质量等级评定分为合格与不合格，应按分项工程、分部工程、单位工程、合同段和建设项目逐级评定。当分项工程的检验记录完整、实测项目合格、外观质量满足要求时，该分项工程评定为合格，否则为不合格。当分部工程的评定资料完整、所含分项工程及实测项目合格、外观质量满足要求时，该分部工程评定为合格，否则为不合格。当单位工程的评定资料完整、所含分部工程合格、外观质量满足要求时，该单位工程评定为合格，否则为不合格。所含单位工程合格，该合同段评定为合格；所含合同段合格，该建设项目评定为合格。评定为不合格的分项工程、分部工程，经返工、加固、补强或调测，满足设计要求后，可重新进行检验评定。钻孔灌注桩实测项目中的关键项目有混凝土强度、孔深、桩身完整性。

【安全风险评估】

3. 安全风险评估的意义有增强安全风险意识、改进施工措施、规范预案预警预控管理、有效降低施工风险、严防重特大事故发生。列入国家和地方建设计划的新建、改建、扩建以及拆除、加固等高等级公路桥梁工程项目，在施工阶段，应进行施工安全风险评估。公路桥梁和隧道工程施工安全风险评估范围，可由各地根据工程建设条件、技术复杂程度和施工管理模式，以及当地工程建设经验参考确定。评估范围包括 >40m、≥150m、≥350m 对应于石拱桥、钢筋混凝土拱桥、钢箱拱桥，钢桁架，钢管混凝土拱桥；≥140m、>400m、>1000m 对应于梁式桥、斜拉桥、悬索桥；墩高或净空大于100m 的桥梁工程；采用新材料、新结构、新工艺、新技术的特大桥、大桥工程；特殊桥型或特殊结构桥梁的拆除或加固工程；施工环境复杂、施工工艺复杂的其他桥梁工程。工程地质或水文地质条件复杂的隧道，黄土地区、水下或海底隧道工程；结构受力复杂的隧道工程；长度 3000m 及以上的隧道工程；Ⅴ、Ⅵ级围岩连续长度超过 50m 或合计长度占隧道全长的30%及以上的隧道工程；连拱隧道和小净距隧道工程；采用新技术、新材料、新设备、新工艺的隧道工程；隧道改扩建工程；施工环境复杂、施工工艺复杂的其他隧道工程。

公路工程施工安全风险评估分为总体风险评估和专项风险评估，当工程总体风险评估等级达到Ⅲ级（高度风险）及以上时，应进行专项风险评估。评估方法应选择相应的定性、定量及综合评估的风险评估方法。定性评估是指依靠人的观察分析能力，借助于经验和判断能力进行评估的方法；定量评估是指依靠历史统计数据，运用数学方法构造模型进行评估的方法。评估步骤一般为开展总体风险评估、确定专项风险评估范围、开展专项风险评估、确定风险控制措施。

【养护工程质量检验评定】

4. 养护工程质量等级评定分为合格与不合格，按养护单元、养护工程逐级进行。养护单元应按基本要求、实测项目、外观质量和质量保证资料等检验项目分别检查。除特殊情况外，每个结构或构件均应进行检验。养护单元工程质量评定为合格时，关键实测检查项目合格率不低于95%，属于工厂加工制造的桥梁金属构件的合格率应为100%，一般项目的合格率应不低于80%，养护工程质量评定为合格时，所含各养护单元的质量均应合格。

《公路隧道养护技术规范》适用于钻爆法山岭公路隧道的养护工作。公路隧道技术状况评定应采用分层综合评定与隧道单项控制指标相结合的方法。

【绪论】学员笔记　　「成功没有捷径，坚持就是胜利」

真题汇编

一、单选题（每题1分）

※※第三节　桥梁隧道工程质量检验评定的依据和方法※※

1.《公路工程质量检验评定标准》包含检验标准和（　　）两部分内容。

A. 检测项目　　B. 评定准则

C. 质量等级制度　　D. 检验数量

【答案】B　解析：《公路工程质量检验评定标准》包含检验标准和评定准则两部分内容。检验标准部分规定了检查项目、方法、数量及检查项目合格应满足的要求，评定准则部分规定了质量等级制度和如何利用检验结果进行评判的方法。

2. 根据《公路工程质量检验评定标准》的规定，桥梁工程中扩大基础、钻孔灌注桩属于（　　）。

A. 单位工程　　B. 分部工程

C. 分项工程　　D. 子分部工程

【答案】C　解析：桥梁工程中的扩大基础、钻孔灌注桩属于分项工程。

3. 在建设项目中，根据签订的合同，具有独立施工条件的工程，如独立大桥、中桥、互通式立交应划分为（　　）。

A. 分项工程　　B. 分部工程

C. 单位工程　　D. 子分部工程

【答案】C　解析：在合同段中，具有独立施工条件和结构功能的工程为单位工程。

4. 工程质量检验评定以分项工程为基本单元，采用（　　）进行。

A. 评审法　　B. 评分法　　C. 合格率法　　D. 综合法

【答案】C　解析：工程质量检验评定以分项工程为基本单元，采用合格率法进行。

5. 评为不合格的分项工程、分部工程，经返工、加固、补强或调测，满足（　　）要求后，可重新进行检验评定。

A. 设计　　B. 施工　　C. 监理　　D. 建设方

【答案】A　解析：评为不合格的分项工程、分部工程，经返工、加固、补强或调测，满足设计要求后，可重新进行检验评定。

6.《公路工程质量检验评定标准》中检验标准部分规定了检查项目、方法、数量及（　　）应满足的要求。

A. 检查项目合格　　B. 检查项目优良

C. 质量等级　　D. 检验频率

【答案】A　解析：《公路工程质量检验评定标准》中检验标准部分规定了检查项目、方法、数量及检查项目合格应满足的要求。

7. 根据《公路工程质量检验评定标准》（JTG F80/1—2017）相关规定，关于工程质量评定表述不正确的是（　　）。

A. 一般项目合格率应不低于 80%，否则该检查项目为不合格

B. 工程质量检查关键项目合格率应不低于 95%，否则该检查项目为不合格

C. 工厂加工制造的桥梁金属构件合格率应不低于 95%，否则该检查项目为不合格

D. 所含单位工程合格，该合同段评为合格

【答案】C　解析：C 选项是《公路养护工程质量检验评定标准 第一册 土建工程》（JTG 5220—2020）中的相关规定。

8. 下列检验项目中，不需要采用《公路养护工程质量检验评定标准 第一册 土建工程》（JTG 5220—2020）的是（　　）。

A. 粘贴钢板　　B. 加宽改造

C. 支座更换　　D. 裂缝修补

【答案】B　解析：《公路工程质量检验评定标准》（JTG F80/1—2017）适用于各等级公路新建与改扩建工程施工质量的检验评定。

※※第五节　桥梁隧道养护工程质量检验评定※※

1. 根据《公路养护工程质量检验评定标准 第一册 土建工程》（JTG 5220—2020），下列说法不正确的是（　　）。

A. 养护工程质量等级评定分为合格与不合格

B. 养护工程质量检验评定按养护单元，养护工程逐级进行

C. 养护单元工程质量评定为合格时，关键实测检查项目合格率不低于 90%

D. 养护工程质量评定为合格时，所含各养护单元的质量均应合格

【答案】C　解析：C 答案正确说法是养护单元工程质量评定为合格时，关键实测检查项目合格率不低于 95%。

2. 作为指导运营隧道结构检查的行业标准，《公路隧道养护技术规范》（JTG H12—2015）适用的隧道工程为（　　）。

A. 暗挖法城市隧道　　B. 盾构法土质隧道

C. 钻爆法山岭隧道　　D. 掘进机法岩石隧道

【答案】C　解析：《公路隧道养护技术规范》（JTG H12—2015）适用于钻爆法山岭公路隧道的养护工作。

二、判断题（每题 1 分）

※※第三节　桥梁隧道工程质量检验评定的依据和方法※※

1. 分项工程是指具有独立施工条件的工程。（　　）

【答案】错　解析：在合同段中，具有独立施工条件和结构功能的工程为单位工程。在单位工程中，按路段长度、结构部位及施工特点等划分的工程为分部工程。在分部工程中，根据施工工序、工艺或材料等划分的工程为分项工程。

2. 质量等级评定首先应进行工程划分，然后按照“两级制度、逐级评定、合规定质”的原则进行评定。（　　）

【答案】对　解析：质量等级评定首先应进行工程划分，然后按照“两级制度、逐级评定、合规定质”的原则进行评定。

3. 小桥和涵洞被划分到路基单位工程。（　　）

【答案】对　解析：小桥和涵洞被划分到路基单位工程。

4.《公路工程质量检验评定标准 第一册 土建工程》（JTG F80/1—2017）要求，二次衬砌混凝土强度检测合格率必须高于95%。（　　）

【答案】错　解析：关键项目的合格率应不低于95%（机电工程为100%），一般项目的合格率应不低于80%，否则该检查项目为不合格。不低于指大于或等于。

5. 工程质量等级分为优良、合格与不合格。（　　）

【答案】错　解析：工程质量等级评定分为合格与不合格。

6. 根据《公路工程质量检验评定标准 第一册 土建工程》（JTG F80/1—2017），检验项目评为不合格的，应进行整修或返工处理直至合格。（　　）

【答案】对　解析：检验项目评定不合格的，应进行整修或返工处理直至合格。

※※第四节　工程安全风险评估※※

1. 长度1000m及以上的隧道工程均应进行施工安全风险评估。（　　）

【答案】错　解析：正确说法是长度3000m及以上的隧道工程均应进行施工安全风险评估。

2. 定性评估是指依靠人的观察分析能力，借助于经验和判断能力进行评估的方法。（　　）

【答案】对　解析：评估方法应选择相应的定性、定量及综合评估的风险评估方法。定性评估是指依靠人的观察分析能力，借助于经验和判断能力进行评估的方法；定量评估是指依靠历史统计数据，运用数学方法构造模型进行评估的方法。

三、多选题（每题2分，下列各题均有2个或2个以上备选答案符合题意，有错误选项不得分，选项正确但不完全的每个选项得0.5分，完全正确的得满分）

※※第三节　桥梁隧道工程质量检验评定的依据和方法※※

1. 在工程质量评分中，施工质量保证资料至少应包括（　　）。

A. 材料质量控制检验和试验结果

B. 地基处理，隐蔽工程施工记录和大桥施工监控资料

C. 施工过程中遇到的非正常情况记录及其对工程质量影响分析

D. 施工过程中如发生质量事故，经处理补救后，达到设计要求的认可证明文件等

【答案】ABCD　解析：工程应有真实、准确、齐全、完整的施工原始记录、试验检测数据、质量检验结果等质量保证资料。质量保证资料应包括：①所有原材料、半成品和成品质量检验结果；②材料配合比、拌和加工控制检验和试验数据；③地基处理、隐蔽工程施工记录和桥梁、隧道施工监控资料；④质量控制指标的试验记录和质量检验汇总图表；⑤施工过程中遇到的非正常情况记录及其对工程质量影响分析评价资料；⑥施工过程中如发生质量事故，经处理补救后达到设计要求的认可证明文件等。

2. 特大斜拉桥、特大悬索桥工程划分中属于分部工程的有（　　　　）。

A. 锚体　　　　B. 锚碇

C. 桥面系　　　　D. 辅助墩

【答案】ACD　解析：只有 B 选项的锚碇属于单位工程，其他都属于分部工程。

※※第四节　工程安全风险评估※※

1. 公路桥梁施工安全风险评估范围，可根据工程建设条件、技术复杂程度和施工管理模式等，参考以下标准确定：（　　　　）。

A. 施工标段划分较大的标段

B. 跨径大于或等于 150m 的钢筋混凝土拱桥

C. 跨径大于或等于 400m 的斜拉桥

D. 墩高或净空大于 100m 的桥梁工程

E. 特殊桥型或特殊结构桥梁的拆除或加固工程

【答案】BDE　解析：需进行安全风险评估的桥梁工程包括：①多跨或跨径大于 40m 的石拱桥，跨径大于或等于 150m 的钢筋混凝土拱桥，跨径大于或等于 350m 的钢筋拱桥、钢桁架、钢管混凝土拱桥；②跨径大于或等于 140m 的梁式桥，跨径大于 400m 的斜拉桥，跨径大于 1000m 的悬索桥；③墩高或净空大于 100m 的桥梁工程；④采用新材料、新结构、新工艺、新技术的特大桥、大桥工程；⑤特殊桥型或特殊结构桥梁的拆除或加固工程；⑥施工环境复杂、施工工艺复杂的其他桥梁工程。C 答案错，应该是大于 400m。

2. 隧道工程施工安全风险评估范围，可根据以下条件，如（　　　　）等确定。

A. 施工队伍素质　　　　B. 工程建设条件

C. 技术复杂程度　　　　D. 施工管理模式

【答案】BCD　解析：公路桥梁和隧道工程施工安全风险评估范围，可由各地根据工程建设条件、技术复杂程度和施工管理模式，以及当地工程建设经验，并参考相应标准确定。

3. 公路桥梁施工安全风险评估范围的意义有（　　　　）。

A. 增强安全风险意识　　　　B. 改进施工措施

C. 规范预案预警预控管理　　　　D. 有效降低施工风险

【答案】ABCD　解析：安全风险评估的意义有增强安全风险意识、改进施工措施、规范预案预警预控管理、有效降低施工风险、严防重特大事故发生。

※※第五节　桥梁隧道养护工程质量检验评定※※

1. 根据《公路养护工程质量检验评定标准 第一册 土建工程》（JTG 5220—2020），下列关于桥梁养护工程实测项目检验说法正确的有（　　）。

A. 检查项目合格率为合格的点（组）数与全部检查点（组）数之比

B. 关键项目合格率不得低于95%

C. 属于工厂加工制造的桥梁金属构件的合格率应为100%

D. 一般项目的合格率应不低于90%

【答案】ABC　解析：D答案正确说法是一般项目的合格率应不低于80%。

2.《公路隧道养护技术规范》（JTG H12—2015）采用的技术状况评定方法是（　　）。

A. 分层综合评定　　B. 单项控制指标

C. 分项加权评定　　D. 分类综合评定

【答案】AB　解析：公路隧道技术状况评定应采用分层综合评定与隧道单项控制指标相结合的方法。

第一篇　桥隧工程原材料、工程制品和构件材质状况检测

第一章　原材料试验检测

速记宝典

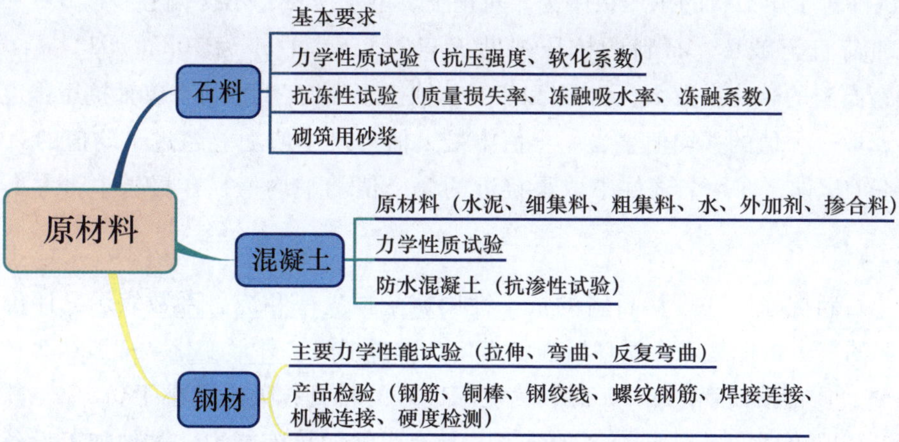

【石料】

5. 石料按地质形成条件可分为岩浆岩、沉积岩和变质岩三大类，桥隧工程石料制品有片石、块石、粗料石，结构物所用石料一般包括两方面的要求：石料制品的物理、几何尺寸要求和力学性能要求，一月份平均气温低于 -10℃的地区，除干旱地区的不受冰冻部位外，所用石料及混凝土材料须通过冻融试验，抗冻性指标合格后方可使用。石料的抗冻性指标对于大、中桥是 50 次；小桥及涵洞是 25 次。抗冻性指标指材料在含水饱和状态下经 -15℃的冻结与 20℃融化的循环次数。石料应具有耐风化和抗侵蚀性，用于浸水或气候潮湿地区的受力结构的石材软化系数应不低于 0.8。片石厚度应不小于 150mm，块石和粗料石厚度为 200 ~ 300mm，宽度为厚度的 1 ~ 1.5 倍。

6.【石料单轴抗压强度】石料的抗压强度影响因素有料石的矿物组成和结构、含水率、试件尺寸等。一般试件的尺寸和高径比大、含水率增大都会使石料强度降低。石料强度等级试件是70mm×70mm×70mm的立方体，软化性指含水状态对石料强度的影响，用软化系数表示。压力试验机（或万能试验机）的测量精度为±1%，试件破坏荷载应处于压力试验机量程的20%～80%，承压板的直径应不小于试件的直径，也不宜大于试件直径的2倍，球座最好放置在试件顶面。边长为（70±2）mm的立方体试件，每组试件共6个；有显著层理的石料，分别沿平行和垂直层理方向各取试件6个；试件端面的平面度公差应小于0.05mm，垂直度偏差应不超过0.25°。

7. 试件的含水状态有烘干状态、天然状态、饱和状态，试件烘干的烘箱温度为105～110℃，烘干时间一般为12～24h，冷却至室温（20±2）℃，称其质量精确至0.01g。试件的强制饱和方法有煮沸法和真空抽气法，其中煮沸法是注水至试件1/2高度后静置2h，加水浸没后煮沸6h以上。真空抽气法时水面高出试件顶面20mm，真空压力需达100kPa，直至无气泡发生时为止（不少于4h），然后在大气压力下静置4h。将试件置于压力机的承压板中央，对正上、下承压板，不得偏心。以0.5～1MPa/s的速率加荷直至破坏，石料的抗压强度 $R=P/A$，其中 A 为70mm×70mm，精确至0.1MPa；石料的软化系数 K_p = 水饱和状态单轴抗压强度/烘干状态单轴抗压强度，精确至0.01，取3个值的平均值，当3个值中最大值与最小值之差超过平均值的20%，应另取第4个试件，在4个试件中取最接近的3个值的平均值，在报告中将4个值全部给出。

8.【石料抗冻性试验】石料的抗冻性用质量损失率和冻融系数表示，评价石料抗冻性好坏的三个指标是冻融循环后强度变化、质量损失、外形变化。一般认为抗冻系数大于75%，质量损失率小于2%时，为抗冻性好的岩石；吸水率小于0.5%，软化系数大于0.75以及饱水系数小于0.8的岩石，具有足够的抗冻能力。试件加工设备有切石机、钻石机及磨平机，冰箱温度能控制在−20～−15℃，天平感量为0.01g，称量大于500g，烘箱温度能控制在105～110℃。边长为（70±2）mm的立方体试件，每组试件应不少于3个，再制备同样试件3个，用于冻融系数试验。先注水至试件高度的1/4处，以后每隔2h分别注水至试件高度的1/2和3/4处，6h后加水至高出试件顶面20mm，自由吸水48h。放入−15℃的冰箱中冻结4h，取出试件放入（20±5）℃的水中融解4h。质量损失率 L =（试验前烘干质量−试验后烘干质量）/试验前烘干质量；冻融系数 K_f = 若干次冻融试验后的饱水抗压强度/未经冻融试验的饱水抗压强度。

9. 砂宜采用中砂或粗砂，砂的最大粒径，当用于砌筑片石时，不宜超过5mm；当用于砌筑块石、粗料石时，不宜超过2.5mm。砂浆应具有良好的和易性，用于石砌体时稠度宜为50～70mm，气温较高时可适当增大。砂浆的配制宜采用质量比，应随拌随用，宜在3～4h内使用完毕；气温超过30℃时，宜在2～3h内使用完毕，各类砂浆均宜采用机械拌和，拌和时间宜为3～5min。

【混凝土】

10. 在混凝土组成材料中，砂、石是集料，起骨架作用；水泥和水组成水泥浆，在混凝土硬化前起润滑作用，在混凝土硬化后起胶结作用。当混凝土中采用碱活性集料时，宜选用含碱量不大于0.6%的低碱水泥，细集料宜采用河砂，不得采用海砂。粗、细集料技术指标：表观密度≥2500，松散堆积密度≥1400，空隙率≤44%。根据细度模数，砂分为粗砂（3.1～3.7）、中砂（2.3～3.0）、细砂（1.6～2.2），细度模数主要反映全部颗粒的粗细程度，不完全反映颗粒的级配情况。粗、细集料都分为Ⅰ区、Ⅱ区、Ⅲ区，岩石的抗压强度与混凝土强度等级之比对于C60及以上的混凝土应不小于2，其余应不小于1.5。粗集料宜根据混凝土最大粒径采用连续两级配或连续多级配，粗集料最大粒径宜按混凝土结构情况及施工方法选取，但最大粒径不得超过结构最小边尺寸的1/4和钢筋最小净距的3/4；在两层或多层密布钢筋结构中，最大粒径不得超过钢筋最小净距的1/2且不得超过75mm；混凝土实心板中不宜超过板厚的1/3且不得超过37.5mm；泵送混凝土对碎石不宜超过输送管径的1/3，对卵石不宜超过输送管径的1/2.5。碱含量按$Na_2O+0.658K_2O$计算值表示。混凝土拌和用水与饮用水对比试验的水泥初凝时间差及终凝时间差均不应大于30min，混凝土拌和用水配制的水泥胶砂3d和28d强度不应低于饮用水配制的水泥胶砂3d和28d强度的90%。外加剂的品种选择和使用应根据使用要求、施工条件、混凝土原材料的变化等通过试验确定。

11. 立方体抗压强度试件与立方体劈裂抗拉强度试件标准尺寸都是150mm×150mm×150mm，200mm×200mm×200mm的尺寸修正系数为1.05，100mm×100mm×100mm的尺寸修正系数为0.95；棱柱体轴心抗压强度试件及棱柱体抗压弹性模量试件的标准尺寸为150mm×150mm×300mm，200mm×200mm×400mm的尺寸修正系数为1.05，100mm×100mm×300mm的尺寸修正系数为0.95；抗弯拉强度试件标准尺寸为150mm×150mm×550mm，100mm×100mm×400mm的尺寸修正系数为0.85。环箍效应指在压力作用下，钢板的横向变形小于混凝土的横向变形，造成上、下钢压板与混凝土试件接触的表面之间均产生摩擦阻力，对混凝土的横向膨胀起着约束作用，从而对混凝土强度起提高作用。混凝土试件尺寸越小，测得的抗压强度值越大。

12. 【抗渗性能试验】防水混凝土一般可分为普通水泥防水混凝土、外加剂防水混凝土和膨胀水泥防水混凝土。模筑混凝土衬砌的抗渗等级一般不小于P8。隧道工程防水混凝土中，各类材料的总碱量不得大于3kg/m³；氯离子含量不应超过胶凝材料总量的0.1%。隧道工程防水混凝土的水泥用量不得少于320kg/m³，水泥强度等级不低于

42.5，水灰比不大于0.5，有侵蚀性介质时水胶比不宜大于0.45。在满足混凝土抗渗等级、强度等级和耐久性条件下，水泥用量不宜少于260kg/m³。防水混凝土结构裂缝宽度应不大于0.2mm且不贯通，迎水面主钢筋保护层厚度应不小于50mm，衬砌厚度应不小于30cm，试件的抗渗等级应比设计要求提高0.2MPa。防水混凝土采用预拌混凝土时，入泵坍落度宜控制在120～160mm之间，坍落度每小时损失值不应大于20mm，坍落度总损失值不应大于40mm。

防水混凝土的抗渗等级可分为设计抗渗等级、试验抗渗等级、检验抗渗等级三种。其中试验抗渗等级应在设计抗渗等级的基础上提高0.2MPa，检验抗渗等级不得低于设计抗渗等级。试件每组6个，分两层装入试模，每200m需要做一组（6个）抗渗试件，圆柱体试块的尺寸为上口直径175mm，下口直径185mm，高150mm的锥台或上下直径和高度均为150mm的圆柱体。试件成型后24h拆模，标准养护龄期为28d。抗渗仪施加水压从0.1MPa开始，每隔8h增加水压0.1MPa，当6个试件中有3个试件表面发现渗水或加压至设计抗渗等级规定压力经8h后第三个试件仍不渗水即可停止试验，试验过程中水从试件周边渗出，说明密封不好要重新密封。抗渗等级$P=10H-1$，H为6个试件中有3个试件渗水时的水压力（MPa），抗渗等级以每组6个试件中有4个未发现有渗水现象时的最大水压力表示。

【钢材】

13. 钢筋应按批进行检查和验收，每批由同一牌号、同一炉罐号、同一规格的钢筋组成，每批量质量通常不大于60t，超过60t的部分，每增加40t（或不足40t的余数）增加一个拉伸试验试样和一个弯曲试验试样。钢材的主要力学性能包括屈服强度、抗拉强度、规定塑性延伸强度、断后伸长率、最大力总伸长率、应力松弛性能、疲劳性能、冲击性能等。从O点到A点为线弹性阶段，直线的斜率为弹性模量；从A点到B点为屈服阶段，A点到B点的长度称为屈服平台，通常将下屈服强度作为屈服强度特征值。B点到C点称为强化段，C点到D点称为下降段，拉伸试验中的最大应力为抗拉强度。没有明显屈服现象的钢材取塑性延伸率为0.2%所对应的应力作为规定塑性延伸强度$R_{p0.2}$。断后伸长率为试样拉伸断裂后的残余伸长量与原始标距之比；最大力总伸长率指最大力时原始标距的总延伸（弹性延伸加塑性延伸）与引伸计标距之比；应力松弛是在规定温度和约束条件下，应力随时间而减少的现象，松弛率为松弛应力与初始应力之比，用松弛率评价钢材的应力松弛性能。冲击性能是衡量钢材抵抗脆性破坏的力学性能指标，钢筋的连接通常采用焊接和机械连接。

14. 【拉伸试验、弯曲试验、反复弯曲试验】一般在室温10～35℃范围内进行，对温度要求严格的试验，试验温度应为（23±5）℃。拉力或压力试验机应为1级或优于

1 级，测定各种屈服和各种规定时，应使用不劣于 1 级准确度的引伸计。测定其他具有较大延伸率的性能（如抗拉强度、最大、伸长率），可使用 2 级或优于 2 级准确度的引伸计。拉伸试验有采用应变速率控制（方法 A）或应力速率控制（方法 B）两种，对于有明显屈服现象的钢材，可采用图解法和指针法测定其上屈服强度和下屈服强度；可采用图解法、指针法或自动装置测定试样的抗拉强度。断后伸长率应使用分辨率优于 0.1mm 的量具或测量装置测定断后标距，精确到 ±0.25mm。原则上只有断裂处与最接近的标距标记的距离不小于原始标距的 1/3 时方为有效。弯曲试验中使用的弯曲装置有支辊式、V 形模具式、虎钳式、翻板式四种。反复弯曲试验中试样由垂直位置向任一方向弯曲 90°，再弯曲至起始位置作为一次弯曲；将试样向相反方向弯曲 90°，再弯曲至起始位置作为又一次弯曲；依次向相反方向进行连续不间断的反复弯曲，直至达到规定的弯曲次数或出现肉眼可见裂纹，或试样完全断裂为止。试样断裂的最后一次弯曲不计入弯曲次数。

15.【热轧带肋钢筋】普通热轧带肋钢筋的牌号为：HRB400、HRB500 和 HRB600，对应的抗拉强度分别为 500MPa、630MPa、730MPa。力学性能主要有屈服强度、抗拉强度、断后伸长率和最大力总伸长率。试样数量为 2 根，计算强度用横截面面积采用公称横截面面积；钢筋弯曲性能中弯芯直径弯曲 180°后，钢筋受弯曲部位表面不得产生裂纹，试样数量也是 2 根。

【预应力混凝土用钢棒】按表面形式分为光圆、螺旋槽、螺旋肋和带肋钢棒。钢棒力学性能中抗拉强度和断后伸长率试样数量为 1 根/盘，规定非比例延伸强度和最大力总伸长率试样数量为 3 根/批；钢棒弯曲试验和反复弯曲试验的试样数量均为 3 根/批。钢棒最大松弛值：初始应力为公称抗拉强度的 60%、70%、80% 对应的 1000h 松弛值为 1%、2%、4.5%。

16.【预应力混凝土用钢绞线】钢绞线的产品标记包括结构代号、公称直径、强度级别和标准编号（口诀：直径好、强度好）。试样在夹头内和距钳口 2 倍钢绞线公称直径内断裂达不到标准要求时，试验无效。计算抗拉强度时取钢绞线的公称横截面面积，整根钢绞线的最大力、屈服力、最大力总伸长率试样数量均为 3 根/批。最大力总伸长率均≥3.5，初始负荷相当于实际最大力的 70% 及 80% 对应的 1000h 应力松弛率为≤2.5% 和≤4.5%。应力松弛试验的环境温度应保持在（20±2）℃内，标距长度不小于公称直径的 60 倍，试样制备后不得进行任何热处理和冷加工，允许用至少 120h 的测试数据推算 1000h 的松弛值，试样数量不少于 1 根/批。

【预应力混凝土用螺纹钢筋】试样数量为 2 根，应力松弛性能要求初始应力取 0.7R（公称屈服强度）实测 1000h 后应力松弛率不大于 4%，环境温度应保持在（20±2）℃内，标距长度不小于 200mm，测力传感器精度在不大于 1000kN 时为 ±1%，在大于 1000kN 时为 ±2%。力的测量装置的输出分辨率应不小于 5×10^{-4}，引伸计准确度应为

1级。前20% F_0可按需要加载，从20% F_0～80% F_0应连续加载或者分为3个或多个均匀阶段，或以均匀速率加载，并在6min内完成。当达到80% F_0后，应连续加载并在2min内完成，F_0加载速率为（200±50）MPa/min。当达到初始荷载F_0时，力值应在2min内保持恒定。允许用至少120h的测试数据推算1000h的松弛值，试样数量为1根/1000t。

17.【碳素结构钢】牌号由代表屈服强度的字母Q、屈服强度数值、质量等级符号（A、B、C、D）、脱氧方法符号（F、Z、TZ）组成，厚度不小于12mm或直径不小于16mm的钢材应做冲击试验。

【低合金高强度结构钢】牌号由代表屈服强度的字母Q、最小上屈服强度数值、交货状态代号、质量等级符号（B、C、D、E、F）四个部分组成。交货状态有热轧、正火、正火轧制和热机械轧制。其中，热轧代号为AR或WAR；正火、正火轧制代号为N；热机械轧制代号为M。低合金高强度结构钢的形式有热轧钢板、钢带、型钢和钢棒等。厚度不小于6mm或直径不小于12mm的钢材应做冲击试验。

【桥梁用结构钢】牌号由代表屈服强度的字母Q、屈服强度数值、桥字汉语拼音q、质量等级符号组成，弯曲性能中当钢材厚度≤16mm时，弯芯直径取2倍的钢材厚度，当钢材厚度>16mm时，弯芯直径取3倍的钢材厚度；厚度不小于6mm或直径不小于12mm的钢材应做冲击试验。对于厚度大于20mm的单轧钢板，应进行超声波探伤检测，合格级别不低于Ⅱ级。

三种结构钢的通性：力学性能试验的试样数量为1个/批；弯曲性能试样数量为1个/批；冲击性能试样数量为3个/批。

18. 钢筋焊接接头的质量检验包括外观检查和力学性能检验，力学性能检验包括拉伸试验、弯曲试验、剪切试验、冲击试验和疲劳试验。

钢筋机械连接按照连接形式、加工工艺分为滚轧直螺纹钢筋连接、镦粗直螺纹钢筋连接、带肋钢筋套筒挤压连接、钢筋锥螺纹连接。根据抗拉强度、残余变形以及高应力和大变形条件下反复拉压性能的差异，分为三个性能等级：Ⅰ级接头抗拉强度应不小于钢筋极限抗拉强度标准值（钢筋拉断）或不小于1.1倍钢筋抗拉强度标准值（连接件破坏）；Ⅱ级不小于被连接钢筋抗拉强度标准值；Ⅲ级不小于被连接钢筋屈服强度标准值的1.25倍。型式检验试件不应少于12个，其中钢筋母材拉伸强度试件、单向拉伸试件、高应力反复拉压、大变形反复拉压均应不少于3个。接头工艺检验，每种规格钢筋接头试件应不少于3个，对每一验收批，必须在工程结构中随机截取3个接头试件做抗拉强度试验。

【硬度检测】钢结构零件硬度是指金属材料抵抗硬物压入其表面的能力，工程上常用的有布氏硬度和洛氏硬度。一般在10～35℃室温下进行，对温度要求严格的试验（使用洛氏硬度计），试验温度为（23±5)℃。洛氏硬度计与布氏硬度计相同点：相邻两压痕中心间距至少应为压痕平均直径的3倍，任一压痕中心距试样边缘距离至少应为压痕平均直径的2.5倍，每个试样都检测3点。

【第一章】学员笔记　　「杰伦老师是用心在创作资料」

真题汇编

一、单选题（每题1分）

※※第一节　石料※※

1. 用于桥梁工程的石料单轴抗压强度试验，试件的规格是（　　），每组试件共（　　）个。

A.（70±2）mm，6　　B.（50±2）mm，6

C.（70±2）mm，12　　D.（70±1）mm，6

【答案】A　解析：石料单轴抗压强度试验的试件是边长为（70±2）mm的立方体试件，每组试件共6个。

※※第二节　混凝土※※

1. 混凝土抗压强度试验时，若使用的立方体试件尺寸为100mm×100mm×100mm，则混凝土强度的尺寸修正系数为（　　）。

A. 0.85　　B. 0.90

C. 0.95　　D. 1.05

【答案】C　解析：混凝土抗压强度试验立方体标准试件尺寸为150mm×150mm×150mm，100mm×100mm×100mm的立方体试件尺寸修正系数为0.95，200mm×200mm×200mm的修正系数为1.05。

2. 水泥混凝土抗弯拉强度试验中，采用100mm×100mm×400mm棱柱体非标准试件时，所得的抗弯拉强度值应乘以尺寸修正系数（　　）。

A. 0.85　　B. 0.95

C. 1.05　　D. 1.10

【答案】A　解析：抗弯拉强度试件标准尺寸为150mm×150mm×550mm，100mm×100mm×400mm的尺寸修正系数为0.85。

3. 隧道防水混凝土的抗渗等级应比设计要求高（　　）MPa。

A. 0.1　　B. 0.2

C. 0.3　　D. 0.4

【答案】B　解析：用于确定防水混凝土施工配合比时测定的抗渗等级。最终确定的抗渗等级在设计抗渗等级的基础上提高0.2MPa来确定。

4. 隧道结构混凝土抗渗性能试验中检验抗渗等级不得低于（　　）。

A. 设计抗渗等级　　B. 设计抗渗等级的90%

C. 试验抗渗等级　　D. 试验抗渗等级的90%

【答案】A　解析：检验抗渗等级不得低于设计抗渗等级。

5. 在混凝土组成材料中，（　　）对混凝土起骨架作用。

A. 砂、石　　B. 石、水泥

C. 水泥浆　　D. 砂、水泥

【答案】A　解析：在混凝土组成材料中，砂、石是集料，起骨架作用；水泥和水组成水泥浆，在混凝土硬化前起润滑作用，在混凝土硬化后起胶结作用。

6. 混凝土拌制用水的碱含量试验主要测试（　　）的含量。

A. 氯化钾和氯化钠　　B. 氧化钾和氧化钠

C. 硫酸钾和硫酸钠　　D. 氢氧化钾和氢氧化钠

【答案】B　解析：碱含量按 $Na_2O + 0.658K_2O$ 计算值表示。

※※第三节　钢材※※

1. 在进行预应力钢绞线松弛试验时，环境温度应保持在（　　）的范围内。

A. (20±3)℃　　B. 常温

C. (23±5)℃　　D. (20±2)℃

【答案】D　解析：应力松弛试验试样的环境温度应保持在（20±2）℃内，标距长度不小于公称直径的 60 倍。

2. 中碳钢和高碳钢没有明显的屈服现象，通常取塑性延伸率为（　　）所对应的应力作为规定塑性延伸强度。

A. 0.1%　　B. 0.2%

C. 0.3%　　D. 0.4%

【答案】B　解析：对于没有明显屈服现象的钢材，通常取塑性延伸率为 0.2% 所对应的应力作为规定塑性延伸强度。

3. 钢绞线松弛试验中要求引伸计的标距不小于公称直径的（　　）倍。

A. 40　　B. 50

C. 60　　D. 70

【答案】C　解析：应力松弛试验试样的环境温度应保持在（20±2）℃内，标距长度不小于公称直径的 60 倍，试样制备后不得进行任何热处理和冷加工，允许用至少 120h 的测试数据推算 1000h 的松弛值。

4. 钢绞线力学试验平行长度为 795mm，摘下引伸计时，两夹口距离为 800mm，钢绞线拉断时夹口距离为 840mm，最大力总延伸率应为（　　）。

A. 4%　　B. 5%

C. 5.6%　　D. 6.5%

【答案】B　解析：最大力总延伸率 =（840 − 800）/800 = 5%。

5. 根据《预应力混凝土用钢材试验方法》（GB/T 21839—2019），预应力钢绞线拉伸试验中，试样在（　　）断裂，达不到钢绞线力学性能要求时，试验无效。

A. 夹头内或距钳口 1 倍钢绞线公称直径内

B. 夹头内或距钳口 2 倍钢绞线公称直径内

C. 夹头内或距钳口 3 倍钢绞线公称直径内

D. 距钳口 3 倍钢绞线公称直径内

【答案】B　解析：预应力钢绞线拉伸试验中，试样在夹头内或距钳口 2 倍钢绞线公称直径内断裂达不到标准要求时，试验无效。

6. 根据《公路桥涵施工技术规范》（JTG/T 3650—2020），圬工砌体工程在一月份气温低于（　　）的地区，除干旱地区的不受冰冻部位外，所用石料及混凝土需通过冻融试验，抗冻性指标合格后方可使用。

A. －15℃　　B. －10℃

C. 0℃　　D. －18℃

【答案】B　解析：一月份平均气温低于－10℃的地区，除干旱地区的不受冰冻部位外，所用石料及混凝土材料须通过冻融试验，抗冻性指标合格后方可使用。

7. 钢绞线应按批进行检查和验收，每批钢绞线由同一牌号、同一规格、同一生产工艺捻制的钢绞线组成，每批应取（　　）根进行拉伸试验。

A. 1　　B. 2

C. 3　　D. 6

【答案】C　解析：整根钢绞线的最大力、屈服力、最大力总伸长率试样数量均为 3 根/批。

8. 洛氏硬度试验中，相邻两压痕中心间的距离至少为压痕平均直径的（　　）倍。

A. 1.5　　B. 2

C. 2.5　　D. 3

【答案】D　解析：洛氏硬度计与布氏硬度计相同点：相邻两压痕中心间距至少应为压痕平均直径的 3 倍，任一压痕中心距试样边缘距离至少应为压痕平均直径的 2.5 倍，每个试样都检测 3 点。

二、判断题（每题 1 分）

※※第一节　石料※※

1. 石料试件经冻融试验后的抗压强度与冻融前的抗压强度的乘积称为冻融系数。（　　）

【答案】错　解析：石料试件经冻融试验后的抗压强度与冻融前的抗压强度的比值称为冻融系数。

※※第二节　混凝土※※

1. 混凝土立方体试件置于压力机上受压时，混凝土试件的尺寸越小，测得的抗压强度越小。（　　）

【答案】错　解析：混凝土试件的尺寸越小，测得的抗压强度越大。

※※第三节　钢材※※

1. 钢绞线拉伸试验中，当试样在距夹具5mm之内发生断裂，原则上试验应判为无效，应允许重新试验。（　　）

【答案】错　解析：钢绞线拉伸试验中，当试样在距夹具3mm之内发生断裂，原则上试验应判为无效，应允许重新试验。

2. 钢筋断后伸长率测定时，原则上只有断裂处与最接近的标距标记的距离不小于原始标距的1/3方为有效。（　　）

【答案】对　解析：钢筋断后伸长率测定时，原则上只有断裂处与最接近的标距标记的距离不小于原始标距的1/3时方为有效。

3. 钢材拉伸试验时测定抗拉强度应使用不劣于1级准确度的引伸计。（　　）

【答案】错　解析：测定各种屈服和各种规定时，应使用不劣于1级准确度的引伸计。测定其他具有较大延伸率的性能（如抗拉强度、最大、伸长率），可使用2级或优于2级准确度的引伸计。

三、多选题（每题2分，下列各题均有2个或2个以上备选答案符合题意，有错误选项不得分，选项正确但不完全的每个选项得0.5分，完全正确的得满分）

※※第一节　石料※※

1. 石料按照地质形成条件可分为（　　）。

A. 变质岩　　B. 沉积岩

C. 岩浆岩　　D. 风化岩

【答案】ABC　解析：石料按照地质形成条件可分为岩浆岩、沉积岩和变质岩三大类。

2. 公路工程石料制品有哪几类（　　）。

A. 片石　　B. 块石

C. 粗料石　　D. 砾石

【答案】ABC　解析：桥隧工程石料制品有片石、块石、粗料石，工程使用的石料主要用于砌体工程。

3. 评价石料抗冻性好坏的指标有冻融循环后（　　）。

A. 强度变化　　B. 含水率变化

C. 质量损失　　D. 外观变化

【答案】ACD　解析：评价石料抗冻性好坏的三个指标是冻融循环后强度变化、质量损失、外形变化。

※※第二节　混凝土※※

1. 关于混凝土立方体抗压强度值的确定描述正确的是（　　）。

A. 一般情况下取三个试件测值的算术平均值

B. 当三个测值中的最大值或最小值有一个与中间值的差值超过中间值的15%时，则取中间值

C. 若最大值和最小值与中间值的差值均超过中间值的15%，则该组试验结果无效

D. 一般情况下取五个试件测值的算术平均值

【答案】ABC　解析：混凝土抗压强度试验以3个试件测值的平均值为测定值。3个测值中的最大值或最小值中如有一个与中间值之差超过中间值的15%，则取中间值为测定值；如最大值与中间值之差均超过中间值的15%，则该组试验结果无效。

※※第三节　钢材※※

1. 钢筋试件在规定的弯曲角度、弯心直径及反复弯曲次数后，试件弯曲处不产生（　　）现象时即认为弯曲性能合格。

A. 收缩　B. 裂纹　C. 断裂　D. 延伸

【答案】BC　解析：反复弯曲试验：依次向相反方向进行连续不间断的反复弯曲，直至达到规定的弯曲次数或出现肉眼可见裂纹，或试样完全断裂为止。

2. 钢筋焊接接头的质量检验包括（　　）。

A. 外观检查　B. 拉伸试验

C. 弯曲试验　D. 剪切试验

【答案】ABCD　解析：钢筋焊接接头的质量检验包括外观检查和力学性能试验，力学性能检验包括拉伸试验、弯曲试验、剪切试验、冲击试验和疲劳试验。

3. 根据《钢筋混凝土用钢 第2部分：热轧带肋钢筋》（GB/T 1499.2—2018）的规定，普通热轧带肋钢筋的牌号有（　　）。

A. HRB335　B. HRB400

C. HRB500　D. HRB600

【答案】BCD　解析：普通热轧带肋钢筋的牌号为：HRB400、HRB500和HRB600，细晶粒热轧带肋钢筋的牌号为：HRBF400和HRBF500。

四、综合题（每道大题10分，每个小题2分。下列各题备选项中，有1个或1个以上是符合题意的，选项全部正确得满分，选项部分正确按比例得分，出现错误选项该题不得分）

※※第二节　混凝土※※

1. 二次衬砌是隧道防水的最后一道防线，二次衬砌混凝土自身也有防水要求，关于其防水性能，请回答下列问题。

1）防水混凝土结构应满足（　　）。

A. 裂缝宽度应不大于0.2mm，且不贯通

B. 迎水面主筋保护层厚度不应小于50mm

C. 背水面主筋保护层厚度不应小于30mm

D. 衬砌厚度不应小于30cm

2）防水混凝土的抗渗等级可以分为（　　　　）。

A. 设计抗渗等级　　B. 试验抗渗等级

C. 检验抗渗等级　　D. 现场抗渗等级

3）依据《公路隧道施工技术规范》（JTG/T 3660—2020），对于防水混凝土的衬砌，每（　　　　）需要做1组（6个）抗渗试件。

A. 50m　　B. 100m　　C. 150m　　D. 200m

4）抗渗试验时，水压从（　　　　）开始，每隔（　　　　）增加水压（　　　　），并注意观察试件端面渗水情况。

A. 0.1MPa，8h，0.1MPa　　B. 0.1MPa，8h，0.2MPa

C. 0.1MPa，12h，0.1MPa　　D. 0.1MPa，12h，0.2MPa

5）混凝土抗渗等级计算公式为 $P=10H-1$，其中 H 代表：（　　　　）。

A. 6个试件中有2个试件渗水时的水压力（MPa）

B. 6个试件中有3个试件渗水时的水压力（MPa）

C. 6个试件中有4个试件渗水时的水压力（MPa）

D. 6个试件中有5个试件渗水时的水压力（MPa）

【标准答案】

1）ABD　解析：防水混凝土结构裂缝宽度应不大于0.2mm且不贯通，迎水面主钢筋保护层厚度应不小于50mm，衬砌厚度应不小于30cm。

2）ABC　解析：防水混凝土的抗渗等级可分为设计抗渗等级、试验抗渗等级、检验抗渗等级三种。

3）D　解析：采用防水混凝土的衬砌，每200m需要做1组（6个）抗渗试件。

4）A　解析：抗渗试验时，水压从0.1MPa开始，每隔8h增加水压0.1MPa，并注意观察试件端面渗水情况。

5）B　解析：混凝土抗渗等级 $P=10H-1$，H 为6个试件中有3个试件渗水时的水压力。

※※第三节　钢材※※

1. 某检测中心进行热轧带肋钢筋拉伸的委托检测项目，用户委托的热轧带肋钢筋试样技术参数及相关信息见下表。用户要求试验人员采用《钢筋混凝土用钢 第2部分：热轧带肋钢筋》（GB 1499.2—2018）进行检测。

试样编号	试样名称	牌号	规格型号	数量
1-1~1-4	热轧带肋钢筋	HRB400	ϕ16mm×450mm	2（根）

1）热轧带肋钢筋组批验收，每批热轧带肋钢筋由（　　　　）的钢筋组成。

A. 同一质量　　B. 同一规格

C. 同一炉罐号　　D. 同一牌号

2）热轧带肋钢筋拉伸试验计算抗拉强度时，取钢筋的（　　　　）值。

A. 实测横截面面积　　B. 参考横截面面积

C. 公称横截面面积　　D. 理论横截面面积

3）该牌号钢筋的屈服强度不小于（　　）MPa。

A. 335　　B. 400

C. 450　　D. 500

4）该牌号钢筋的抗拉强度不小于（　　）MPa。

A. 335　　B. 400

C. 450　　D. 500

5）热轧带肋钢筋力学性能试验是对试样施加轴向拉力在拉伸至断裂过程中测定试样的（　　）等性能。

A. 屈服强度　　B. 断后伸长率

C. 最大力总伸长率　　D. 抗拉强度

【标准答案】

1）BCD　解析：热轧带肋钢筋按同一规格、同一炉罐号、同一牌号划分批次。

2）C　解析：钢筋拉伸试验的试样数量为2根，计算强度用横截面面积采用公称横截面面积。

3）B　解析：热轧带肋钢筋的牌号是HRB400，所以屈服强度为不小于400MPa。

4）D　解析：热轧带肋钢筋牌号分别为HRB400、HRB500、HRB600，对应的抗拉强度不少于500MPa、630MPa、730MPa。

5）ABCD　解析：热轧带肋钢筋的力学性能包括屈服强度、断后伸长率、最大力总伸长率、抗拉强度等。

2. 根据《金属材料 拉伸试验 第1部分：室温试验方法》（GB/T 228.1—2021）进行钢筋拉伸试验要求，请回答下列问题。

6）对温度要求严格的试验，试验温度应为（　　）。

A. 22℃ ±5℃　　B. 23℃ ±5℃

C. 20℃ ±2℃　　D. 18℃ ±2℃

7）下列参数应使用准确度不劣于1级的引伸计测定（　　）。

A. 屈服强度　　B. 抗拉强度

C. 屈服点延伸率　　D. 断后伸长率

8）试验机的测力系统应进行校准，并且其准确度应（　　）。

A. 为3级　　B. 为2级

C. 为1级　　D. 优于1级

9）试验速率可通过对试样的（　　）控制实现。

A. 应力速率　　B. 收缩速率

C. 延伸速率　　D. 应变速率

10）已知钢筋的实测最大力值为123.567kN，求出钢筋的抗拉强度，修约至1MPa；抗拉强度结果为（　　）MPa。

A. 540　　B. 610

C. 615　　D. 625

【标准答案】

6）B　解析：拉伸试验一般在室温 10 ~ 35℃范围内进行，对温度要求严格的试验，试验温度应为(23 ± 5)℃。

7）AC　解析：测定各种屈服和各种规定时，应使用不劣于 1 级准确度的引伸计。

8）CD　解析：拉力或压力试验机应为 1 级或优于 1 级。

9）AD　解析：拉伸试验有采用应变速率控制（方法 A）或应力速率控制（方法 B）两种。

10）C　解析：抗拉强度 = 最大力值/横截面积 = $123.576 \times 1000/(3.14 \times 8^2) = 614.9$MPa，修约至 1MPa 即为 615MPa。

第二章　工程制品试验检测

速记宝典

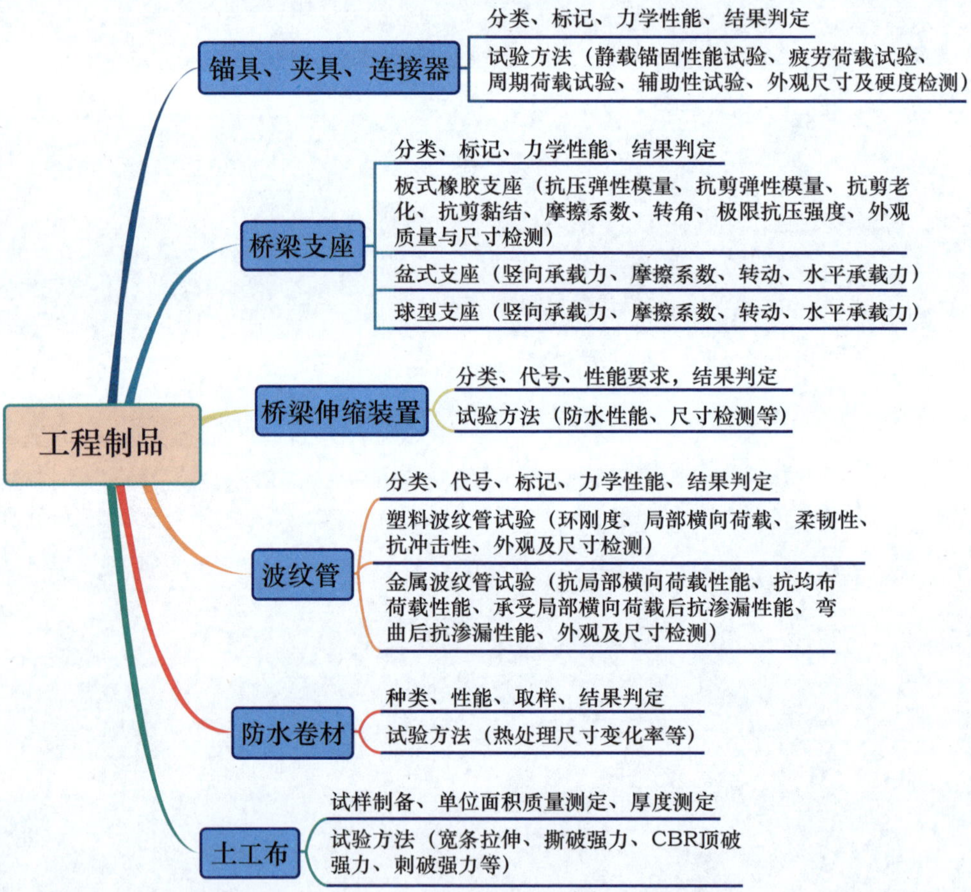

【锚具、夹具、连接器】

19. 锚具、连接器按其结构形式分为张拉端锚具、固定端锚具两类；锚具、夹具和连接器按锚固方式不同分为夹片式、支承式、组合式和握裹式四种类型。锚具、夹具及连接器的标记由产品代号、预应力钢绞线直径和预应力钢绞线根数 3 部分组成。

行标中锚具、连接器的检测项目包括静载锚固性能、疲劳荷载性能、周期荷载性能、钢绞线内缩量、锚口摩阻损失率、张拉锚固工艺。国标中锚具的检测项目包括静载锚固性能、疲劳荷载性能、锚固区传力性能、低温锚固区传力性能、锚板强度。

【锚具、连接器】静载锚固性能同时满足：效率系数≥0.95，实测极限拉力时的总应变≥2%。疲劳荷载性能：试样经过200万次循环荷载；发生疲劳破坏的面积应不大于原试样总面积的5%。周期荷载性能：经过50次周期荷载试验；钢绞线内缩量应不大于5mm；锚口摩阻损失率合计不大于6%。

【夹具】行标中静载锚固性能的效率系数≥0.92；国标中静载锚固性能的效率系数≥0.95。

20. 母材试样应不少于6根，静载试验、疲劳荷载试验用设备一般由加载千斤顶、荷载传感器、承力台座、液压油泵源及控制系统组成。

【静载锚固性能试验】试样数量为组装件3个（6个锚环及相配套的夹片、钢绞线），初应力为抗拉强度标准值的10%，总伸长率装置的标距不宜小于1m，加载速率为100MPa/min，以抗拉强度标准值的20%、40%、60%、80%，分4级等速加载，加载到80%后持荷1h，然后缓慢加载至试样破坏。加载速度每分钟不宜超过钢绞线抗拉强度标准值的1%，在静载锚固性能满足后，夹片允许出现微裂和纵向断裂，不允许横向、斜向断裂及碎断。应连续进行3个组装件的试验，试验结束后需计算锚具、夹具、连接器效率系数和实测极限拉力时组装件受力长度的总应变。每个组装件的试验结果均应满足力学性能要求，不得进行平均。

21. 【疲劳荷载试验】试样数量为组装件3个（6个锚环及相配套的夹片、钢绞线），初应力为抗拉强度标准值的10%，以100MPa/min的速度加载。应力幅度应取80MPa，试验应力上限值为抗拉强度标准值的65%，疲劳试验机的试验频率300～500次/min，循环次数为200万次。

【周期荷载试验】试样数量为组装件3个（6个锚环）。初应力可取钢绞线抗拉强度标准值的10%，以100～200MPa/min的速率加载至抗拉强度标准值的80%，再卸荷至抗拉强度标准值的40%，为第一周期；然后荷载自下限值经上限值回复到下限值为第二个周期，重复50个周期。

【辅助性试验】试验项目有钢绞线的内缩量试验、锚具摩阻损失试验和张拉锚固工艺试验。钢绞线的内缩量试验可在台座或混凝土承压构件上进行，台座或承压构件长度应不少于5m；锚口摩阻损失试验中预应力筋的受力长度不宜小于5m，试验加载速度不宜大于200MPa/min；张拉锚固工艺试验进行至少3次最大张拉力为0.8F的张拉、锚固和放松操作。

22. 【外观及尺寸检测】外观质量用目测法检测，外观尺寸用直尺和游标卡尺检测。出厂检验时，每批产品的数量是指同一规格产品、同一批原材料、用同一种工艺一次投料生产的数量。每个抽检组批不得超过2000套，外观检查抽取5%且不少于10套。硬度检验按热处理每炉装炉量的3%抽样，静载试验、疲劳试验、周期荷载试验及辅助性试验都是取三个组装件进行试验。

试验结果判定：【外观及尺寸】如有一个尺寸超过允许偏差，应取双倍数量重做检验；如仍有一个不符合要求，则应逐件检验，合格者方可用。如发现一件有裂纹，应对全部产品逐件检验，合格者方可使用。

【硬度】如有一个零件不合格，则应另取双倍数量重做检验，如仍有一个不合格，则应逐个检验，合格者方可使用。

【静载锚固性能、疲劳荷载、周期荷载】在三个组装件中，如有一个不符合要求，则可另取双倍数量的试件重做试验；如仍有一个不合格，则该批产品判为不合格品。在三个组装件中，如有两个不符合要求，则应判该批产品为不合格品。

【桥梁支座】

23. 普通板式橡胶支座有矩形和圆形，对应字母J和Y；Ⅰ型板式支座设计使用寿命不应低于30年，Ⅱ型板式支座设计使用寿命不应低于50年。滑板橡胶支座有矩形滑板和圆形滑板，对应字母JH和YH。固定为GD，双向为SX，单向为DX，球型支座的类型有双向活动支座、单向活动支座、固定支座。板式橡胶支座产品标记由名称代号、结构形式、外形尺寸及适用温度四部分组成；常温型为CR，耐寒型为NR，盆式支座产品标记一般由名称代号、支座系列、设计竖向承载力、设计水平承载力、使用性能分类代号、活动支座顺桥向位移量、适用温度代号组成；球型支座产品标记一般由名称代号、设计竖向承载力、产品分类代号、位移量、转角组成。

24. 【板式橡胶支座】力学性能要求：极限抗压强度行标≥70MPa、国标≥90MPa；压缩变形量不大于橡胶层总厚度的7%，实测抗压弹性模量为行标$E \pm E \times 20\%$；实测抗剪弹性模量为$G \pm G \times 15\%$，实测老化后抗剪弹性模量为$G_1 \pm G \times 15\%$；实测转角正切值对混凝土桥为≥1/300，钢桥为≥1/500，表面摩擦系数≤0.03。

【盆式橡胶支座】力学性能要求：竖向承载力：压缩变形不大于支座总高度的2%和3mm中的较大者，径向变形不得大于盆环外径的0.05%，残余变形小于设计荷载下相应变形的5%。水平承载力对于固定支座、纵向活动支座和横向活动支座的非滑移方向水平设计承载力分2级，即支座竖向承载力的10%、15%。减震型不小于竖向承载力的20%，转角不小于0.02rad且不大于0.03rad。摩擦系数同球型支座：常温型在温度－25～60℃时不大于0.03。

【球型支座】力学性能要求：竖向承载力：压缩变形不大于支座总高度的1%，径向变形不大于盆环外径的 0.05%。水平承载力对于固定支座和单向活动支座均不小于竖向承载力的 10%。转动力矩应小于设计转动力矩。

25. 桥梁支座成品力学性能试验：当试验设备能力受到限制时，经与用户协商可选用小型支座或特制试样进行试验。支座试样在标准温度为（23±5）℃的实验室内停放 24h，压力试验机的示值相对误差最大允许值为±1%，使用宜在最大力值的 20%～80%。

【板式橡胶支座试验方法】检测项目为抗压弹性模量、抗剪弹性模量、抗剪粘结性能、抗剪老化、摩擦系数、转角、极限抗压强度试验以及外观质量与尺寸检测。抗压弹性模量试验：对准中心，偏差应小于 1% 的试样短边尺寸或直径，压应力为 1MPa，在承载板四角对称安置 4 只位移传感器（百分表）。预压 3 次，将压应力以 0.03～0.04MPa/s 的速率增至 10MPa（当支座形状系数小于 7 时为 8MPa），持荷 2min，再卸载至 1MPa，持荷 5min。正式加载将压应力自 1MPa 起以 0.03～0.04MPa/s 的速率加载至 4MPa，持荷 2min，然后同样速率每 2MPa 为一级，每级持荷 2min 至 10MPa 为止，再将压应力由 10MPa 卸载至 1MPa 持荷 10min，连续进行 3 次。抗压弹性模量 E1＝第 10MPa 级与第 4MPa 级压应力的差值/累积压缩应变值的差值，精确至 1MPa。单项结果和算术平均值之间的偏差应不大于算术平均值的 3%，否则应重新复核试验一次。（预压 10－2－1－5，正式加载 4－2－2－10－1－10）

26. 【抗剪弹性模量试验】计算承载力用有效承压面积（钢板面积）（承承钢）；计算水平拉力用平面毛面积（公称面积）（平平公）。对准中心，偏差应小于 1% 的试样短边尺寸或直径，当试样为矩形支座，应使支座顺其短边方向受剪，施加竖向荷载：将压应力以 0.03～0.04MPa/s 的速率增至 10MPa，并在整个抗剪试验过程中保持不变；预加水平荷载：以 0.002～0.003MPa/s 的速率连续施加水平力至 1MPa，持荷 5min；然后卸载至 0.1MPa 持荷 5min，预载 3 次。正式加载：自 0.1MPa 分级加载至 1MPa 为止，每级增加 0.1MPa，持荷 1min，然后将剪应力从 1MPa 卸载至 0.1MPa，持荷 10min，连续进行 3 次。抗剪弹性模量 G_1＝第 1MPa 级与第 0.3MPa 级剪应力的差值/累积剪切应变值的差值，精确至 1%。单项结果和算术平均值之间的偏差应不大于算术平均值的 3%，否则应重新复核试验一次。（预载 1－5－0.1－5，正式加载 0.1－1－0.1－1－0.1－10）

27. 【抗剪老化试验】将试样置于老化箱内，在（70±2）℃温度下经 72h 后取出，在标准温度（23±5）℃下停放 48h 后进行剪切试验（抗剪老化试验与标准抗剪弹性模量试验方法步骤、结果、计算都相同）。

【抗剪黏结试验】预加水平荷载：以 0.002～0.003MPa/s 的速率连续施加水平力至 2MPa，持荷 5min。

【摩擦系数试验】施加竖向荷载预压时间为 1h，摩擦系数＝最大水平力/最大承压力，精确至 0.01。

【转角试验】当支座边缘最小变形值$\Delta_{min} \geqslant 0$时，支座不脱空；当$\Delta_{min} < 0$时，支座脱空。

【极限抗压强度】以0.1MPa/s的速率加载至极限抗压强度不小于70MPa为止。

28.【盆式支座试验方法】试验项目为竖向承载力、水平承载力、摩擦系数以及转动试验。

【竖向承载力】试验步骤为试样放置、预压、安装位移传感器、正式加载。其中预压3次，每次加载至预压荷载宜稳压2min后卸载至初始荷载，预压荷载为支座设计承载力，预压初始荷载为设计承载力的1%。安装4个竖向位移传感器（百分表），取算术平均值，测试支座竖向压缩变形；安装4个径向位移传感器（千分表），取绝对值之和的1/2，测试盆环径向变形。正式加载时，检验荷载为支座竖向设计承载力的1.5倍，分10级加载到检验荷载；每级加载后稳压2min，记录每一级的位移量，加载至检验荷载稳压3min后卸载至初始压力，测定残余变形。3次测试结果的平均值为该支座试样的测试结果。(1% -10 -2 -1.5 -3)

【水平承载力】试验荷载为支座水平承载力的1.2倍，用水平承载力的20%进行预推，反复进行3次。正式加载先将竖向承载力加至50%，初始推力取设计水平力的0.5%，分10级加载，每级荷载稳压2min后读数，待水平承载力达到设计水平力的90%后，再将竖向承载力加至设计承载力，再将水平承载力加至试验荷载稳压3min后卸载至初始推力，正式加载连续进行3次。(0.5% -10 -2 -1.2 -3)

【摩擦系数试验】采用的水平加载装置由千斤顶加载系统、测力传感器组成，预压3次，预压初始荷载为设计承载力的1%，每次加载稳压3min后卸载，实测摩擦系数取后3次（第2次至第4次）的算术平均值。

【转动试验】试验装置由加载横梁、千斤顶加载系统、测量转角变化的位移传感器组成，预压3次，预压初始荷载为设计承载力的1%，每次加载稳压3min后卸载，使支座分别产生0.01rad、0.015rad、0.02rad设计转角值，每次达到预期转角后稳压30min，试验后要求高性能滑板和钢件无损伤，橡胶板没有被挤出，黄铜密封圈也没有明显损伤。

29.【球型支座试验方法】试验项目为竖向承载力、水平承载力、摩擦系数以及转动试验。其中，竖向承载力试验与盆式支座竖向承载力试验基本相同，除了预压初始荷载为设计承载力的0.5%；安装4个径向位移传感器（千分表），取算术平均值。

【摩擦系数试验】预压时间1h，实测摩擦系数取后4次（第2次至第5次）的算术平均值。

【转动试验】用千斤顶以5kN/min的速率施加转动力矩。

【水平承载力试验】与盆式支座水平承载力试验相同。

30. 检测结果判定：【板式支座】型式检验时，应全部项目满足要求为合格。3 块中若有 2 块不能满足要求，则认为该批产品不合格；若有 1 块不能满足要求，则随机抽取双倍支座进行复检，若仍有一项不合格，则判定该批产品不合格。

【盆式支座】应进行型式检验的情况：新产品投产时的试制定型检验；当结构形式、材料、工艺有较大改变，可能对产品性能有影响时；产品停产两年后，恢复生产时；出厂检验结果与上次型式检验有较大差异时。

【球型支座】若有 2 个支座各有 1 项不合格，或有 1 个支座 2 项不合格时，应取双倍试样进行复检，若仍有 1 个支座 1 项不合格，则判定该批产品不合格。若有 1 个支座 3 项不合格则判定该批产品不合格。

【桥梁伸缩装置】

31. 公路桥梁伸缩装置按伸缩结构分为模数式伸缩装置 M、梳齿板式伸缩装置 S、无缝式伸缩装置 W，模数式伸缩装置按橡胶密封带的数量分为单缝、多缝，代号 MA、MB；梳齿板式伸缩装置按梳齿板受力状况分为悬臂、简支，代号 SC、SS；简支梳齿板式伸缩装置分为齿板位于伸缩缝一侧的 SSA 和齿板跨越伸缩缝的 SSB。模数式伸缩装置的拉伸、压缩时最大水平摩阻力应≤$4 \times n$，伸缩装置设计使用年限应不低于 15 年；模数式伸缩装置试验检测项目有变形性能试验、防水性能试验及承载性能试验，其中变形性能试验又包括最大水平摩阻力、最大竖向变形偏差、变形均匀性和错位性能。梳齿板式伸缩装置试验检测项目有最大水平摩阻力、最大竖向变形偏差和防水性能试验；无缝式伸缩装置试验检测项目有最大竖向变形和防水性能试验。桥梁伸缩装置的试验对象分为材料试件、构件试件和整体试件 3 类，不能对整体试件进行试验时，试件截取长度不得小于 4m；多缝模数式伸缩装置应不少于 4 个位移箱；梳齿板式伸缩装置应不小于一个单元。试验标准温度（23 ±5）℃下静置 24h。

32. 【拉伸压缩时最大水平摩阻力试验、变位均匀性试验、最大竖向偏差或变形试验】都是预加载 1 次，正式加载试验 3 次。纵向错位试验满足倾斜角度≥2. 5°；竖向错位试验使沿顺桥向产生 5% 的坡度，重复试验 3 次，计算 3 次循环的算术平均值；横向错位试验在两支承横梁 3. 6m 间距两端产生 80mm 的差值。承载性能试验中模拟轮载的静力作用时 α 取 16. 7°；模拟轮载的疲劳作用时 α 取 0°。模拟轮载的静力作用时，以设计轮载的 10% 为步长，以 1kN/s 的速度加载，每步加载完成后静置 5min，测量伸缩装置的应力和竖向挠度；模拟轮载的疲劳作用时，以 0 ~ 设计轮载为循环幅，施加 2×10^6 次，测量伸缩装置的应力变化情况。

【防水性能试验】伸缩装置在最大开口状态下固定，将每个伸缩单元两端堵截，在伸缩装置缝内注满水（水面超过伸缩装置顶面 10mm），应经过 24h 后检查有无渗水、漏水现象。

【尺寸检测】测量器具有钢直尺、游标卡尺、平整度仪、水准仪。厚度应在四边量测 8 点取平均值，模数式和梳齿板式应每 2m 取断面量测后取平均值。若有一项不合格，应随机抽取双倍数目进行复检，若仍有一项不合格，则判定该批产品不合格。

【波纹管】

33. 目前桥梁工程常用的波纹管有塑料波纹管和金属波纹管两大类，其中塑料波纹管按截面形状可分为圆形和扁形两大类，代号分别是 Y 和 B；金属波纹管按径向刚度分为标准型和增强型，代号分别是 B 和 Z，按截面形状分为圆形和扁形，按凸起波纹的数量分为双波和多波。塑料波纹管内径圆管以直径表示，扁形管以长轴表示；金属波纹管内径圆管以直径表示，扁形管以长轴尺寸×短轴尺寸表示。波纹管的标记由产品代号、管材内径及管材（刚度）类别三部分组成。塑料波纹管力学性能要求有环刚度（圆形不小于 6kN/m^2，扁形不小于 4kN/m^2）、局部横向荷载（在 800N 下管材残余变形量不超过外径的 10%）、柔韧性（反复弯曲 5 次）、抗冲击性（最大允许值为 10%）。金属波纹管力学性能要求有径向刚度、抗渗漏性能。

34. 塑料波纹管试验：检测项目有环刚度试验、局部横向荷载试验、柔韧性试验、抗冲击性试验、外观及规格尺寸检测。

【环刚度试验】从 5 根管材上各截取长（300±10）mm 试样一段，两端与轴线垂直切平，试样应水平放置在平板上，试样长度的最小值应不小于最大值的 0.9 倍，上压板下降速度为（5±1）mm/min，当垂直方向内径变形量为原内径的 3% 时，记录此时的负荷。取 5 个试样试验结果的算术平均值。

【局部横向荷载试验】圆柱顶压头端部半径为 6mm，在 30s 内加载到 800N，持荷 2min 观察。

【柔韧性试验】试样长度 1100mm，上部 900mm 左右往复弯曲 5 次，最终位置保持 2min。

【抗冲击性试验】等分标记线数有 3、4、6、8，为公称外径除以 20 后四舍五入。试样状态调节：试样调节温度（0±1）℃，调节时间≥15min（壁厚≤8.6mm），完成试验时间间隔≤10s，再处理时间≥5min。当波纹管内径≤90mm 时，落锤质量为 0.5kg，冲击高度为 2000mm；当内径为 90～130mm 时，落锤质量为 1kg，冲击高度为 2000mm。当波纹管的波纹间距超过管材外径的 0.25 倍时，要保证被冲击点为波纹顶部。当冲击总次数≤25、冲击破坏数≥4 时，试验结果为真实冲击率大于 10%；冲击总次数≥25、冲击破坏数=0 时，试验结果为真实冲击率小于或等于 10%。

【外观及规格尺寸检测】尺寸检测包括厚度、外直径、内直径、不圆度。内直径应通过横断面中点处，每隔45°依次测量4次，取算术平均值，精确到0.1mm。不圆度=(最大直径-最小直径)×2/(最大直径+最小直径)，取5个试验结果的平均值，用分度不大于0.05mm的游标卡尺测量。

35. 金属波纹管试验：检测项目有抗局部横向荷载性能试验、抗均布荷载性能试验、承受局部横向荷载后抗渗漏性能试验、弯曲后抗渗漏性能试验、外观及尺寸检测。

【抗局部横向荷载性能试验、抗均布荷载性能试验】试样长度取5d，且应不小于300mm，以不超过20N/s的速度加载，每次增加砝码不宜超过10kg。测量变形量时持荷时间不应短于1min，每根试件测试1次。

【承受局部横向荷载后抗渗漏性能试验】施加局部横向荷载至变形达到圆管内径或扁管短轴尺寸的20%，持荷1min后卸载。用水灰比0.5的纯水泥浆灌满试样；如用清水灌满后不渗水，可不再灌水泥浆。

【弯曲后抗渗漏性能试验】将金属波纹管弯成圆弧，圆弧半径：圆管为30倍内径且不大于800倍钢丝直径；扁管短轴方向为4000mm。

【外观及尺寸检测】内外径尺寸和波纹高度用游标卡尺，钢带厚度用螺旋千分尺，长度用钢卷尺。

36. 【检测结果判定】塑料波纹管外观质量5根中有3根不符合规定时，则产品不合格；5根中有2根不符合规定时再抽5根检测，若仍有2根不符合规定，则该批产品不合格。外观质量检验后，若其他指标中有一项不合格，则抽取双倍数量复检，若仍有一项不合格，则该批产品为不合格。复检结果作为最终判定的依据。

金属波纹管检验结果有不合格项目，取双倍数量复检不合格项目，若仍有不合格时该批产品不合格。

【防水卷材】

37. 高分子防水卷材具有使用寿命长、技术性能好、冷施工、质量轻和污染性低等优点。隧道防水常用的高分子防水卷材有EVA（乙烯-醋酸乙烯共聚物）、ECB（乙烯-醋酸乙烯与沥青共聚物）和PE（聚乙烯）等，以同类同型的10000m^{2}卷材为一批，不满10000m^{2}也可作为一批；随机抽取3卷进行尺寸偏差和外观检查，在检查合格的样品中任取1卷，在距外层端部500mm处截取3m（出厂检验为1.5m）进行理化性能检验。试样截取前，在温度（23±2）℃、相对湿度（60±15）%的标准环境下进行状态调整不少于24h。卷材按有无复合层分类，分为无复合层的N类、纤维单面复合的L类、织物内增强的W类三类，每类产品按理化性能分为Ⅰ型和Ⅱ型。N类卷材的热老化处理检测项目包括外观、拉伸强度变化率、断裂伸长率变化率、低温弯折性。L类及W类卷材的热老化处理检测项目包括外观、拉力、断裂伸长率、低温弯折性。卷材的接头不多于一处，其中较短的一段长度不少于1.5m，接头应加长150mm。

38.【拉伸性能试验】拉力试验机应保证拉力测试值在量程的20%～80%，精度为1%，能够达到（250±50）mm/min的拉伸速度，测长装置测量精度为1mm。试样形状为哑铃形，若试样断裂在标距外，则该试样作废，另取试样重做。拉伸强度$TS=P/(B\times d)$，精确到0.1MPa，其中P为断裂时的荷载。断裂伸长率$E=(L_1-L_0)/L_0$，分别计算并报告5块试样纵向和横向的算术平均值。

【热处理尺寸变化率试验】鼓风恒温箱自动控温范围为室温～200℃，控温精度为±2℃，将尺寸为100mm×100mm的试样在（80±2）℃的温度下恒温24h，取出置于标准环境中调节24h，测量长度精确到0.1mm。分别计算3块试样纵向和横向尺寸变化率的平均值。

39.【低温弯折性试验】试验器具有低温箱、弯折仪、放大镜。低温箱可在-30～0℃自动控温，精度为±2℃。

【抗穿孔性试验】重锤落差高度300mm，试验3块试样，无明显穿孔时进行水密性试验。

【剪切状态下的黏合性试验】涂胶面积为100mm×300mm，拉伸速度为（250±50）mm/min。拉伸剪切强度$=P/b$，精确到0.1N/mm。

【热老化处理试验】在（80±2）℃的温度下保持168h，在标准环境下调节24h，每块试件上截取纵向、横向哑铃形试件各2个做拉伸强度试验，一块试件上截取纵向1块，另一块上截取横向1块做低温弯折性试验。

【结果评判】防水卷材的外观质量、尺寸允许偏差若存在不合格，另抽3卷重新检验，若仍有不合格则判定该批产品不合格；低温弯折性、抗穿孔性、不透水性若有一个试件不符合标准规定则为不合格；理化性能检测结果仅有一项不符合标准规定时，随机另取一卷进行单项复测，仍不合格则判定为不合格。

【土工布】

40. 土工织物也称土工布，按制造方法分为无纺或非织造土工织物和有纺或机织土工织物，具有过滤、排水、隔离、加筋、防渗和防护等作用。土工布的物理特性主要指土工布的厚度与单位面积质量，一般隧道设计中通常只对单位面积质量有要求，我国公路隧道中常用250～400g/m^{2}的土工布。土工布的力学性能包括抗拉强度及延伸率、握持强度及延伸率、抗撕裂强度、顶破强度、刺破强度、抗压缩性能等。土工布水力学特性反映其反滤和排水的能力。测试方法有孔隙率的确定、有效孔径及垂直渗透性能。试样不应含有灰尘、折痕、损伤部分和可见疵点，每项试验的试样随机抽取时长度和宽度方向距样品边缘至少100mm，同一试验剪取2个以上的试样时不应在同一纵向或横向位置上剪取。对于土工织物，试样一般应置于温度为（20±2）℃、相对湿度为65%±5%和标准大气压的环境中调湿24h，为了使试样完全湿润，可以在水中加入不超过0.05%的非离子型湿润剂。对于塑料土工合成材料，在温度为（23±2）℃的环境下调节不得少于4h。数据整理包括算术平均值、标准差、变异系数及以K倍标准差作为舍弃标准。

41.【单位面积质量】试样数量不得少于10块，测定的试样面积为10cm×10cm，测量精度为1mm。

【厚度测定】土工织物的常规厚度是指在2kPa压力下正反两面之间的距离，基准板面积要大于2倍的压块面积，测常规厚度的压块重力为5N。试样数量不得少于10块。

【宽条拉伸试验】土工合成材料的拉伸强度和最大负荷下伸长率是各项工程设计中最基本的技术指标。测定土工织物拉伸性能的试验方法有宽条法和窄条法，可采用调湿和浸湿状态下的拉伸试验。常用的试验指标有单位宽度下最大负荷、最大负荷下的伸长率、特定伸长率下的拉伸力。土工织物的名义试样宽度为（200±1）mm，两夹具的初始间距为（100±3）mm。设定拉伸速率为名义夹持长度的（20%±1%）mm/min，预张拉力相当于最大负荷的1%，如果试样在距钳口5mm范围内断裂，则该试验结果应剔除。当试样在钳口内打滑或大多数试样在钳口边缘断裂时，可采取下列改进措施：钳口内加衬垫、钳口内的试样加以涂层、改进夹具钳口表面。名义夹持长度L_0，使用夹具时为100mm，使用伸长计时为60mm，最大负荷下的伸长率$=\Delta L/(L_0+L'_0)$。

42.【撕破强力试验】反映土工织物抵抗扩大破损裂口的能力，使用的拉力机同宽条拉伸试验用的拉力机。经向和纬向（纵、横）各取10块试样，测定径向纤维的撕裂强度时，剪取试样长边应与径向纤维平行，使切缝垂直于径向；测定纬向撕裂强度时，剪取试样长边应与纬向纤维平行，使切缝垂直于纬向。剪一条垂直于短边的长15mm的切缝，夹具初始间距为25mm，拉伸速率为（100±5）mm/min，撕裂力可能有几个峰值和谷值，也可能单一上升而只有一个最大值，都取最大值，取最大值作为撕破强力，单位是N。

【CBR顶破强力试验】反映土工织物抵抗垂直织物平面的法向压力的能力。顶破强力试验的方法有CBR顶破试验和圆球顶破试验，两者的差异在于前者用圆柱形压杆顶压，后者用圆球顶压，两者的夹具环直径不同。圆形试样5块，顶压杆下降速率为（60±5）mm/min，试验结果有顶破强力平均值、顶破位移平均值、变形率和变异系数。

【刺破强力试验】反映土工织物抵抗小面积集中荷载的能力。仪器设备有试验机、环形夹具、平头顶杆。圆形试样10块，顶压杆下降速率为（300±10）mm/min。三种强力试验均应使最大强力在满量程的30%~90%。

43.【孔隙率确定】土工织物的孔隙率是指孔隙体积与总体积的比值，无纺织物不承压时，孔隙率一般在90%以上，承压后孔隙率明显降低。土工布的表观孔径或有效

孔径用 O_{90} 或 O_{95} 表示，O_{95} 表示土工织物中 95% 的孔径低于该值，也表示某一粒径的筛余率等于总量的 95% 即过筛率 5%。试样调湿时，在间隔至少 2h 的连续称量中质量变化幅度不超过试样质量的 0.25% 时，认为已满足要求。

【垂直渗透性能试验】采用恒水头法测定土工织物的垂直渗透特性参数，包括流速指数、垂直渗透系数、透水率等。其中流速指数指两侧 50mm 水头差下的流速（mm/s），垂直渗透系数指单位水力梯度下垂直于土工织物平面的水流速（mm/s），透水率指水位差等于 1 时的渗透流速（L/s）。先使试样两侧达到 50mm 的水头差，然后使水头达到（70±5）mm，对最大水头差 0.8、0.6、0.4、0.2 倍分别试验。

土工布力学试验	速率（mm/min）	试样数量	结果单位	试验机量程
宽条拉伸试验	名义夹持长度的（20±1）%	纵向和横向各至少 5 块	拉伸强度（kN/m）	使试样的最大破坏力在满量程的 30%~90%
撕破强力试验	100±5	纵向和横向各取 10 块	撕破强力、顶破强力、刺破强力（N）	
CBR 顶破强力试验	60±5	圆形试样 5 块		
刺破强力试验	300±10	圆形试样 10 块		

【第二章】学员笔记　　「少壮不努力，老大徒伤悲」

真题汇编

一、单选题（每题1分）

※※第一节　预应力筋用锚具、夹具、连接器试验检测※※

1. 根据《公路桥梁预应力钢绞线用锚具、夹具和连接器》（JT/T 329—2010），桥梁预应力锚具、夹具、连接器的静载锚固性能试验中，加载速率为（　　）。

A. 60MPa/min　　B. 80MPa/min

C. 100MPa/min　　D. 120MPa/min

【答案】C　解析：静载锚固性能试验①加载速率为100MPa/min。②以预应力钢绞线抗拉强度标准值的20%、40%、60%、80%，分4级等速加载。③加载到钢绞线抗拉强度标准值的80%后，持荷1h。④持荷1h后缓慢加载至试样破坏。

2. 预应力筋－锚具静载锚固性能试验过程中需要观察锚具的变形，其中夹片允许出现（　　）。

A. 纵向断裂　　B. 横向断裂

C. 斜向断裂　　D. 碎裂

【答案】A　解析：在静载锚固性能满足后，夹片允许出现微裂和纵向断裂，不允许横向、斜向断裂及碎断；预应力筋达到极限破断时，锚板及其锥形锚孔不允许出现过大塑性变形，模板中心残余变形不应出现明显挠度。

3. 桥梁预应力锚具组装件做静载锚固性能试验时将钢绞线、锚具与试验台组装，使每根钢绞线受力均匀，总伸长率装置的标距不宜小于（　　）。

A. 0.5m　　B. 0.8m

C. 1m　　D. 1.2m

【答案】C　解析：总伸长率装置的标距不宜小于1m。

※※第二节　桥梁支座试验检测※※

1. 桥梁橡胶支座抗剪弹性模量试验时，抗剪过程中平均压应力为（　　），并保持不变。

A. 1MPa　　B. 10MPa

C. 70MPa　　D. 75MPa

【答案】B　解析：橡胶支座抗剪弹性模量试验施加竖向荷载：将压应力以0.03～0.04MPa/s的速率连续增至平均压应力＝10MPa，并在整个抗剪试验过程中保持不变。

2. 桥梁球型支座在竖向承载力的作用下，支座的竖向压缩变形不应大于支座总高度的（　　）。

A. 0.5%　　B. 1%

C. 2%　　D. 3%

【答案】B　解析：桥梁球型支座在竖向承载力的作用下，支座的竖向压缩变形不应大于支座总高度的1%。

3. 板式橡胶支座抗剪弹性模量试验，每对支座所组成试样的综合抗剪弹性模量，为该对试样 3 次加载所得到的 3 个结果的算术平均值，但各单项结果与算术平均值之间的偏差大于算术平均值的（　　）时，应重新复核试验一次。

A. 5%　　　　B. 3%

C. 2%　　　　D. 1%

【答案】B　解析：板式橡胶支座抗剪弹性模量试验，每对检验支座所组成试样的综合抗剪弹性模量 G1 为该对试样 3 次加载所得到的 3 个结果的算术平均值。但各单项结果与算数平均值之间的偏差应不大于算数平均值的 3%，否则应重新复核试验一次。

4. 支座转角试验中，根据各种转角下支座边缘最大、最小变形值来判定实测转角正切值是否符合标准要求，当（　　）情况下表示支座脱空。

A. $\Delta_{max} \geq 0$　　　　B. $\Delta_{min} < 0$

C. $\Delta_{min} \geq 0$　　　　D. $\Delta_{max} < 0$

【答案】B　解析：当支座边缘最小变形值 $\Delta_{min} \geq 0$ 时，支座不脱空；当 $\Delta_{min} < 0$ 时，支座脱空。

5. 球形支座水平承载力试验中，试验荷载为支座水平承载力的（　　）倍。

A. 1　　　　B. 1.2

C. 1.5　　　　D. 2

【答案】B　解析：水平承载力试验荷载为支座水平承载力的 1.2 倍。

※※第三节　桥梁伸缩装置试验检测※※

1. 模数式伸缩装置的拉伸、压缩时最大水平摩阻力的力学性能指标为（　　）kN/m。

A. $\leq 3 \times n$　　　　B. $\leq 4 \times n$

C. $\leq 5 \times n$　　　　D. $\leq 6 \times n$

【答案】B　解析：模数式伸缩装置的拉伸、压缩时最大水平摩阻力应 $\leq 4 \times n$。

2. 下面有关伸缩装置防水性能试验说法正确的是（　　）。

A. 伸缩装置在初始安装缝宽状态下固定

B. 伸缩单元两端应严密截堵

C. 水面高度应与伸缩装置顶面齐平

D. 经过 48h 后检查有无渗水、漏水现象

【答案】B　解析：伸缩装置防水性能试验①伸缩装置在最大开口状态下固定，将每个伸缩单元两端堵截。②在伸缩装置缝内注满水（水面超过伸缩装置顶面 10mm）。③经过 24h 后检查有无渗水、漏水现象。

3. 梳齿板式伸缩装置尺寸偏差检测时，每（　　）取其断面测量后，按平均值取用。

A. 1m　　　　B. 2m

C. 3m　　　　D. 4m

【答案】B　解析：模数式和梳齿板式伸缩装置应每 2m 取其断面量测后，取其平均值。

4. 模数式伸缩装置试验检测项目不包括（　　）。

A. 变形性能试验　　B. 防水性能试验

C. 材料性能试验　　D. 承载性能试验

【答案】C　解析：模数式伸缩装置试验检测项目有变形性能试验、防水性能试验及承载性能试验。

5. 承载性能试验中，加载模拟轮载 P_d 的静力作用时，加载偏转角度 α 取（　　）；加载模拟轮载的疲劳作用时，加载偏转角 α 取（　　），以 $0-P_d$ 为循环幅施加（　　）次，测量伸缩装置的应力变化情况，并观察伸缩装置是否开裂。

A. 16.7°；0°；2×10^6　　B. 0°；167°；2×10^6

C. 16.7°；0°；6×10^2　　D. 0°；167°；6×10^2

【答案】A　解析：承载性能试验中模拟轮载的静力作用时 α 取 16.7°；模拟轮载的疲劳作用时 α 取 0°。模拟轮载的静力作用时，以设计轮载的 10% 为步长，以 1kN/s 的速度加载，每步加载完成后静置 5min，测量伸缩装置的应力和竖向挠度；模拟轮载的疲劳作用时，以 0～设计轮载为循环幅，施加 2×10^6 次，测量伸缩装置的应力变化情况。

6. 根据《公路桥梁伸缩装置通用技术条件》（JT/T 327—2016），公路桥梁伸缩装置变形性能试验标准温度为（　　）。

A. 20℃ ±2℃　　B. 23℃ ±2℃

C. 23℃ ±5℃　　D. 25℃ ±5℃

【答案】C　解析：桥梁伸缩装置的试验标准温度为 23℃ ±5℃，静置 24h。

※※第四节　波纹管试验检测※※

1. 桥梁用塑料波纹管环刚度试验，应从（　　）根管材上各截取长（300 ±10）mm 的试样一段。

A. 二　　B. 三

C. 五　　D. 六

【答案】C　解析：塑料波纹管环刚度试验，试样制备应从 5 根管材上各截取长（300 ±10）mm 的试样一段，两端与轴线垂直切平。

2. 关于预应力混凝土桥梁用金属波纹管抗局部横向荷载性能试验说法错误的是（　　）。

A. 采用万能试验机加载时，加载速度不应超过 20N/s

B. 采用砝码及辅助装置加载时，每次增加砝码不宜超过 20kg

C. 测量变形量时持荷时间不应短于 1min

D. 测量变形量时每根试件测试 1 次

【答案】B　解析：B 答案正确说法是采用砝码及辅助装置加载时，每次增加砝码不宜超过 10kg。

※※第五节　隧道用防水卷材性能检测※※

1. 以下不属于常用防水卷材技术指标的是（　　）。

A. 断裂拉伸强度　　B. 撕裂强度

C. 低温弯折性　　　　D. 孔隙率

【答案】D　解析：常用防水卷材的技术指标有断裂拉伸强度、扯断伸长率、撕裂强度、不透水性、低温弯折性、加热伸缩量、热空气老化、耐碱性、人工候化和刺破强度。

2. 高分子防水卷材的拉伸强度分别取纵向和横向各 5 个试样测试值的（　　）。

A. 算术平均值　　　　B. 加权平均值

C. 中值　　　　D. 最小值

【答案】A　解析：高分子防水卷材拉伸性能试验分别计算并报告 5 块试样纵向和横向的算术平均值。

※※第六节　隧道用土工布性能检测※※

1. 隧道用土工布检测的试样准备时，以下说法错误的是（　　）。

A. 每项试验的试样应从样品长度与宽度方向上随机抽取，但距样品边缘至少 100mm

B. 试样不应含有灰尘、折痕、损伤部分和可见疵点

C. 为同一试验剪取 2 个以上试样时，应在同一纵向或横向位置上剪取，如不可避免时，应在试验报告中说明

D. 试样一般应置于温度为（20 ± 2）℃、相对湿度为（65 ± 5）% 和标准大气压的环境中调湿 24h

【答案】C　解析：C 答案正确说法是为同一试验剪取 2 个以上试样时，不应在同一纵向或横向位置上剪取，如不可避免时，应在试验报告中说明。

二、判断题（每题 1 分）

※※第一节　预应力筋用锚具、夹具、连接器试验检测※※

1. 桥梁预应力锚具静载试验应连续进行两个组装件的试验，试验结束后需计算锚具效率系数和实测极限拉力时组装件受力长度的总应变。（　　）

【答案】错　解析：静载试验应连续进行 3 个组装件的试验，试验结束后需计算锚具效率系数和实测极限抗拉力时组装件受力长度的总应变。

2. 桥梁锚具静载锚固性能试验结果如有一个组装件不符合要求时，则应另取双倍数量的样品重新试验，如仍有一个试件不合格，则该批产品为不合格品。（　　）

【答案】对　解析：静载锚固性能试验，三个组装件中有两个组装件不符合要求，则判断该批产品为不合格品；如有一个组装件不符合要求，应取双倍数量的样品重新试验；如仍有不符合要求的，判断该批产品为不合格品。

※※第二节　桥梁支座试验检测※※

1. 桥梁板式橡胶支座试验机的示值相对误差最大允许值为 ±1.0%，使用负荷可在其满负荷的范围内。（　　）

【答案】错　解析：桥梁板式橡胶支座试验机的示值相对误差最大允许值为 ±1.0%，压力机的使用负荷可在其满负荷的 20% ~80% 范围内。

2. 某公路桥梁矩形普通氯丁橡胶支座，短边尺寸为 300mm，长边尺寸为 400mm，厚度为 47mm，其标记为 GBZJ300×400×47（CR）。（　）

【答案】对　解析：公路桥梁普通矩形橡胶支座，常温型，采用氯丁橡胶，支座平面尺寸为 300mm×400mm，总厚度为 47mm，表示为 GBZJ300×400×47（CR）。

3. 桥梁球型支座竖向承载力试验，受试验设备能力限制时，可选用有代表性的小型支座进行试验。（　）

【答案】错　解析：桥梁支座成品力学性能试验应采用实体支座，当试验设备能力受到限制时，经与用户协商可选用小型支座或特制试样进行试验。

4. 根据《公路桥梁盆式支座》（JT/T 391—2019），盆式支座型号一般由支座名称代号、支座系列、设计竖向承载力（MN）、设计水平承载力（%）、使用性能分类代号、活动支座顺桥向位移量（mm）、适用温度分类代号组成。（　）

【答案】对　解析：盆式支座型号一般由支座名称代号、支座系列、设计竖向承载力（MN）、设计水平承载力（%）、使用性能分类代号、活动支座顺桥向位移量（mm）、适用温度分类代号组成。

5. 板式橡胶支座力学性能试验中，承载力按支座钢板面积计算，水平拉力按支座公称面积计算。（　）

【答案】对　解析：计算承压力用有效承压面积（钢板面积）【承承钢】；计算水平拉力用平面毛面积（公称面积）【平平公】。

※※第三节　桥梁伸缩装置试验检测※※

1.《公路桥涵设计通用规范》（JTG D60—2015）规定伸缩装置设计使用年限为 15 年。（　）

【答案】错　解析：在正常设计、生产、安装、运营养护条件下，伸缩装置设计使用年限不应低于 15 年。

2. 伸缩装置总体性能试验中，若检验项目有一项不合格，则应从该批产品中再随机抽取双倍数目的试样，对不合格项目进行复检，若仍有一项不合格则判定该批产品不合格。（　）

【答案】对　解析：伸缩装置总体性能试验中，若检验项目有一项不合格，则应从该批产品中再随机抽取双倍数目的试样，对不合格项目进行复检，若仍有一项不合格则判定该批产品不合格。

※※第四节　波纹管试验检测※※

1. 金属波纹管检测，当检验结果有不合格项目时，应以三倍数量的试件对该不合格项目进行复验，复验仍不合格时，则该批产品为不合格。（　）

【答案】错　解析：金属波纹管当检验结果有不合格项目时，应以双倍数量的试件对该不合格项目进行复验，复验仍不合格时，则该批产品为不合格品。

2. 预应力混凝土桥梁用金属波纹管的弯曲后抗渗漏试验，可用清水灌满试样。（　）

【答案】对　解析：金属波纹管的弯曲后抗渗漏试验，用水灰比 0.50 由普通硅酸盐水泥配制的纯水泥浆灌满试样，观察表面渗漏情况 30min。也可用清水灌满试样，如果试样不渗水，可不再用水泥浆进行试验。

3. 长轴为 65mm、短轴为 20mm 的增强型金属波纹管标记为 JBG - 20 × 65Z。（　　）

【答案】错　解析：长轴为 65mm、短轴为 20mm 的增强型扁管标记为 JBG - 65 × 20Z。

※※第五节　隧道用防水卷材性能检测※※

1. 高分子防水卷材试样截取前，在温度为（20 ± 2）℃、相对湿度（45 ~ 55）% 的标准环境下进行状态调整，时间不少于 16h。（　　）

【答案】错　解析：高分子防水卷材试样截取前，在温度为（23 ± 2）℃、相对湿度（60 ± 15）% 的标准环境下进行状态调整，时间不少于 24h。

2. 防水卷材用纤维单面复合的为 W 类氯化聚乙烯防水卷材。（　　）

【答案】错　解析：氯化聚乙烯防水卷材产品按有无复合层分类，无复合层为 N 类，用纤维单面复合的为 L 类，织物内增强的为 W 类；每类产品按理化性能分为Ⅰ型和Ⅱ型。

3. 隧道用防水卷材性能检测时，可以同类同型的 10000m^2 卷材为一批。在该批次产品中随机抽取 3 卷进行理化性能检验。（　　）

【答案】错　解析：合成高分子防水卷材均应成批提交验收，以同类同型的 1 万 m^2 卷材为一批，不满 1 万 m^2 也可作为一批。在该批产品中随机抽取三卷，进行尺寸偏差和外观检查，在上述检查合格的样品中任取一卷，在距外层端部 500mm 处裁取 3m（出厂检验为 1.5m）进行理化性能检验。

4. 进行防水卷材热处理尺寸变化率试验时，热处理尺寸变化率应为 3 块试样尺寸变化率的平均值。（　　）

【答案】错　解析：正确说法是热处理尺寸变化率应分别计算 3 块试样纵向和横向尺寸变化率的平均值。

※※第六节　隧道用土工布性能检测※※

1. 土工织物厚度一般指 1kPa 压力下的厚度测定值，在未明确规定压力时，可只对试样施加（1 ± 0.1）kPa 的压力。（　　）

【答案】错　解析：土工织物常规厚度是指在 2kPa 压力下的试样厚度。测常规厚度的压块重力为 5N，放在试样上时，其自重对试样施加的压力为（2 ± 0.01）kPa。

三、多选题（每题 2 分，下列各题均有 2 个或 2 个以上备选答案符合题意，有错误选项不得分，选项正确但不完全的每个选项得 0.5 分，完全正确的得满分）

※※第一节　预应力筋用锚具、夹具、连接器试验检测※※

1. 根据《公路桥梁预应力钢绞线用锚具、夹具和连接器》（JT/T 329—2010）的规定，预应力筋用锚具、夹具、连接器的力学性能要求主要有（　　）。

A. 静载锚固性能　　B. 硬度

C. 周期荷载性能　　D. 疲劳荷载性能

【答案】ACD　解析：针对锚具、连接器的检测项目有静载锚固性能、疲劳荷载性能、周期荷载性能、钢绞线内缩量和锚口摩阻损失率；针对夹具的检测项目有静载锚固性能。

※※第三节　桥梁伸缩装置试验检测※※

1. 桥梁梳齿板式伸缩装置试验检测项目主要为（　　）试验。

A. 拉伸、压缩　　B. 垂直变形

C. 水平摩阻力　　D. 变位均匀性

【答案】AC　解析：桥梁梳齿板式伸缩装置试验检测项目主要为拉伸、压缩时最大竖向变形偏差、最大水平摩阻力以及防水性能试验。

2. 关于模数式伸缩装置竖向错位试验表述正确的有（　　）。

A. 将试验台用竖向作动器顶起，使伸缩装置沿顺桥向产生5%的坡度

B. 将试验台用竖向作动器顶起，使伸缩装置沿横桥向产生5%的坡度

C. 竖向错位后重复试验3次

D. 计算结果取3次循环的平均值

【答案】ACD　解析：模数式伸缩装置竖向错位试验应将试验台用竖向作动器顶起，使伸缩装置沿顺桥向产生5%的坡度，竖向错位后重复试验3次，取3次循环的算术平均值。

※※第四节　波纹管试验检测※※

1. 预应力混凝土桥梁用塑料波纹管检验的项目包括（　　）。

A. 环刚度　　B. 局部横向荷载

C. 柔韧性　　D. 抗冲击性

E. 强度　　F. 耐磨性

【答案】ABCD　解析：预应力混凝土桥梁用塑料波纹管试验检测项目为环刚度试验、局部横向荷载试验、柔韧性试验、抗冲击性试验、外观及规格尺寸检测。

2. 预应力混凝土桥梁用塑料波纹管按截面形状可分为（　　）。

A. 矩形　　B. 扁形

C. 圆形　　D. 螺纹形

【答案】BC　解析：预应力混凝土桥梁用塑料波纹管按截面形状可分为圆形和扁形两大类。

3. 下列属于金属波纹管力学性能要求的有（　　）。

A. 径向刚度　　B. 抗渗漏性能

C. 柔韧性　　D. 抗冲击性

【答案】AB　解析：金属波纹管力学性能要求有径向刚度和抗渗漏性能。

4. 属于预应力混凝土桥梁用金属波纹管试验检测项目的有（　　）。

A. 环刚度　　B. 抗局部横向荷载性能试验

C. 抗均布荷载性能试验　　D. 弯曲后抗渗漏性能试验

【答案】BCD　解析：金属波纹管试验检测项目有抗局部横向荷载性能试验、抗均布荷载性能试验、承受局部横向荷载后抗渗漏性能试验、弯曲后抗渗漏性能试验、外观及尺寸检测。

※※第六节　隧道用土工布性能检测※※

1. 隧道用土工布水力学特性检测包括（　　）。

A. 延伸率　　B. 孔隙率

C. 有效孔径　　D. 垂直渗透性能

E. 刺破性能

【答案】BCD　解析：土工布的水力学性能反映了其在反滤和排水方面的能力，包括孔隙率、有效孔径及垂直渗透性能等。

四、综合题（每道大题10分，每个小题2分。下列各题备选项中，有1个或1个以上是符合题意的，选项全部正确得满分，选项部分正确按比例得分，出现错误选项该题不得分）

※※第一节　预应力筋用锚具、夹具、连接器试验检测※※

1. 根据《公路桥梁预应力钢绞线用锚具、夹具和连接器》（JT/T 329—2010），预应力筋用锚具、夹具、连接器的静载锚固性能试验中：

1）试样准备（　　）。

A. 试样组装件3个（3个锚环及相配套的夹片、钢绞线）

B. 试样组装件3个（6个锚环及相配套的夹片、钢绞线）

C. 初应力为预应力钢材抗拉强度标准值的5%

D. 初应力为预应力钢材抗拉强度标准值的10%

2）加载分成（　　）级。

A. 2　　B. 3

C. 4　　D. 5

3）加载到要求的抗拉强度后，持荷（　　）。

A. 0.5h　　B. 1h

C. 1.5h　　D. 2h

4）持荷后用低于（　　）的加载速率缓慢加载至试样破坏。

A. 60MPa/min　　B. 80MPa/min

C. 100MPa/min　　D. 120MPa/min

【标准答案】

1）BD　解析：静载锚固性能试验的试样数量为组装件3个（6个锚环及相配套的夹片、钢绞线）。初应力为预应力钢材抗拉强度标准值的10%。

2）C　解析：以预应力钢绞线抗拉强度标准值的20%、40%、60%、80%，分4级等速加载。

3）B　解析：加载到钢绞线抗拉强度标准值的80%后，持荷1h。

4）C　解析：静载锚固性能试验的加载速率为100MPa/min，持荷1h后缓慢加载至试样破坏。

※※第二节　桥梁支座试验检测※※

1. 某检测中心根据交通行业标准《公路桥梁盆式支座》（JT/T 391—2019）做盆式支座竖向承载力试验，检测依据要求：

1）竖向承载力的指标为（　　）。

A. 摩擦系数不大于0.3

B. 在竖向设计承载力作用下盆环上口径向变形不得大于盆环外径的0.05%

C. 支座设计竖向转动角度不小于0.02rad

D. 在竖向设计承载力作用下支座压缩变形不大于支座总高度的2%

2）正式加载前的试验步骤为（　　）。

A. 试样放置：将待测试支座安置于试验机承载板上，并对准中心位置

B. 预压：正式加载前对支座预压三次，预压荷载为支座设计承载力；预压初始荷载为该试验支座的竖向设计承载力的1.0%，每次加载至预压荷载宜稳压2min后卸载至初始荷载

C. 安装位移传感器：在初始荷载稳压状态，在支座顶、底板间均匀安装4个竖向位移传感器（百分表），测试支座竖向压缩变形；在盆环上口互相垂直的直径方向安装4个径向位移传感器（千分表），测试盆环径向变形

D. 加载到竖向设计承载力时，用千斤顶施加设计承载力10%的水平力

3）正式加载分三次进行，检验荷载为支座竖向设计承载力的1.5倍。每次检测时预加设计承载力的1.0%作为初始压力，分（　　）加载到检验荷载。

A. 6级　　B. 8级

C. 9级　　D. 10级

4）每级加载后稳压2min，然后（　　）。

A. 记录每一级的位移量

B. 测定残余变形

C. 测定摩擦系数

D. 加载至检验荷载稳压3min后卸载至初始压力

5）试验结果计算（　　）。

A. 竖向变形取四个竖向位移传感器读数的算术平均值

B. 径向变形取四个径向位移传感器读数绝对值之和的1/2

C. 三次测试结果的中间值作为该支座试样的测试结果

D. 三次测试结果的平均值作为该支座试样的测试结果

【标准答案】

1）BD　解析：见表2-1。

表2-1　盆式橡胶支座成品力学性能要求

项目	指标		
	压缩变形	径向变形	残余变形
竖向承载力	在竖向设计承载力作用下，支座压缩变形不大于支座总高度的2%和3mm中的较大者	在竖向设计承载力作用下盆环上口径向变形不得大于盆环外径的0.05%	卸载后，支座残余变形小于设计荷载下相应变形的5%

续表

项目	指标	
水平承载力	固定支座、纵向活动支座和横向活动支座	减振型固定支座、减振型纵向活动支座和减振型横向活动支座
	不小于支座竖向承载力的 10% 或 15%	不小于支座竖向承载力的 20%
转角	支座设计竖向转动角度不小于 0.02rad 且不大于 0.03rad	
摩擦系数（加 5201 硅脂润滑后）	常温型活动支座	耐寒型活动支座
	不大于 0.03	

2）ABC　解析：盆式支座竖向承载力试验步骤：

（1）试样放置：将待测试支座安置于试验机承载板上，并对中心位置。

（2）预压：正式加载前对支座预压 3 次，预压荷载为支座设计承载力；预压初始荷载为该试验支座竖向设计承载力的 1.0%，每次加载至预压荷载宜稳压 2min 后卸载至初始荷载。

（3）安装位移传感器：在初始荷载稳压状态，在支座顶、底板间均匀安装 4 个竖向位移传感器（百分表），测试支座竖向压缩变形；在盆环上口相互垂直的直径方向安装 4 个径向位移传感器（千分表），测试盆环径向变形。

（4）正式加载。

（5）试验结果计算。

3）D　解析：正式加载分 3 次进行，检验荷载为支座竖向设计承载力的 1.5 倍。每次检测时预加设计承载力的 1.0% 作为初始压力，分 10 级加载到检验荷载。

4）ABD　解析：每级加载后稳压 2min，然后记录每一级的位移量，加载至检验荷载稳压 3min 后卸载至初始压力，测定残余变形。

5）ABD　解析：试验结果计算①每次、每级竖向变形取该次、该级加载时 4 个竖向位移传感器（百分表）读数的算术平均值。②每次、每级径向变形取该次、该级加载时 4 个径向位移传感器（千分表）读数绝对值之和的 1/2。③3 次测试结果的平均值为该支座试样的测试结果。

2. 盆式支座具有承载能力大，水平位移量大、转动灵活等优点，广泛应用于各种桥梁工程中，《公路桥梁盆式支座》（JT/T 391—2019）对盆式支座的分类、型号、结构形式、技术要求、试验方法、检验规则等都进行了规定。结合规范回答以下问题：

6）关于盆式支座竖向承载力试验参数正确的是（　　）。

A. 检测荷载为竖向设计承载力的 1.2 倍

B. 检测荷载为竖向设计承载力的 1.5 倍

C. 预压荷载为竖向设计承载力的 1.0%

D. 初始压力为竖向设计承载力的 1.0%

7）盆式支座竖向承载力试验结果计算选取以下参数（　　）。

A. 每次、每级径向变形取该次、该级加载时 4 个百分表读数的算术平均值

B. 每次、每级径向变形取该次、该级加载时 4 个千分表读数的算术平均值

C. 每次、每级径向变形取该次、该级加载时 4 个百分表读数绝对值之和的 1/2

D. 每次、每级径向变形取该次、该级加载时 4 个千分表读数绝对值之和的 1/2

8）盆式支座竖向承载力试验力学性能要求有（　　）。

A. 在竖向设计承载力作用下支座压缩变形不大于支座总高度的 1%

B. 在竖向设计承载力作用下支座压缩变形不大于支座总高度的 2%

C. 在竖向设计承载力作用下盆环上口径向变形不大于盆环外径的 0.05%

D. 卸载后，支座残余变形小于设计荷载下相应变形的 5%

9）盆式支座水平承载力描述正确的是（　　）。

A. 固定支座的水平承载力不小于支座竖向承载力的 10%

B. 单向活动支座非滑移方向的水平承载力不小于支座竖向承载力的 10%

C. 减震型固定支座的水平承载力不小于支座竖向承载力的 20%

D. 减震型单向活动支座非滑移方向的水平承载力不小于支座竖向承载力的 20%

10）盆式支座转动试验中支座会有以下转角值（　　）。

A. 0.005rad　　B. 0.010rad

C. 0.015rad　　D. 0.020rad

【标准答案】

6）BD　解析：正式加载分 3 次进行，检验荷载为支座竖向设计承载力的 1.5 倍。每次检测时预加设计承载力的 1.0% 作为初始压力，分 10 级加载到检验荷载。每级加载后稳压 2min，然后记录每一级的位移量，加载至检验荷载稳压 3min 后卸载至初始压力，测定残余变形。

7）D　解析：试验结果计算①每次、每级竖向变形取该次、该级加载时 4 个竖向位移传感器（百分表）读数的算术平均值。②每次、每级径向变形取该次、该级加载时 4 个径向位移传感器（千分表）读数绝对值之和的 1/2。③3 次测试结果的平均值为该支座试样的测试结果。

8）CD　解析：见表 2-1。

9）CD　解析：见表 2-1。

10）BCD　解析：使支座分别产生 0.010rad、0.015rad、0.020rad 设计转角值，每次达到预期的转角后，稳压 30min。

3. 板式橡胶支座抗剪弹性模量试验方法和步骤。

11）试件安装（　　）。

A. 一次采用两块板式支座，按双剪组合配置

B. 在试验机的承载板上，应使支座顺其短边方向受剪

C. 使试件和钢拉板的对称轴和试验机承载板中心轴平行

D. 至少应在一块承载板上粘贴高摩擦板，以确保试验的准确性

12）施加压力（　　）。

A. 将压应力以一定的速率连续增至平均压应力，并在整个抗剪试验过程中保持不变

B. 将压应力以一定的速率连续增至平均压应力，重复三次，并在整个抗剪试验过程中保持不变

C. 速率为 0.02～0.04MPa/s

D. 平均预应力为 7MPa

13）预加水平力（　　）。

A. 以0.02～0.03MPa/s的速率连续水平施加

B. 加载至剪应力为1.0MPa，并持荷5min

C. 以连续均匀速度卸载至剪应力为零，并持荷5min

D. 记录初始值，绘制应力－应变图

E. 重复三次

14）正式加载（　　）。

A. 分级加载，从0.1～1.0MPa，剪应力每级增加0.1MPa，持荷1min，采集支座变形数据

B. 以连续均匀速度卸载至剪应力为0.1MPa

C. 将每级加载持荷过程绘制成应力－应变图

D. 循环加载三次，每次循环间隔5min

【标准答案】

11）AB　解析：试件安装：将试样置于压力机的承载板与中间钢拉板上按双剪组合配置好，对准中心，偏差应小于1%的试样短边尺寸或直径。当试样为矩形支座，应使支座顺其短边方向受剪。

12）A　解析：施加压力：将压应力以0.03～0.04MPa/s的速率连续增至平均压应力为10MPa（当支座形状系数小于7时为8MPa），并在整个抗剪试验过程中保持不变。

13）BDE　解析：预加水平力：以0.002～0.003MPa/s的速率连续施加水平荷载至剪应力＝1.0MPa，持荷5min，然后连续均匀地卸载至剪应力为0.1MPa，持荷5min，记录初始值。预载3次。

14）ABC　解析：正式加载：每一加载循环自剪应力＝0.1MPa开始，分级加载至剪应力＝1.0MPa为止；每级加载剪应力增加0.1MPa，持荷1min。连续均匀地将剪应力＝1.0MPa卸载至剪应力＝0.1MPa，持荷10min。正式加载连续进行3次。

4. 根据《公路桥梁板式橡胶支座》（JT/T 4—2019）回答下列问题。

15）板式橡胶支座试验条件要求实验室的标准温度为（　　）。

A.（23±2）℃　　B.（23±5）℃

C.（20±2）℃　　D.（20±5）℃

16）下列有关抗剪老化试验做法正确的有（　　）。

A. 先将试样置于老化箱内［温度（70±2）℃］72h

B. 先将试样置于老化箱内［温度（70±2）℃］48h

C. 再将试样在标准温度下停放72h，然后进行试验

D. 再将试样在标准温度下停放48h，然后进行试验

17）已知滑板式橡胶支座试样四氟板与不锈钢板摩擦系数的检测数据，其支座承压力为452kN，实测水平力为2.710kN，经计算该滑板式橡胶支座的摩擦系数μ_f为（　　）。

A. 0.004　　B. 0.005

C. 0.006　　D. 0.008

【标准答案】

15）B　解析：试样在标准温度为（23±5）℃的实验室内停放24h，并在该标准温度内进行试验。

16）AD　解析：将试样置于老化箱内，在（70±2）℃温度下经72h后取出；将试样在标准温度（23±5）℃下停放48h后，再在标准实验室温度下进行剪切试验。

17）C　解析：摩擦系数＝支座承受的最大水平力/支座最大承压力，即2.710/452＝0.006。

5. 有关支座力学性能试验检测项目和结果判定，请回答下列问题。

18）板式橡胶支座试验检测项目包括（　　）。

A. 抗压弹性模量　　B. 抗剪弹性模量

C. 极限抗压强度　　D. 摩擦系数

19）板式橡胶支座试验结果判定：随机抽取（　　）块（或对）支座，若有（　　）块（或对）支座不能满足要求时，则应从该批产品中随机再抽取（　　）倍支座对不合格项目进行复检，若仍有不合格项，则判定该批产品不合格。

A. 3，1，1　　B. 3，2，1

C. 3，1，2　　D. 3，2，2

20）盆式支座试验检测项目包括（　　）。

A. 竖向承载力　　B. 水平承载力

C. 摩擦系数　　D. 转角

21）盆式支座各项试验均为合格，判定该支座为合格支座。试验合格的支座，试验后（　　）继续使用。

A. 可以　　B. 不可以

C. 再补测 P－δ 线性曲线后可以　　D. 再补测某个参数后可以

22）球型支座试验检测项目包括（　　）试验。

A. 竖向承载力　　B. 极限抗压强度

C. 摩擦系数　　D. 转动性能

【标准答案】

18）ABCD　解析：板式橡胶支座试验检测项目包括抗压弹性模量、抗剪弹性模量、抗剪粘结性能、抗剪老化、摩擦系数、转角、极限抗压强度试验以及外观质量与尺寸检测。

19）C　解析：板式橡胶支座试验结果判定：随机抽取 3 块中若有 2 块不能满足要求，则认为该批产品不合格；若有 1 块不能满足要求，则应从该批产品中随机再抽取双倍支座对不合格项目进行复检，若仍有不合格项，则判定该批产品不合格。

20）ABCD　解析：盆式支座试验检测项目包括竖向承载力、水平承载力、摩擦系数以及转动试验。

21）A　解析：试验合格的支座，试验后可以继续使用。

22）ACD　解析：球型支座试验检测项目包括竖向承载力、水平承载力、摩擦系数以及转动试验。同盆式支座。

※※第四节　波纹管试验检测※※

1. 试验室收到 1 根长 2.6m、标称内径 90mm 的预应力塑料波纹管样品，根据《预应力混凝土桥梁用塑料波纹管》（JT/T 529—2016）开展环刚度检测，请回答下列问题。

1）下列关于试样长度符合要求的有（　　）。

A. 289mm　　B. 304mm

C. 306mm　　D. 311mm

2）预应力塑料波纹管内径测量，在试样长度中部的横截面处，（　　）取算数平均值。

A. 每隔45°依次测量2处　　B. 每隔90°依次测量2处

C. 每隔45°依次测量4处　　D. 每隔90°依次测量4处

3）关于预应力塑料波纹管环刚度试验的描述，正确的有（　　）。

A. 放置试样时，应使试样的轴线平行于平板

B. 放置试样时，应使试样的轴线垂直于平板

C. 当试样垂直方向的内径变形量为原内径的3%时，记录此时试样所受的负荷

D. 当试样垂直方向的内径变形量为原内径的5%时，记录此时试样所受的负荷

4）经检测，5根试样的环刚度分别为17.20kN/m²、16.97kN/m²、13.77kN/m²、17.12kN/m²、16.95kN/m²，则该管材环刚度值为（　　）。

A. 17.01kN/m²　　B. 16.40kN/m²

C. 17.06kN/m²　　D. 13.77kN/m²

5）某预应力塑料波纹管环刚度试验结果为合格，下列结果可能正确的有（　　）。

A. 4kN/m²　　B. 8kN/m²

C. 12kN/m²　　D. 16kN/m²

【标准答案】

1）BC　解析：塑料波纹管环刚度试验应从5根管材上各截取长（300±10）mm试样一段。

2）C　解析：内直径应通过横断面中点处，每隔45°依次测量4次，取算术平均值，精确到0.1mm。

3）AC　解析：为了使试样内径变形，应将试样水平放置在平板上。

4）B　解析：环刚度取5个试样试验结果的算术平均值。

5）BCD　解析：塑料波纹管的环刚度不小于6kN/m²。

※※第六节　隧道用土工布性能检测※※

1. 土工布用于公路工程中，《公路工程土工合成材料试验规程》（JTG E50—2006）对土工布的物理性能试验、力学性能试验、水力性能试验等都进行了详细规定，结合规范回答以下问题。

1）关于土工布单位面积质量、厚度等试验数据整理与计算，以下描述正确的是（　　）。

A. 需要计算标准差σ

B. 需要计算变异系数C_v

C. 按K倍标准差作为取舍标准，舍去在$\bar{X}\pm K\sigma$范围以外的测定值（K与试件数量相关）

D. 按K倍标准差作为取舍标准，舍去在$\bar{X}\pm KC_v$范围以外的测定值（K与试件数量相关）

2）土工布调湿温度与相对湿度范围分别为（　　）。

A. (20±2)℃，(60±2)%　　B. (20±2)℃，(65±5)%

C. (23±2)℃，(65±5)%　　D. (23±2)℃，(60±2)%

3）土工布宽条拉伸试验中，用夹具位移和伸长计测量时，两夹具初始间距和名义夹持长度分别为（　　）。

A. 100mm、100mm　　B. 60mm、60mm

C. 100mm、60mm　　D. 60mm、100mm

4）某土工布横向拉伸最大力试验数据分别为 6269N、6530N、6385N、6313N、6365N，已知试样宽为 200mm，标距为 100mm，$K=1.67$（$n=5$）。该试样的拉伸强度为（　　）。

A. 31.9kN/m　　B. 63.7kN/m

C. 31.7kN/m　　D. 63.3kN/m

5）土工布各试验参数取样数量不正确的是（　　）。

A. 单位面积质量试验裁取 5 块试样

B. 撕破强力试验纵向、横向各取 5 块试样

C. CBR 顶破强力试验取圆形试样 5 块

D. 刺破强力试验取圆形试样 5 块

【标准答案】

1）ABC　解析：隧道用土工布性能检测，数据的整理方法：①算术平均值；②标准差；③变异系数；④在资料分析时，可疑数据的舍弃，以 K 倍标准差作为舍弃标准，即舍弃在 $\overline{X}\pm K\sigma$ 范围以外的测定值。

2）B　解析：对于土工织物，试样一般应置于温度为（20±2）℃、相对湿度为（65±5）% 和标准大气压的环境中调湿 24h。对于塑料土工合成材料，在温度为（23±2）℃的环境下，进行状态调节的时间不得少于 4h。

3）C　解析：调整两夹具的初始间距为（100±3）mm，名义夹持长度是指在试样的受力方向上，标记的两个参考点间的初始距离，一般为 60mm。

4）A　解析：拉伸最大力试验数据整理包括：①算术平均值 =6372.4N；②标准差 =99.08N；③变异系数 = 标准差/算术平均值 =1.6%；④可疑数据的舍弃以 K 倍标准差作为舍弃标准，即舍弃在 $\overline{X}\pm K$ 标准差 $=6372.4\pm99.08\times1.67=6206.9\sim6537.9$（$N$）范围以外的测定值，故此题没有数据需要舍弃。拉伸强度 =6372.4/200 =31.9kN/m。

5）ABD　解析：单位面积质量和厚度测定都是不得少于 10 块，宽条拉伸试验是纵向和横向各至少 5 块，撕破强力试验是纵向和横向各取 10 块，CBR 顶破强力试验是圆形试样 5 块，刺破强力试验是圆形试样 10 块。

第三章　构件材质状况无损检测

速 记 宝 典

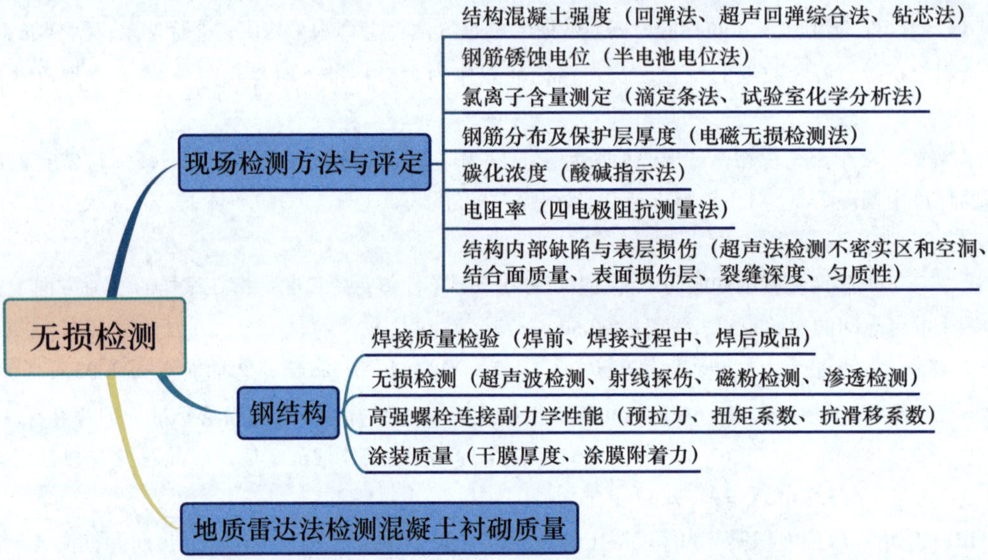

【结构混凝土强度】

44. 结构混凝土强度的检测方法分为无损检测、半破损检测和破损检测，有回弹法、超声回弹综合法、取芯法、回弹结合取芯法等通用方法。混凝土强度检测评分分为结构或构件的强度检测评定与承重构件的主要受力部位的强度检测评定。原则上对结构不采取破损检测，在结构上钻、截取试件时，应尽量选择承重构件的次要部位或次要承重构件。

【回弹法】以回弹值（反弹距离与弹簧初始长度之比）作为与强度相关的指标，属于表面硬度法的一种。弹回距离主要取决于混凝土的塑性变形。混凝土的强度越低，硬度就越小，则塑性变形越大，消耗于产生塑性变形的功也越大，弹击锤所获得的回弹能量就越小，回弹距离相应也越小，从而回弹值就越小。

45. 回弹仪的类型有重型、中型、轻型和特轻型，一般工程使用最多的是中型回弹仪。中型回弹仪的技术要求包括标称能量应为2.207J；在洛氏硬度HRC为60±2的钢砧上，回弹仪的率定值应为80±2；数字显示的回弹值与指针直读示值相差应不超过1；回弹仪使用时的环境温度应为-4~40℃。回弹仪在工程检测前后，应在钢砧上做率定试验，率定试验宜在干燥、室温为5~35℃的条件下进行，测定回弹值时，取连续向下弹击3次稳定回弹值的平均值。弹击杆应分4次旋转，每次旋转宜为90°。弹击杆每旋转一次的率定平均值应为80±2，率定回弹仪的钢砧应每2年校准一次。

46. 回弹仪的检定情况有5种，分别是新回弹仪启用前、超过检定有效期限（半年）、相差大于1、保养后率定值不合格、严重撞击或其他损害。当回弹仪的弹击次数超过2000次，或对检测值有怀疑以及在钢砧上的率定值不合格时，应对回弹仪进行保养，清洗后应在中心导杆上薄薄涂抹钟表油，其余零部件均不得抹油；指针摩擦力应为0.5~0.8N；保养时不得旋转尾盖上已定位紧固的调零螺丝，不得自制或更换零部件。

结构或构件混凝土强度检测可采用下列两种方式：单个检测和批量检测。其中单个检测适用于单个结构或构件的检测；批量检测适用于在相同的生产工艺条件下，混凝土强度等级相同，原材料、配合比、成型工艺、养护条件基本一致且龄期相近的同类结构或构件的检测。按批进行检测的构件，抽检数量不得少于同批构件总数的30%，且构件数量不得少于10件。抽检构件时，应随机抽取有代表性的构件，当检验批构件数量大于30个时，数量可适当调整。

47. 【测区选择】对一般构件，测区数不宜少于10个，当受检构件数量大于30个且不需提供单个构件推定强度，或构件某一方向尺寸不大于4.5m，且另一方向尺寸不大于0.3m时，其测区数量可适当减少，但应不少于5个。相邻两测区的间距应不大于2m，测区离构件端部或施工缝边缘的距离不宜大于0.5m，且不宜小于0.2m。测区宜选在使回弹仪处于水平方向检测的混凝土浇筑侧面。在构件的重要部位及薄弱部位应布置测区，应避开预埋件。测区的面积不宜大于0.04m^2（0.2m×0.2m）。对弹击时产生颤动的薄壁、小型构件应进行固定，使之有足够的约束力，否则会使检测结果偏小。

48. 回弹仪的操作中注意仪器的轴线应始终垂直于混凝土构件的检测面，缓慢施压，准确读数，快速复位。相邻两测点的净距不宜小于20mm，测点距外露钢筋、预埋件的距离不宜小于30mm，同一测点应只弹击一次，每一测区应记取16个回弹值，每一测点的回弹读数应精确至1。碳化深度值测定时的测点数应不少于构件测区数的30%，取平均值为该构件每测区的碳化深度值，当碳化深度值极差大于2mm时，应在每一测区测量碳化深度值。测量方法是形成直径约15mm的孔洞，其深度应大于混凝土的预估碳化深度。孔洞中的粉末和碎屑应除净，但不得用水擦洗，采用浓度为1%~2%的酚酞酒精溶液滴在孔洞内壁的边缘处，用深度测量工具测量已碳化与未碳化混凝土交界面到混凝土表面的垂直距离，测量3次，读数精确至0.25mm，取平均值作为试验结果，精确至0.5mm。

49. 计算测区平均回弹值，应从该测区的16个回弹值中剔除3个最大值和3个最小值后的10个回弹值取平均值，回弹值没有单位。当检测时回弹仪为非水平方向且测试面为非混凝土的浇筑侧面时，应先对回弹值进行角度修正，再对修正后的值进行浇筑面修正。其中非水平方向修正时，向上偏大修正值为负要减去；向下偏小修正值为正要加上。浇筑面修正时，表面水泥浆多强度低，修正值为正要加上；底面石子强度一般高，修正值为负要减去。优先选择专用测强曲线、地区测强曲线，没有时可采用统一测强曲线。专用测强曲线相对误差≤12%，地区测强曲线相对误差≤14%。

50. 结构或构件混凝土强度推定值确定：当测区数少于10个时取最小值；当强度值出现小于10MPa的值时记为<10MPa；当测区数不少于10个时，构件强度=测区强度平均值-1.645×标准差。当按批量检测的构件，强度平均值小于25MPa、标准差大于4.5MPa或平均值为25~60MPa、标准差大于5.5MPa时，该批构件应全部按单个构件检测。减小误差可采用同条件试块或钻取芯样采用换算值进行修正，试件及钻芯数量都应不少于6个，钻取芯样时每个部位应钻取1个。

51. 符合下列条件的非泵送混凝土才能采用全国统一测强曲线进行强度换算：符合标准；采用普通成型工艺；蒸汽养护出池后经自然养护7d以上，且混凝土表层为干燥状态；自然养护且龄期为14~1000d；抗压强度为10~60MPa。不得按全国统一测强曲线进行强度换算的情况：非泵送混凝土粗集料最大公称粒径大于60mm，泵送混凝土大于31.5mm；特种成型工艺制作的混凝土；检测部位曲率半径小于250mm；潮湿或浸水混凝土。

52. 【超声回弹综合法】采用超声仪和回弹仪，分别测量声时值和回弹值，然后利用测强公式推算该测区混凝土强度。超声回弹综合法具有受混凝土龄期和含水率的影响小、测试精度高、适用范围广、能够较全面地反映结构混凝土的实际质量等优点。超声波仪的测量参数包括传播时间、接收波振幅、频率、波形等。

混凝土超声波检测仪宜为数字式，应能在下列条件下正常工作：环境温度为0~40℃；空气相对湿度不大于80%；电源电压波动范围在标称值±10%内；连续工作时间不少于4h。

53. 换能器的工作频率宜在50~100kHz范围内，换能器的实测主频与标称频率相差应不超过±10%。混凝土超声波检测仪进行检定或校准的情况包括：新混凝土超声波检测仪启用前；超过检定或校准有效期；仪器修理或更换零件后；测试过程中对声时值有怀疑时；仪器遭受严重撞击或其他损害。检测数量的规定与回弹法相同。作为同批构件应满足的条件有混凝土设计强度等级相同；混凝土原材料、配合比、成型工艺、养护条件和龄期基本相同；构件种类相同；施工阶段所处状态基本相同。测区宜优先布置在构件混凝土浇筑方向的侧面，相邻两测区的间距不宜大于2m，测区应避开钢筋密集区和预埋件，测区尺寸宜为200mm×200mm，采用单面平测时宜为400mm×400mm。应先进行回弹测试，后进行超声测试，计算混凝土抗压强度换算值时，非同一测区的回弹值和声速值不得混用。无需检测混凝土的碳化深度。

54. 超声测点应布置在同一测区内，每个测区布置3个测点，超声测试宜采用对测，当被测构件不具备对测条件时，可采用角测或平测。角测时换能器中心与构件边缘的距离不宜小于300mm，且两者之差不宜大于1.5倍。

超声回弹法强度换算方法的适用范围：符合标准规定；自然养护或蒸汽养护后经自然养护7d以上，且混凝土表层为干燥状态；龄期7～2000d；混凝土强度10～70MPa。

采用混凝土芯样修正时，采用芯样数量不应少于6个，公称直径宜为100mm，高径比应为1。芯样应在测区内钻取，每个芯样应只加工1个试件。采用同条件立方体试件修正，试件数量不应少于6个，试件边长应为150mm。当按批量检测的构件，强度平均值小于25MPa、标准差大于4.5MPa或平均值为25～50MPa、标准差大于5.5MPa或平均值大于50MPa、标准差大于6.5MPa时，该批构件应全部按单个构件检测。

55.【钻芯法】是一种直观准确的检测方法，可以检测混凝土的裂缝、接缝、分层、孔洞或离析等缺陷。可检测的指标有抗压强度、劈裂抗拉强度、抗折强度。适用情况包括对测试结果有怀疑；发生质量问题；遭受冻害、火灾、化学侵蚀或其他损害；经多年使用的建筑物。钻前准备资料包括工程名称及设计、施工、建设单位名称；结构或构件种类，外形尺寸及数量；设计混凝土强度等级；成型日期，浇筑日期、配合比通知单和强度试验报告；结构或构件质量状况和施工中存在问题的记录；结构设计施工图等。钻取芯样部位：结构或构件受力较小部位；混凝土强度质量具有代表性的部位；便于钻芯机安放与操作的部位；避开主筋、预埋件和管线。直径100mm的芯样试件的最小样本量不宜少于15个，小直径芯样试件的最小样本量不宜小于20个。抗压强度的芯样试件宜使用直径为100mm的芯样试件，其直径不宜小于集料最大粒径的3倍；采用小直径芯样试件时，其直径不应小于70mm且不得小于集料最大粒径的2倍。芯样抗压试件的高度和直径之比宜为1，标称直径和高都是100mm。平均直径用游标卡尺在试件上部、中部和下部相互垂直的两个位置上测量6次，取平均值，精确至0.5mm；芯样试件高度用钢卷尺或钢板尺测量，精确至1mm；垂直度用游标量角器测量芯样试件两个端面与母线的夹角，精确至0.1°。平整度用钢板尺或角尺配合塞尺测量。

56. 芯样端面宜采取在磨平机上磨平端面的处理方法，也可用环氧胶泥或硫黄胶泥补平，补平层厚度不宜大于2mm。抗压强度低于30MPa的芯样试件，不宜采用磨平端面的处理方法。抗压强度高于60MPa的芯样试件，不宜采用硫磺胶泥或环氧胶泥补平的处理方法。芯样试件内不宜含有钢筋，当不能满足要求时，标准芯样试件，每个试件内最多只允许有2根直径小于10mm的钢筋；公称直径小于100mm的芯样试件，每个试件内最多只允许有1根直径小于10mm的钢筋；芯样内的钢筋应与芯样试件的轴线基本垂直并离开端面10mm以上。测试数据无效的情况：实际高径比小于要求的95%或大于要求的105%；任一直径与平均直径相差大于1.5mm；端面的不平整度在100mm长度内大于0.1mm；端面与轴线的不垂直度大于1°；芯样有较大缺陷。

57. 按自然干燥状态进行试验时，芯样试件在受压前应在室内自然干燥3d，按潮湿状态进行试验时，芯样试件应在（20±5)℃的清水中浸泡40~48h，从水中取出后应立即进行抗压试验。宜以上限值作为检测批混凝土强度的推定值，依据钻芯确定单个构件的混凝土强度推定值时，有效芯样试件的数量应不少于3个；对于较小构件，不得少于2个，不再进行数据的舍弃，而应按有效芯样试件混凝土抗压强度值中的最小值确定。

桥梁混凝土强度评定标准为推定强度匀质系数（实测/设计）和平均强度匀质系数（平均/设计），评定标度从1~5对应的强度状况为良好、较好、较差、差、危险。

【钢筋锈蚀电位】

58. 混凝土碳化是指空气中的大量CO_2和酸性气体与混凝土中的碱性成分起反应，当pH值小于11时，混凝土中钢筋表面的致密钝化膜就被破坏。半电池电位法是指利用混凝土中钢筋锈蚀的电化学反应引起的电位变化来测定钢筋锈蚀状态，通过测定钢筋（接负输入端）/混凝土半电池电极与在混凝土表面的铜/硫酸铜（接正输入端）参考电极之间电位差的大小，来评定混凝土中钢筋的锈蚀活化程度。钢筋锈蚀状况检测范围应为主要承重构件或承重构件的主要受力部位，或可能存在锈蚀的部位，但测区不应有明显的锈蚀胀裂、脱空或层离现象。测试与钢筋的尺寸和埋在混凝土中的深度无关，已经干燥到绝缘状态的混凝土或已发生脱空层离现象的混凝土表面，不适用本方法。为使电极与混凝土表面有较好的电接触，可对被测表面进行润湿，减小接触电阻与电路电阻。测点位置距构件边缘应大于5cm，一般不宜少于20个测点。当一个测区内相邻测点的读数超过150mV时，应减小测点的间距。测点读数变动不超过2mV可视为稳定，同一支参考电极重复测读的差异应不超过10mV；不同参考电极重复测读的差异应不超过20mV。

59. 混凝土含水率对测量值的影响较大，测量时构件应处在自然干燥状态，若环境温度在（22±5)℃范围之外，应对电极做温度修正，混凝土保护层电阻、波动电流对测量值有一定影响。评定标度1~5，对应的电位水平是-200~-300~-400~-500mV，对应的钢筋状况为无锈蚀、有锈蚀不确定、有锈蚀概率大于90%、有锈蚀严重锈蚀、锈蚀开裂，为测区锈蚀电位水平最低值。电位差越大，混凝土中钢筋发生锈蚀的可能性越大。对钢筋锈蚀电位评定标度值为3、4、5的主要构件或主要受力部位，应进行氯离子含量、碳化深度和电阻率的测定，每一被测构件的测区数量不宜少于3个。

【氯离子含量】

60. 混凝土中氯离子可引起并加速钢筋的锈蚀；硫酸盐的侵入可使混凝土成为易碎松散状态，强度下降；碱的侵入在集料具有碱活性时，可能引起碱集料反应破坏。氯离子含量测定的方法包括化学方法、电化学方法、光谱方法等，其中化学方法是结构混凝土中氯离子检测最常用的方法。混凝土中的氯离子含量，可采用现场按混凝土不同深度取样，测定结果需能反映氯离子在混凝土中随深度的分布，根据钢筋处混凝土氯离子含量判断引起钢筋锈蚀的危险性。测区宜参考钢筋锈蚀电位测量结果确定。每一测区取粉的钻孔数量不宜少于3个，取粉孔可与碳化深度测量孔合并使用，同一测区不同孔相同深度的粉末可收集在一个塑料袋内，质量应不少于25g，不同测区测孔相同深度的粉末不应混合在一起。评定标度1～5，对应的氯离子含量为0.15～0.4～0.7～1，对应的诱发钢筋锈蚀的可能性为很小、不确定、有可能会、会、活化，为最高氯离子含量。混凝土中氯离子含量越高，钢筋发生锈蚀的可能性越大。

【钢筋分布及保护层厚度】

61. 混凝土中钢筋分布及保护层厚度的检测针对主要承重构件或承重构件的主要受力部位，或钢筋可能锈蚀活化的部位，以及根据结果检算及其他检测需要确定的部位。采用电磁无损检测方法确定钢筋位置，辅以现场修正确定保护层厚度，估测钢筋直径。钢筋保护层测试仪的测量范围应大于120mm，仪器精确度应满足0～50mm、>50mm对应为±1mm、±2mm。对于最大尺寸大于5m的构件，应适当增加测区数量。相邻两测区的间距不宜小于2m，构件上每一测区应不少于10个测点，抽样数不少于同类构件数的30%，且不少于3件。当仪器显示值最小时，传感器正下方即是所测钢筋的位置，传感器长轴线的方向即为钢筋的走向。将传感器置于钢筋所在位置正上方，并左右稍微移动，读取仪器显示的最小值，即为该处保护层厚度。每一测点宜读取2～3次稳定读数，取其平均值，精确到1mm。

62. 影响测量准确度的因素有外加磁场、混凝土有磁性、钢筋品种（如高强钢筋）、布筋状况和钢筋间距（$D/S<3$），其中D是钢筋净间距，S是保护层厚度。两根钢筋横向并在一起的等效直径为d_1+d_2；竖向并在一起的等效直径为$3(d_1+d_2)/4$，保护层测量值的修正方法有仪器测量直径的选择、标准垫块、校准孔、现场检测的准确度和图示方法进行综合修正，钢筋保护层厚度评定标度1～5，对应的特征值之比0.95～0.85～0.7～

0.55，对应的对结构钢筋耐久性的影响为影响不显著、有轻度影响、有影响、有较大影响、发生锈蚀。保护层厚度检测随机抽取构件，对梁、桩类应对全部纵向受力筋检测；对于墙、板类应抽取不少于6根检测。

【碳化深度】

63. 对钢筋锈蚀电位评定标度值为3、4、5的区域应进行碳化深度测量，采用在混凝土新鲜断面喷洒酸碱指示剂，观察酸碱指示剂颜色变化来确定混凝土碳化深度的方法。在同一测区，应先进行保护层和锈蚀电位、电阻率的测量，再进行碳化深度及氯离子含量的测量。测区数应不少于3个或混凝土强度测区数量的30%，每一测区应布置3个测孔，成“品”字排列，孔距应大于2倍孔径，测孔距构件边角的距离应大于2.5倍保护层厚度。形成测孔应用装有20mm直径钻头的冲击钻在测点位置钻孔，成孔后用圆形毛刷将孔中碎屑、粉末清除，露出混凝土新茬。在混凝土新鲜断面喷洒酸碱指示剂（酚酞试剂），75%的酒精溶液与白色酚酞粉末配制成酚酞浓度为1%～3%的酚酞溶剂，待酚酞指示剂变色后，用测深卡尺测量混凝土表面至酚酞变色交界处的深度，精确至1mm，未改变颜色处的混凝土已经碳化。混凝土碳化深度对钢筋锈蚀影响的评定，可取构件的碳化深度平均值与该类构件保护层厚度平均值之比K_c，碳化评定标度1～5，对应的碳化深度与保护层厚度之比为0.5～1～1.5～2。比值越大，评定标度越大，影响越大，钢筋越易发生锈蚀。

【电阻率】

64. 混凝土的电阻率反映其导电性，混凝土电阻率大，若钢筋发生锈蚀则发展速度慢，扩散能力弱；混凝土电阻率小，锈蚀发展速度快，扩散能力强。采用四电极阻抗测量法，被测构件或部位的测区数不宜少于30个。混凝土电阻率的评定标度1～5，对应的电阻率为20000～15000～10000～5000，可能的锈蚀速率为很慢、慢、一般、快、很快，为电阻率最小值。

【结构内部缺陷与表层损伤】

65. 超声法检测内部缺陷与表层损伤的内容主要包括混凝土内部空洞和不密实区的位置与范围、裂缝深度、表层损伤厚度、混凝土匀质性，以及不同时间浇筑的混凝土结合面的质量和钢管混凝土中的缺陷等。超声法检测混凝土缺陷的基本依据有根据超声波在混凝土中传播时遇到缺陷的绕射现象；依据超声波在缺陷界面上的反射及抵达接收探头时能量显著衰减的现象；依据超声波脉冲各频率成分在遇到缺陷时不同程度地衰减，从而造成接收频率明显降低；依据超声波在缺陷处波形转换和叠加，造成波形畸变的现象来判别缺陷。超声波检测混凝土缺陷时，发射和接收换能器与测试面之间应具备良好的耦合状态，发射和接收换能器的连线必须离开钢筋一定距离或与钢筋轴线形成一定夹角，并力求混凝土处于自然干燥状态。方法可分为两类：第一类为用厚度振动式换能器进行平面测试；第二类为采用径向振动式换能器进行钻孔测试。其中平面测试的方法包括对测法、斜测法和单面平测法；钻孔测试的方法包括孔中对测、孔中斜测和孔中平测。检测时应避免超声传播路径与附近钢筋轴线平行，应使两个换能器连线与该钢筋的最短距离不小于超声测距的1/6。采用厚度振动式换能器对测时，距离为两辐射面的距离；采用径向振动式换能器检测时，取内边缘之间的距离。

66. 检测不密实区和空洞时，对比测点数不宜少于20个，为了缩短测试距离，提高检测灵敏度，可采用钻孔或预埋管测法。预埋管内径或钻孔直径宜比换能器直径大5～10mm，预埋管或钻孔间距宜为2～3m。

混凝土结合面质量的测点间距一般为100～300mm，间距过大易造成缺陷漏检，测出各点的声时、波幅和主频率。

冻害、高温或化学腐蚀会引起混凝土表层损伤，构件被测部位表面应平整并处于自然干燥状态，且无接缝和饰面层。用超声法检测混凝土表面损伤层厚度的方法有单面平测法和逐层穿透法。每一测位的测点数不得少于6个，采用平测法时宜选用30～50kHz的低频厚度振动式换能器。

67. 超声法可用于检测混凝土裂缝的深度，检测时裂缝中应没有积水和其他能够传声的夹杂物，且裂缝附近混凝土应相当匀质。只有一个可测面，无法在侧面用对测法检测时，可用平测法检测裂缝的深度。当估计裂缝深度不大于500mm时，宜采用单面平测法，按跨缝和不跨缝布置测点，测点布置应避开钢筋。当裂缝深度超过500mm时，可采用钻孔对测法。孔深应比被测裂缝的预计深度深70mm，测孔间距宜为2m，裂缝深度检测应选用频率为20～60kHz的径向振动式换能器。随着换能器位置下移，波幅逐渐增大，当波幅达到最大并基本保持稳定时的深度，便是裂缝的深度。结构混凝土的均匀性一般宜采用平面式换能器进行穿透对测法检测，网格间距一般为200～300mm。

【钢结构】

68. 构件焊接质量检验一般分为三个阶段：焊前检验、焊接过程中检验和焊后成品检验。设计要求的一、二级焊缝应全数进行内部缺陷的无损检测，一、二级焊缝的质量等级分别为Ⅱ、Ⅲ级；检验比例分别为100%、20%。检验方法采用超声波或射线探伤。外观检查主要是发现焊缝表面的缺陷和尺寸上的偏差。若焊缝表面出现咬边或满溢，则内部可能存在未焊透或未熔合。焊缝表面多孔，则焊缝内部亦可能会有气孔或非金属夹杂物存在。对合金钢的焊接产品必须进行两次外部检查，即紧接着焊接之后和经过15～30d以后。

69. 钢材焊缝的无损检测方法有超声波探伤法、射线探伤法、磁粉检测法、渗透检测法。桥梁钢结构外观检查合格后，零部件的焊缝应在24h后进行无损检验。检测区域为焊缝和焊缝两侧至少10mm宽母材或热影响区宽度（取两者较大值）的内部区域。检验等级共有A、B、C、D四级，采用锯齿形扫查方式，并结合前后、左右、转角、环绕运动等四种移动方式。显示特征的分类按以下几个准则依次进行：回波幅度、定向反射、静态回波波形、动态回波波形。射线探伤是利用射线可穿透物质和在物质中有衰减的特性来发现缺陷的一种探伤方法，根据所用的射线不同，可分为X射线、γ射线和高能射线探伤三种，由于显示缺陷的方法不同，每种射线探伤又有电离法、荧光屏观察照相法和工业电视法几种，运用最广的是X射线照相法。磁粉和渗透检测法都是检测表面缺陷。

70. 扭剪型高强螺栓连接副紧固轴力试验：每批应抽取8套连接副进行复验，每一连接副只能试验一次，不得重复使用。轴力计的示值相对误差的绝对值不得大于测试轴力值的2%，轴力计的最小示值应在1kN以下。垫圈有倒角的一侧应朝向螺母支承面，试验时垫圈不得发生转动，否则试验无效。紧固轴力值以螺栓梅花头被拧断时轴力计所记录的峰值为测定值，试验所用的机具、仪表及连接副均应放置在环境内至少2h以上。

高强度大六角头螺栓连接副扭矩系数试验：每批应抽取8套连接副进行复验，施拧扭矩是施加于螺母上的扭矩，其误差不得大于测试扭矩值的2%，使用的扭矩扳手准确度级别应不低于2级。

高强度螺栓连接副抗滑移系数试验：制造批可按单位工程划分规定的工程量，每2000t为一批，不足2000t的可视为一批，每批3组试件。应采用双摩擦面的两栓拼接的拉力试件。试验机误差应在1%以内，高强度螺栓、压力传感器和电阻应变仪的误差应在2%以内。拧紧高强度螺栓的预应力达到$0.95P \sim 1.05P$（P为高强度螺栓设计预拉力），在试验中发生以下情况之一时，认为达到滑动荷载：试验机发生回针现象、$X-Y$记录仪中变形发生突变、试件侧面画线发生错动。长期不用的扭矩扳手，在使用前应先预加载3次。

高强度螺栓楔负载试验：适用于在环境温度为10～35℃条件下试验，试验机夹头的分离速率不应超过25mm/min。

71. 漆膜厚度测试一般有两种方法：杠杆千分尺法和磁性测厚仪法，精确度为2μm，步骤为调零、校正、测量。钢结构防腐涂层附着力现场测试一般采用划格法或划叉法进行检测。其中划格法适用于厚度不超过250μm的涂层，对于硬涂层应采用划叉法。如现场工作条件好，可使用拉开法进行测试。

对于每 $1000m^2$ 面积或不足 $1000m^2$ 面积的，给出不合格结果的试验仅一次时应重做，且只能重做一次。拉开法：至少进行 6 次测量，即至少使用 6 个试验组合，应在温度（23±2）℃、相对湿度（50±5）% 的条件下进行试验。以不超过 1MPa/s 的速度稳步增加应力，试验组合的破坏应从施加应力起 90s 内完成。破坏性质结果以破坏面积百分数及破坏类型表示，精确至 10%。

钢结构几何尺寸检测内容包括钢材长度、厚度、宽度、不平度、镰刀弯及脱方度。

钢结构表面清洁度检测主要采用目视评定法，评定锈蚀等级时，将最差的等级作为评定结果；评定处理等级时，将与钢材表面外观最接近的等级作为评定结果。

钢结构表面粗糙度检测有目视检查、比较检查、测量，测定至少 10 个值。

【地质雷达法检测混凝土衬砌质量】

72. 地质雷达法适用于探测隧道喷锚衬砌和模筑衬砌厚度、密实性、背后空洞、内部钢架、钢筋分布等。其原理是根据电磁波的传播时间、幅度与波形资料来推断介质结构，即可求得反射界面的深度。地质雷达天线应根据探测对象和目的不同、探测深度和分辨率要求综合选择：对于探测深度≤1.3m 的混凝土结构宜采用 400～600MHz 天线；900MHz 天线探测深度＜0.5m；900MHz 加强型天线探测深度＜1.1m；1.5GHz 天线探测深度＜0.25m。对于探测深度为 1.3～15m 的混凝土结构或较大不良地质宜采用 100MHz 和 200MHz 天线。

隧道施工过程中质量检测以纵向布线为主，环向（横向）布线为辅。两车道纵向测线应分别在隧道拱顶、左右拱腰、左右边墙布置测线，根据检测需要可布置 5～7 条测线；三车道、四车道隧道应在隧道的拱腰部位增加两条测线。遇到衬砌有缺陷的地方应加密，纵向布线采用连续测量方式，特殊地段或条件不允许时，可采用点测方式，测量点距不宜大于 200mm。环向测线尽量采用连续方式检测，也可采用点测方式，每道测线不小于 20 个测点。天线的定位方法可采用常用的手动打标定位法和测量轮测距定位法。介电常数标定方法有钻孔实测、在已知厚度部位或材料与隧道相同的其他预制件上测量、在洞口或洞内横洞位置使用双天线直达波法测量。必须保持天线与被测衬砌表面密贴，天线应移动平衡、速度均匀，移动速度宜为 3～5km/h，会产生电磁影响的物体有渗水、电缆、铁架、埋管件等，数据处理的步骤为首先确定混凝土的电磁波速度、混凝土的雷达波相对介电常数和速度的现场标定、回波起始点（零点）的确定、数据距离归一化处理、滤波处理。电磁波速度 $v=2d/t$，其中 d 是深度或厚度，t 是电磁波时程，即传播的往返时间。相对介电常数 $\varepsilon=(3\times10^8t/2d)^2$。

混凝土结构背后回填密实性的判定特征：

密实：反射信号弱，图像均一且反射界面不明显。不密实：反射信号强，信号同相轴呈绕射弧形，不连续且分散、杂乱。空洞：反射信号强，反射界面明显，下部有多次反射信号，两组信号时程差较大。

地质雷达法检测衬砌钢架、钢筋、预埋管件主要判定特征：钢架、预埋管件：反射信号强，图像呈分散的月牙状；钢筋：反射信号强，图像呈连续的小双曲线形。

【第三章】学员笔记　　「吃得苦中苦，方为人上人」

先进行保护层和锈蚀电位、电阻率的测量，再进行碳化深度及氯离子含量的测量。前3个项目：保护层、锈蚀电位、电阻率分别不少于10个测点、20个测点、30个测区。钢筋锈蚀电位评定标度值为3、4、5时应进行氯离子含量、碳化深度和电阻率测定。

检测项目	钢筋保护层厚度	钢筋锈蚀电位	氯离子含量	碳化深度	电阻率
评定标度	1～2～3～4～5	1～2～3～4～5	1～2～3～4～5	1～2～3～4～5	1～2～3～4～5
指标区间	特征值/设计值 0.95、0.85、0.70、0.55	电位水平 -200、-300、-400、-500	氯离子含量 0.15、0.40、0.70、1	碳化深度/保护层厚度 0.5、1.0、1.5、2.0	电阻率 20000、15000、10000、5000
钢筋状况	（对耐久性的影响） 影响不显著 有轻度影响 有影响 有较大影响 发生锈蚀	（钢筋状况） 无锈蚀 有锈蚀不确定 有锈蚀概率大于90% 有锈蚀严重锈蚀 锈蚀开裂	（诱发锈蚀可能性） 很小 不确定 有可能会 会 活化	保护层、电位为（］ 氯离子、碳化、 电阻率均为［）	（可能锈蚀速率） 很慢 慢 一般 快 很快
采用指标	特征值	锈蚀电位水平最低值	最高氯离子含量	特征值	电阻率最小值

真题汇编

一、单选题（每题 1 分）

※※第一节　结构混凝土强度※※

1. 钻芯法中对芯样要求其公称直径不宜小于集料最大粒径的（　　）；也可采用小直径芯样试件，但其公称直径不宜小于（　　）且不得小于集料最大粒径的（　　）。

A. 4 倍，80mm，3 倍　　B. 3 倍，70mm，2 倍

C. 3 倍，60mm，2 倍　　D. 3 倍，50mm，2 倍

【答案】B　解析：抗压试验的芯样试件宜使用直径为 100mm 的标准芯样试件，其公称直径不宜小于集料最大粒径的 3 倍；也可采用小直径芯样试件，但其公称直径不应小于 70mm 且不得小于集料最大粒径的 2 倍。

2. 回弹法检测混凝土强度时如果为非水平方向且测试面为非混凝土的浇筑侧面时，（　　）。

A. 应先对回弹值进行角度修正再对修正后的值进行浇筑面修正

B. 应先进行浇筑面修正再对回弹值进行角度修正

C. 修正顺序不影响检测结果

D. 对回弹值进行角度修正即可

【答案】A　解析：当检测时回弹仪为非水平方向且测试面为非混凝土的浇筑侧面时，应先对回弹值进行角度修正，再对修正后的值进行浇筑面修正。

3. 采用钻芯法进行单个构件混凝土强度推定值确定时，有效芯样数量不应少于（　　）个，对于较小构件不应少于（　　）个；按有效芯样试件混凝土抗压强度值的（　　）确定。

A. 6；4；平均值　　B. 6；4；最小值

C. 3；2；平均值　　D. 3；2；最小值

【答案】D　解析：钻芯确定单个构件的混凝土强度推定值时，有效芯样试件的数量不应少于 3 个；对于较小构件有效芯样试件的数量不少于 2 个。单个构件的混凝土强度推定值不再进行数据的舍弃，而应按有效芯样试件混凝土抗压强度值中的最小值确定。

4. 某涵洞遭受了火灾，为确定火灾后墙身混凝土的强度，可采用（　　）进行检测。

A. 回弹法　　B. 超声法

C. 超声回弹综合法　　D. 钻芯法

【答案】D　解析：钻芯法检测结构混凝土强度的适用情况包括对试块抗压强度的测试结果有怀疑时；因材料、施工或养护不良而发生混凝土质量问题时；混凝土遭受冻害、火灾、化学侵蚀或其他损害时；需检测经多年使用的建筑结构或构筑物中混凝土强度时。

5. 对于碳化深度值测量的做法不正确的是（　　）。

A. 回弹值测量完毕后，应在有代表性的位置上测量碳化深度值

B. 碳化深度值测点数不应少于构件回弹测区数的 30%

C. 当碳化深度值大于2.0mm时，应在每一测区测量碳化深度值

D. 每测点测量3次，取其平均值作为检测结果，精确至0.5mm

【答案】C　解析：C答案正确说法是当碳化深度值极差大于2mm时，应在每一测区测量碳化深度值。

※※第二节　钢筋锈蚀电位※※

1. 对混凝土桥梁主要构件或主要受力部位布设测区检测钢筋锈蚀电位，每一测区的测点数不宜少于(　　)个。

A. 5　　B. 10

C. 15　　D. 20

【答案】D　解析：在测区上布置测试网格，网格间距可选20cm×20cm、30cm×30cm、20cm×10cm等，根据构件尺寸而定，测点位置距构件边缘应大于5cm，一般不宜少于20个测点。当一个测区内相邻测点的读数超过150mV时，通常应减小测点的间距。

2. 用半电池电位法检测钢筋锈蚀的方法以电位水平作为判据，其无锈蚀活动性或锈蚀活动不确定对应的电位水平(　　)。

A. < -150mV　　B. $\geqslant -200$mV

C. < -250mV　　D. > -300mV

【答案】B　解析：见表3-1。

表3-1　混凝土桥梁钢筋锈蚀电位评定标准

电位水平(mV)	钢筋状况	评定标度
≥－200	无锈蚀活动性或锈蚀活动性不确定	1
(－200，－300]	有锈蚀活动性，但锈蚀状态不确定，可能坑蚀	2
(－300，－400]	有锈蚀活动性，发生锈蚀概率大于90%	3
(－400，－500]	有锈蚀活动性，严重锈蚀可能性极大	4
＜－500	构件存在锈蚀开裂区域	5

3. 对混凝土桥梁主要构件或主要受力部位检测钢筋锈蚀电位时，一般使用(　　)电极作为参考电极。

A. 甘汞　　B. 硝酸银

C. 硝酸铜　　D. 硫酸铜

【答案】D　解析：通过测定钢筋/混凝土半电池电极与在混凝土表面的铜/硫酸铜参考电极之间电位差的大小，来评定混凝土中钢筋的锈蚀活化程度。

※※第四节　混凝土中钢筋分布及保护层厚度※※

1. 当钢筋保护层厚度测试仪的探头位于(　　)时，其指示信号最强。

A. 钢筋正上方　　B. 与钢筋轴线垂直

C. 与钢筋轴线平行　　D. 与钢筋轴线平行且位于钢筋正上方

【答案】D　解析：将保护层测试仪传感器在构件表面平行移动，当仪器显示值为最小时，传感器正下方即是所测钢筋的位置。将传感器置于钢筋所在位置正上方，并左右稍微移动，读取仪器显示的最小值，即为该处保护层厚度。

2. 对混凝土中氯离子含量测定与评定表述不正确的是（　　）。

A. 氯化物侵入混凝土可引起钢筋的锈蚀，其锈蚀危险性受到多种因素的影响，如碳化深度、混凝土含水率、混凝土质量等

B. 根据每一取样层氯离子含量的测定值，做出氯离子含量的深度分布曲线，判断氯化物是混凝土生成时已有的，还是结构使用过程中由外界渗入及侵入的

C. 在对已处理的数据进行判读之前，按惯例将这些数据加入负号，绘制等电位图，然后进行判读

D. 应根据构件工作环境条件及构件本身质量状况确定测区，每一测区取粉钻孔数量不宜少于3个

【答案】C　解析：C选项是钢筋锈蚀电位测定的内容，不是氯离子含量测定中的内容。

※※第五节　混凝土碳化深度※※

1. 桥梁技术状况评定时，碳化测区布设时，每测区应布置（　　）个测孔。

A. 1　　B. 2

C. 3　　D. 4

【答案】C　解析：测区数不应少于3个，每一测区应布置3个测孔，3个测孔应呈“品”字排列，孔距根据构件尺寸大小确定，但应大于2倍孔径。

2. 混凝土碳化深度平均值与实测保护层厚度平均值的比值用K_c表示，同等条件下K_c与钢筋锈蚀概率的关系是（　　）。

A. K_c值越小，钢筋越易发生锈蚀　　B. K_c值越大，钢筋越易发生锈蚀

C. K_c值越小，钢筋锈蚀越严重　　D. K_c值越大，钢筋锈蚀越严重

【答案】B　解析：混凝土碳化深度对钢筋锈蚀影响的评定，可取构件的碳化深度平均值与该类构件保护层厚度平均值的比值用K_c表示，比值越大，评定标度越大，影响越大，钢筋越易发生锈蚀。

※※第七节　超声法检测混凝土结构内部缺陷与表层损伤※※

1. 采用匀质试件测量换能器的零读数，当$L_1=400$mm时$T_1=165.3\mu s$；$L_2=150$mm时$T_2=64.3\mu s$，则该换能器的零读数T_0是（　　）μs。

A. 3.2　　B. 3.7

C. 4.2　　D. 4.7

【答案】B　解析：声速$V=L/(T-T_0)=400/(165.3-T_0)=150/(64.3-T_0)$，求得换能器的零读数$T_0=3.7$。

2. 超声脉冲波检测混凝土结合面质量时，根据已有的测试条件，换能器的布置方式有（　　）。①对测法；②斜测法；③平测法；④钻孔法。

A. ①②　　B. ①③

C. ④　　D. ②③

【答案】A　解析：用超声波检测两次浇筑混凝土结合面的质量时，应先查明结合面的位置及走向，明确被测部位及范围。若构件的被测部位具有声波垂直或斜穿结合面的测试条件，可采用对测法与斜测法进行检测。

3. 测量超声波穿过混凝土介质所需的时间一般以（　　）计。

A. s　　B. ms

C. μs　　D. min

【答案】C　解析：声时参数单位为 μs，换能器间距单位为 mm。

4. 用超声法进行不密实区、空洞或混凝土结合面质量检测时，测点间距不宜为（　　）。

A. 100mm　　B. 200mm

C. 300mm　　D. 500mm

【答案】D　解析：用超声法进行不密实区、空洞或混凝土结合面质量检测时，测点间距一般为 100 ~ 300mm，间距过大易造成缺陷漏检。

※※第八节　钢结构试验检测※※

1. 涂层附着力检测方法不包括（　　）。

A. 划格法　　B. 划叉法

C. 剥离法　　D. 拉开法

【答案】C　解析：钢结构防腐涂层附着力现场测试一般采用划格法或划叉法进行检测。如现场工作条件好，可使用拉开法进行测试。

2. 下列涂层厚度只能采用划叉法检测的是（　　）。

A. 50μm　　B. 150μm

C. 250μm　　D. 350μm

【答案】D　解析：钢结构防腐涂层附着力现场测试一般采用划格法或划叉法进行检测。其中划格法适用于厚度不超过 250μm 的涂层，对于硬涂层应采用划叉法。如现场工作条件好，可使用拉开法进行测试。

※※第九节　地质雷达法检测混凝土衬砌质量※※

1. 隧道衬砌背后存在空洞时，地质雷达波波形的主要特征表现为（　　）。

A. 信号幅度较弱，甚至没有界面反射信号

B. 衬砌界面的强反射信号同相轴呈绕射弧形，且不连续，较分散

C. 连续的小双曲线形强反射信号

D. 衬砌界面反射信号强，在其下部仍有强反射界面信号，两组信号时程差较大

【答案】D　解析：地质雷达法检测混凝土结构背后回填的密实性（密实、不密实、空洞），主要判定特征如下：

（1）密实：反射信号弱，图像均一且发射界面不明显。

（2）不密实：反射信号强，信号同相轴呈绕射弧形，不连续且分散、杂乱。

（3）空洞：反射信号强，反射界面明显，下部有多次反射信号，两组信号时程差较大。

2. 在采用地质雷达法检测混凝土背后回填密实性时，当混凝土反射信号弱，图像均一且反射界面不明显时，则通常判定为（　　）。

A. 空洞　　B. 不密实

C. 密实　　D. 离析

【答案】C　解析：地质雷达法检测混凝土结构背后回填的密实性（密实、不密实、空洞），主要判定特征如下：

（1）密实：反射信号弱，图像均一且发射界面不明显。

（2）不密实：反射信号强，信号同相轴呈绕射弧形，不连续且分散、杂乱。

（3）空洞：反射信号强，下部有多次反射信号，两组信号时程差较大。

3. 地质雷达在掌子面进行预报时，常采用（　　）。

A. 拖行模式　　B. 点测模式

C. 距离模式　　D. 连续扫描

【答案】D　解析：隧道施工过程中质量检测以纵向布线为主，环向（横向）布线为辅。纵向布线采用连续测量方式，特殊地段或条件不允许时，可采用点测方式。

二、判断题（每题1分）

※※第一节　结构混凝土强度※※

1. 钻芯法检测混凝土强度，芯样抗压试件的高度与直径之比应在1～2范围内。（　　）

【答案】错　解析：芯样抗压试件的高度和直径之比宜为1.00，芯样试件的实际高径比小于要求高径比的95%或大于105%时，相应的测试数据无效。

2. 回弹法测混凝土强度时，操作要求仪器的轴线始终垂直于混凝土构件表面。（　　）

【答案】对　解析：回弹法测混凝土强度时，操作要求仪器的轴线始终垂直于混凝土构件表面，缓慢施压，准确读数，快速复位。

3. 某回弹仪的弹击次数为300次，在钢砧上的率定值为83，该回弹仪应进行保养。（　　）

【答案】对　解析：回弹仪的率定平均值应为80±2，当回弹仪的弹击次数超过2000次，或对检测值有怀疑以及在钢砧上的率定值不合格时，应对回弹仪进行保养。

※※第二节　钢筋锈蚀电位※※

1. 半电池电位法是通过测定钢筋/混凝土半电池电极与在混凝土表面的铜/硫酸铜参考电极之间电位差的大小，来评定混凝土中钢筋的锈蚀活化程度。（　）

【答案】对　解析：半电池电位法是指利用混凝土中钢筋锈蚀的电化学反应引起的电位变化来测定钢筋锈蚀状态。通过测定钢筋/混凝土半电池电极与在混凝土表面的铜/硫酸铜参考电极之间电位差的大小，来评定混凝土中钢筋的锈蚀活化程度。

2. 采用半电池电位法进行钢筋锈蚀电位检测时，当一个测区内相邻测点的读数超过 150mV 时，通常应减小测点的间距。（　）

【答案】对　解析：当一个测区内相邻测点的读数超过 150mV 时，通常应减小测点的间距。

※※第三节　结构混凝土中氯离子含量※※

1. 混凝土中的氯离子含量，可采用在结构构件上钻取同样深度的混凝土粉末样品通过化学分析进行测定。（　）

【答案】错　解析：可采用现场按混凝土不同深度取样，测定结果需能反映氯离子在混凝土中随深度的分布，根据钢筋处混凝土氯离子含量判断引起钢筋锈蚀的危险性。

※※第四节　混凝土中钢筋分布及保护层厚度※※

1. 混凝土中钢筋分布及保护层厚度的检测是针对主要承重构件或承重构件中的主要受力部位的。（　）

【答案】对　解析：混凝土中钢筋分布及保护层厚度的检测针对主要承重构件或承重构件的主要受力部位，或钢筋锈蚀电位测试结果表明钢筋可能锈蚀活化的部位，以及根据结构检算及其他检测需要确定的部位。

※※第五节　混凝土碳化深度※※

1. 混凝土碳化状况可采用在混凝土新鲜断面观察酸碱指示剂反应厚度的方法测定。（　）

【答案】对　解析：待酚酞指示剂变色后，用测深卡尺测量混凝土表面至酚酞变色交界处的深度，精确至 1mm。酚酞指示剂从无色变为紫色时，混凝土未碳化，酚酞指示剂未改变颜色处的混凝土已经碳化。

※※第六节　混凝土电阻率※※

1. 桥梁无损检测中，对于混凝土电阻率的测量，通常混凝土电阻率越大，说明钢筋锈蚀发展速度越快。（　）

【答案】错　解析：混凝土的电阻率反映其导电性。混凝土电阻率大，若钢筋发生锈蚀，则发展速度慢，扩散能力弱；混凝土电阻率小，锈蚀发展速度快，扩散能力强。

※※第七节　超声法检测混凝土结构内部缺陷与表层损伤※※

1. 在利用超声波进行缺陷检测时，尽量使混凝土处于自然干燥状态，缺陷中不应填充水分。（　　）

【答案】对　解析：用超声法检测混凝土缺陷时，发射和接收换能器与测试面之间应具备良好的耦合状态，发射和接收换能器的连线必须离开钢筋一定距离或与钢筋轴线形成一定夹角，并力求混凝土处于自然干燥状态。检测时裂缝中应没有积水和其他能够传声的夹杂物，且裂缝附近混凝土应相当匀质。

※※第八节　钢结构试验检测※※

1. 高强螺栓连接副预拉力复验时，每套连接副可进行多次试验。（　　）

【答案】错　解析：每套连接副只应做一次试验，不得重复使用。

2. 根据《钢结构工程施工质量验收标准》（GB 50205—2020），扭剪型高强度螺栓连接副应复验其扭矩系数，高强度大六角头螺栓连接副应复验其紧固轴力（预拉力）。（　　）

【答案】错　解析：说反了，正确说法是扭剪型高强度螺栓连接副应复验其紧固轴力（预拉力），高强度大六角头螺栓连接副应复验其扭矩系数。

3. 高强螺栓连接副抗滑移系数试验可采用双摩擦面的三栓拼接拉力试件。（　　）

【答案】错　解析：高强螺栓连接副抗滑移系数试验应采用双摩擦面的两栓拼接的拉力试件。

4. 根据《钢结构工程施工质量验收规范》（GB 50205—2020），设计要求的一、二级焊缝应全数进行内部缺陷的无损检测。

【答案】对　解析：设计要求的一、二级焊缝应全数进行内部缺陷的无损检测，检验方法采用超声波或射线探伤。

※※第九节　地质雷达法检测混凝土衬砌质量※※

1. 地质雷达探测时介电常数需现场标定。（　　）

【答案】对　解析：检测前应对喷射混凝土或二次衬砌的相对介电常数或电磁波速做现场标定。

三、多选题（每题2分，下列各题均有2个或2个以上备选答案符合题意，有错误选项不得分，选项正确但不完全的每个选项得0.5分，完全正确的得满分）

※※第一节　结构混凝土强度※※

1. 回弹法检测符合下列（　　）的混凝土才能采用全国统一测强曲线进行测区混凝土强度换算。

A. 不掺外加剂或仅掺引气型外加剂

B. 采用普通成型工艺

C. 蒸汽养护出池后经自然养护7d以上，且混凝土表层为干燥状态

D. 龄期为7～1000d

E. 抗压强度为10～60MPa

【答案】BCE　解析：符合下列条件的非泵送混凝土，才能采用全国统一测强曲线进行测区混凝土强度换算：①混凝土采用的材料、拌和用水符合现行国家有关标准；②采用普通成型工艺；③采用符合现行国家标准《混凝土结构工程施工质量验收规范》（GB 50204—2015）规定的钢模、木模及其他材料制作的模板；④蒸气养护出池后经自然养护 7d 以上，且混凝土表层为干燥状态；⑤自然养护且龄期为 14 ~ 1000d；⑥抗压强度为 10 ~ 60MPa。

2. 芯样试件尺寸偏差及外观质量超过下列数值时其测试数据不得计入有效试样（　　）。

A. 芯样试件的实际高径比（H/D）小于要求高径比的 0.95 倍或大于 1.05 倍

B. 沿芯样试件高度任一直径与平均直径的差超过 2mm

C. 抗压芯样试件端面的不平整度在 100mm 长度内超过 0.1mm

D. 芯样试件端面与轴线的斜度超过 1°

E. 沿芯样试件高度任一直径与平均直径的差超过 1mm

【答案】ABCD　解析：芯样试件尺寸偏差及外观质量超过下列数值时，相应的测试数据无效：①芯样试件的实际高径比小于要求高径比的 95% 或大于 105%。②沿芯样试件高度的任一直径与平均直径相差大于 1.5mm。③抗压芯样试件端面的不平整度在 100mm 长度内大于 0.1mm。④芯样试件断面与轴线的不垂直度大于 1°。⑤芯样有裂缝或有其他较大缺陷。

3. 超声 – 回弹法与超声法相比，超声回弹综合法具有以下优点（　　）。

A. 受混凝土含水率和龄期的影响小

B. 对测试面要求低

C. 能够较全面反映结构混凝土实际质量，测试精度高

D. 简便快捷

【答案】AC　解析：超声 – 回弹法与单一回弹法或超声法相比，超声回弹综合法具有受混凝土含水率和龄期的影响小、测试精度高、适用范围广、能够较全面反映混凝土的实际质量等优点。B 选项应该是对测试面要求高，D 选项超声 – 回弹法没有超声法简便快捷。

4、回弹测区的选择应符合（　　）。

A. 测区数不少于 10 个　　B. 测区面积为 $20 \times 20cm^2$

C. 避开预埋铁件　　D. 避开空洞

【答案】ABCD　解析：回弹测区的选择应符合要求：对一般构件，测区数不宜少于 10 个，当受检构件数量大于 30 个且不需提供单个构件推定强度，或构件某一方向尺寸不大于 4.5m 且另一方向尺寸不大于 0.3m 时，其测区数量可适当减少，但不应少于 5 个。在构件的重要部位及薄弱部位应布置测区，并应避开预埋件。测区的面积不宜大于 $0.04m^2$。

5. 目前的回弹曲线不适应下列（　　）情况。

A. 特殊成型的混凝土　　B. 浸水混凝土

C. 薄壁混凝土构件　　D. 大体积混凝土

【答案】AB　解析：当有以下情况时，测区混凝土强度值不得按全国统一测强曲线进行测区混凝土强度推算，但可制定专用测区曲线或通过试验进行修正。①粗集料最大粒径大于 60mm；②特种成型工艺制作的混凝土；③检测部位曲率半径小于 250mm；④潮湿或浸水混凝土。

6. 关于抗压强度检测要求正确的有（　　　　）。

A. 芯样试件应在烘干状态下试验

B. 按潮湿状态试验时，应在试验规定条件下的清水中取出干燥 24h 后试验

C. 按潮湿状态试验时，应在试验规定条件下的清水中取出后立即试验

D. 小直径芯样试件的最小样本量不宜小于 20 个

【答案】CD　解析：芯样试件进行抗压强度前，按自然干燥状态进行试验时，芯样试件在受压前应在室内自然干燥 3d；按潮湿状态进行试验时，芯样试件应在（20±5）℃的清水中浸泡 40～48h，从水中取出后应立即进行抗压试验。直径 100mm 的芯样试件的最小样本量不宜少于 15 个，小直径芯样试件的最小样本量不宜小于 20 个。

※※第二节　钢筋锈蚀电位※※

1. 钢筋锈蚀电位现场检测时，测试成果准确度的影响因素包括（　　　　）。

A. 混凝土含水率　　　　B. 环境温度

C. 混凝土强度　　　　D. 混凝土保护层电阻

E. 粗集料粒径

【答案】ABD　解析：混凝土含水率对测值的影响较大，测量时构件应处在自然干燥状态。若环境温度在（22±5）℃以外，应对铜/硫酸铜电极做温度修正。此外，各种外界因素产生的波动电流对测量值影响较大，特别是靠近地面的测区，应避免各种电、磁场的干扰。混凝土保护层电阻对测量值有一定的影响。

2. 使用半电池电位法检测桥梁结构钢筋锈蚀电位时，当测点读数显示变动不超过（　　　　）mV，重复测读的差异不超过（　　　　）mV 时，可视为稳定。

A. 2　　　　B. 10

C. 20　　　　D. 5

【答案】AB　解析：半电池电位法测点读数变动不超过 2mV，可视为稳定。在同一测点，同一支参考电极重复测读的差异不应超过 10mV；不同参考电极重复测读的差异不应超过 20mV。

3. 下列有关半电池电位法检测钢筋锈蚀的说法正确的有（　　　　）。

A. 半电池电极接仪器的负极　　　　B. 半电池电极接仪器的正极

C. 钢筋接仪器的负极　　　　D. 钢筋接仪器的正极

【答案】BC　解析：现场检测时，铜/硫酸铜电极一般接二次仪表的正输入端，钢筋接二次仪表的负接入端。

※※第三节　结构混凝土中氯离子含量※※

1. 有害物质侵入混凝土将会影响结构的耐久性，以下关于有害物质描述正确的有（　　　　）。

A. 氯离子的侵入可引起并加速钢筋的锈蚀

B. 硫酸盐的侵入可使混凝土成为易碎松散状态，强度下降

C. 碱的侵入在集料具有碱活性时，引起碱－集料反应破坏

D. 碳的侵入可引起混凝土强度降低

【答案】ABC　解析：混凝土中氯离子可引起并加速钢筋的锈蚀；硫酸盐的侵入可使混凝土成为易碎松散状态，强度下降；碱的侵入在集料具有碱活性时，可能引起碱－集料反应破坏。D选项碳的侵入主要指CO_2，与混凝土中的碱性成分起反应，导致混凝土碳化，使得混凝土的pH值降低，破坏钢筋表面的致密钝化膜。

2. 关于氯离子检测中混凝土取样的说法正确的有（　　）。

A. 取样部位处混凝土应有明显的钢筋锈胀

B. 每一测区取粉的钻孔数量不宜少于3个，取粉孔可与碳化深度测量孔合并使用

C. 同一测区不同孔相同深度的粉末可收集在一个塑料袋内，质量不少于25g

D. 采集粉末后，塑料袋应立即封口保存，注明测区、测孔编号及深度

【答案】BCD　解析：A答案正确说法是检测范围应为主要承重构件或承重构件的主要受力部位，或可能存在锈蚀的部位，但测区不应有明显的锈蚀涨裂、脱空或层离现象。

※※第四节　混凝土中钢筋分布及保护层厚度※※

1. 用电磁无损检测方法确定混凝土中钢筋分布及保护层厚度，对单个构件测区布置原则主要有（　　）。

A. 每个构件上的测区数不少于3个，对于最大尺寸大于5m的构件，应适当增加测区数量

B. 测区应均匀分布，相邻两测区的间距不宜小于2m

C. 测区表面应清洁、平整，避开接缝、蜂窝、麻面、预埋件等部位

D. 测点数量及要求：①每一测区不少于10个测点；②测点间距应小于保护层测试仪传感器长度

【答案】ABCD　解析：混凝土中钢筋分布及保护层厚度测区布置原则：①按单个构件检测时，应根据尺寸大小，在构件上均匀布置测区，测区数不应少于3个。②对于最大尺寸大于5m的构件，应适当增加测区数量。③测区应均匀分布，相邻两测区的间距不宜小于2m。④测区表面应清洁、平整，避开接缝、蜂窝、麻面、预埋件等部位。⑤测区应注明编号，并记录测区位置和外观情况。⑥测点数量及要求：a. 每一测区不少于10个测点；b. 测点间距应小于保护层测试仪传感器长度。

※※第七节　超声法检测混凝土结构内部缺陷与表层损伤※※

1. 采用超声脉冲法探测混凝土内部缺陷的基本依据是（　　）。

A. 低频超声波遇到缺陷产生绕射现象

B. 超声波在缺陷界面产生散射，且抵达接收探头时能量明显减少

C. 超声脉冲波各频率成分遇到缺陷时衰减程度不同，接收波频谱与反射波频谱产生差异

D. 超声波在缺陷处的波形转换和叠加造成接收波畸形

【答案】ACD　解析：超声脉冲法探测混凝土内部缺陷的基本依据包括：①根据超声波在混凝土中传播时遇到缺陷的绕射现象，按声时和声程的变化来判别和计算缺陷的大小。②依据超声波在缺陷界面上的反射，及抵达接收探头时能量显著衰减的现象，来判别缺陷的存在和大小。③依据超声波脉冲各频率成分在遇到缺陷时不同程度地衰减，从而造成接收频率明显降低，或接收波频谱与反射波频谱产生差异，来判别内部缺陷。④根据超声波在缺陷处波形转换和叠加，造成波形畸变的现象来判别缺陷。

2. 非金属超声波检测仪可用来测定混凝土的（　　　　）。

A. 均一性　　B. 弹性模量

C. 裂缝　　D. 强度

E. 蜂窝

【答案】AC　解析：超声法可检测的内容主要包括：混凝土内部空洞和不密实区的位置与范围、裂缝深度、表层损伤厚度，以及不同时间浇筑的混凝土结合面的质量和钢管混凝土中的缺陷等。

3. 在进行混凝土缺陷检查时，可利用超声法开展以下检测工作：（　　　　）。

A. 钢管混凝土内部缺陷的检测

B. 节段施工箱梁混凝土接缝质量的检测

C. 混凝土裂缝深度的检测

D. 混凝土匀质性的检测

【答案】ABCD　解析：超声法可检测的内容主要包括：混凝土内部空洞和不密实区的位置与范围（含蜂窝）、裂缝深度、表层损伤厚度，以及不同时间浇筑的混凝土结合面的质量和钢管混凝土中的缺陷等。

4. 超声法检测混凝土缺陷的主要内容包括（　　　　）。

A. 裂缝深度　　B. 不密实区

C. 裂缝宽度　　D. 蜂窝麻面

【答案】AB　解析：超声法可检测的内容主要包括：混凝土内部空洞和不密实区的位置与范围、裂缝深度、表层损伤厚度，以及不同时间浇筑的混凝土结合面的质量和钢管混凝土中的缺陷等。

※※第八节　钢结构试验检测※※

1. 目前焊缝无损探伤常用方法包括（　　　　）。

A. 超声波检测　　B. 射线探伤

C. 磁粉检测　　D. 渗透检测

E. 雷达检测

【答案】ABCD　解析：钢结构无损检测方法有超声波检测、射线探伤、磁粉检测和渗透检测。

2. 在高强度螺栓连接副抗滑移系数试验中，当拉伸试验（　　　　）时对应的荷载为测定的滑移荷载。

A. 试验机发生回针现象

B. 试件侧面画出的标记线发生错位

C. 记录仪上显示的力－位移曲线发生突变

D. 试件突然发生“嘣”的响声

【答案】ABCD　解析：在试验中当发生以下情况之一时，所对应的荷载可定为试件的滑移荷载：试验机发生回针现象；试件侧面画线发生错动；$x-y$ 记录仪上变形曲线发生突变；试件突然发出“嘣”的响声。

3. 钢结构构件焊接质量检验一般分为（　　）检验阶段。

A. 原材　　B. 焊前

C. 焊接过程中　　D. 焊后成品

【答案】BCD　解析：钢结构构件焊接质量检验一般分为三个阶段：焊前检验、焊接过程中检验和焊后成品检验。

※※第九节　地质雷达法检测混凝土衬砌质量※※

1. 对于探测 >1.3m 的混凝土结构，宜采用（　　）Hz 的雷达天线探测。

A. 200M　　B. 100M

C. 800M　　D. 1.5G

【答案】AB　解析：对于探测深度为 1.3 ~ 15m 的混凝土结构或较大不良地质宜采用 100MHz 和 200MHz 的天线。

四、综合题（每道大题 10 分，每个小题 2 分。下列各题备选项中，有 1 个或 1 个以上是符合题意的，选项全部正确得满分，选项部分正确按比例得分，出现错误选项该题不得分）

※※第一节　结构混凝土强度的检测与评定※※

1. 某在用预应力混凝土 T 梁桥，跨径组合为 3×30m，每跨设置 9 片 T 梁，经调查所有 T 梁的生产工艺、强度等级、原材料、配合比、养护工艺均相同，龄期相近，在一次特殊检查时，对混凝土强度进行了检测，1 号测区布置在 1 ~ 3 号 T 梁底面，回弹仪竖直向上弹击，得到 16 个回弹值分别为 30、36、33、36、37、38、34、36、38、37、37、38、37、39、35、40；2 号测区布置在 3 ~ 6 号 T 梁底面，回弹仪竖直向上弹击，回答以下相关问题。

资料 1：非水平方向检测时修正表

平均回弹值 R_m	检测角度（向上为正，向下为负）		平均回弹值 Rm	检测角度（向上为正，向下为负）	
	−90°	90°		−90°	90°
32.0	3.4	−4.8	35.0	3.3	−4.5
33.0	3.4	−4.7	36.0	3.2	−4.4
34.0	3.3	−4.6	37.0	3.2	−4.3

资料 2：混凝土浇筑面修正表

平均回弹值 R_m	浇筑面		平均回弹值 Rm	浇筑面	
	表面	底面		表面	底面
32.0	1.3	−1.8	35.0	1.0	−1.5
33.0	1.2	−1.7	36.0	0.9	−1.4
34.0	1.1	−1.6	37.0	0.8	−1.3

1）下列关于回弹仪率定的表述正确的有（　　）。

A. 回弹仪在每次检测的前后，都要用钢砧进行率定

B. 在 HRC 为 60 ±2 的钢砧上，回弹仪的率定值应为 80 ±2

C. 钢砧为硬度恒定的标准物质，平时妥善保管，无须送检

D. 率定时，回弹仪的弹击方向应与待检混凝土测区的弹击方向一致

2）关于 T 梁的回弹抽检数量，下列叙述正确的有（　　）。

A. 根据工程情况，可采用批量检测的方式随机抽检

B. 应按照单个构件检测的方式，每跨选取 2 片受力最不利的 T 梁

C. 对该桥，抽检 T 梁数量应不少于 10 片

D. 因该桥 T 梁数量较多，抽检数量可适当减少，但不得少于 5 片

3）1 号测区的平均回弹值为（　　）。

A. 36.1　　B. 36.3

C. 36.5　　D. 36.7

4）2 号测区平均回弹值为 37.0，关于角度修正的表述正确的是（　　）。

A. 针对角度的修正值为 -4.3

B. 针对角度的修正值为 3.2

C. 角度修正后，测区平均回弹值为 32.7

D. 角度修正后，测区平均回弹值为 40.2

5）2 号测区关于浇筑面修正的表述正确的是（　　）。

A. 针对浇筑面的修正值为 -1.3　　B. 针对浇筑面的修正值为 0.8

C. 针对浇筑面的修正值为 -1.7　　D. 针对浇筑面的修正值为 1.2

【标准答案】

1）AB　解析：回弹仪在工程检测前后，应在钢砧上做率定试验。率定试验宜在干燥、室温为 5 ~ 35℃的条件下进行。率定时，钢砧应稳固地平放在刚度大的物体上。测定回弹值时，取连续向下弹击 3 次稳定回弹值的平均值。弹击杆应分 4 次旋转，每次旋转宜为 90°。弹击杆每旋转一次的率定平均值应为 80 ±2，率定回弹仪的钢砧应每 2 年校准一次。在洛氏硬度 HRC 为 60 ±2 的钢砧上，回弹仪的率定值应为 80 ±2。

2）AC　解析：批量检测适用于在相同的生产工艺条件下，混凝土强度相同，原材料、配合比、成型工艺、养护条件基本一致且龄期相近的同类结构或构件的检测。按批进行检测的构件，抽检数量不得少于同批构件总数的 30%，且构件数量不得少于 10 件。抽检构件时，应随机抽取并使得所选构件具有代表性。当检验批构件数量大于 30 个时，抽样构件数量可适当调整，并不得少于国家现行有关标准规定的最少抽样数量。预应力混凝土 T 梁桥为 3 跨，每跨 9 片 T 梁，则 T 梁构件数量为 3 ×9 = 27 片，按照 30% 抽取且不少于 10 件，确定应抽取 10 片 T 梁进行回弹检测。

3）D　解析：计算测区回弹平均值，应从该测区的 16 个回弹值中剔除 3 个最大值和 3 个最小值，取余下 10 个回弹值的平均值。即剔除 3 个最大值（38、39、40）和 3 个最小值（30、33、34）后，计算剩余 10 个数值的平均值为 36.7。

4）AC　解析：当检测时混凝土为非水平方向且测试面为非混凝土的浇筑侧面时，应先对回弹值进行角度修正，再对修正后的回弹值进行浇筑面修正。向上弹击即检测角度为90°的角度修正值为－4.3，修正后的平均回弹值为37.0－4.3＝32.7。

5）C　解析：上一题已经进行了角度修正，在此基础上再进行浇筑面修正。检测面为底面时，平均回弹值32.0对应的修正值为－1.8，平均回弹值33.0对应的修正值为－1.7。用内插法计算的回弹平均值32.7对应的修正值为－1.73，修约至0.1为－1.7。

2. 某预应力混凝土T梁桥遭受火灾后开展检测评定，现场混凝土强度检测除采用回弹法外，还需进行取芯检测，最后修正得到混凝土实际强度，根据相关条件回答下列问题。

6）钻芯法可检测的指标有（　　）。

A. 抗压强度　　B. 劈裂抗压强度

C. 劈裂抗拉强度　　D. 抗折强度

7）取样时需要收集的资料至少应包括（　　）。

A. 设计混凝土强度　　B. 竣工时混凝土强度

C. 混凝土试块抗压强度　　D. 结构或构件受火灾情况描述

8）钻取试件应选择（　　），并应采取措施保证结构安全。

A. 结构或构件受力较大的部位　　B. 结构或构件受力较小的部位

C. 混凝土强度具有代表性的部位　　D. 避开主筋、预埋件的位置

9）最小取芯样本量不宜少于（　　）个。

A. 3　　B. 6

C. 12　　D. 15

10）应对芯样做如下处理（　　）。

A. 宜在磨平机上磨平端面

B. 可用环氧胶泥或硫黄胶泥补平

C. 芯样试件端面与轴线的不垂直度不得大于1°

D. 芯样裂缝不得大于0.1mm

11）芯样试件的测量方法与精度应符合的要求有（　　）。

A. 平均直径用游标卡尺在芯样试件规定部位相互垂直的两个方向上测量

B. 取测量值的算术平均值作为芯样试件的平均直径，精确至0.5mm

C. 垂直度用游标量角器测量芯样试件两个端面与母线的夹角，精确至1°

D. 平整度可用钢板尺或角尺配合塞尺测量

【标准答案】

6）ACD　解析：钻取芯可检测的指标有抗压强度、劈裂抗拉强度、抗折强度。

7）ACD　解析：钻取芯样前准备资料包括：①工程名称（或代号）及设计、施工、建设单位名称。②结构或构件种类，外形尺寸及数量。③设计采用的混凝土强度等级。④成型日期，原材料（水泥品种、粗集料粒径等）和混凝土试块抗压强度试验报告。⑤结构或构件质量状况和施工中存在问题的记录。⑥有关的结构设计图和施工图等。

8）BCD　解析：钻取芯样部位应选择：①结构或构件受力较小的部位。②混凝土强度质量具有代表性的部位。③便于钻芯机安放与操作的部位。④避开主筋、预埋件和管线的位置，并尽量避开其他钢筋。

9）B　解析：题干中提到修正得到混凝土实际强度，当采用修正量方法时，标准芯样试件的数量不应少于6个，小直径芯样试件数量宜适当增加。

【对比记忆】采用钻芯法批量检测时，标准芯样试件的最小样本量不宜少于15个，小直径芯样试件的最小样本量不宜小于20个。采用钻芯法确定单个构件的混凝土强度推定值时，有效芯样试件的数量不应少于3个；对于较小构件，有效芯样试件的数量不得少于2个。

10）ABC　解析：芯样端面处理方法：锯切后的芯样应进行断面处理，宜采取在磨平机上磨平端面的处理方法，也可采取用环氧胶泥或硫黄胶泥补平，补平层厚度不宜大于2mm。抗压强度低于30MPa的芯样试件，不宜采用磨平端面的处理方法；抗压强度高于60MPa的芯样试件，不宜采用硫黄胶泥或环氧胶泥补平的处理方法。

11）ABD　解析：C答案正确说法是垂直度用游标量角器测量芯样试件两个端面与母线的夹角，精确至1°。

※※第四节　混凝土中钢筋分布及保护层厚度※※

1. 无损检测技术为桥梁材质状况与耐久性检测评定提供了手段，就下面的问题做出回答：

1）现场混凝土强度检测可使用的方法包括（　　）。

A. 回弹法　　B. 超声法

C. 取芯法　　D. 超声回弹综合法

E. 冲击回波法

2）现场直接检测钢筋锈蚀的方法包括（　　）。

A. 电化学法　　B. 半电池电位法

C. 极化电流检测　　D. 化学分析法

E. 雷达法

3）间接评价钢筋锈蚀活动性可测量（　　）。

A. 氯离子含量　　B. 碳化深度

C. 缺陷与损伤　　D. 电阻率

E. 衰变

4）钢筋保护层检测结果修正的方法可用（　　）。

A. 仪器比对　　B. 现场对仪器的核查

C. 用标准块综合修正　　D. 用小直径钻头打标准孔修正

E. 用统计数据修正

【标准答案】

1）AD　解析：结构混凝土强度的检测可分为无损检测、半破损检测和破损检测。目前桥隧工程常用的有回弹法、超声回弹综合法、取芯法、回弹结合钻芯法等测定混凝土强度的通用方法。题干中强调了“无损检测技术”，所以取芯法不选。

2）B　解析：半电池电位法是指利用混凝土中钢筋锈蚀的电化学反应引起的电位变化来测定钢筋锈蚀状态。通过测定钢筋/混凝土半电池电极与在混凝土表面的铜/硫酸铜参考电极之间电位差的大小，来评定混凝土中钢筋的锈蚀活化程度。

3）ABD　解析：对钢筋锈蚀电位，评定标度值为3、4和5的主要构件或主要受力部位，应进行混凝土电阻率、混凝土碳化深度和氯离子含量的测定。

4）CD　解析：保护层测量值的修正方法包括用标准块和用校准孔进行综合修正。

2. 对某混凝土构件进行钢筋分布及保护层厚度的检测，已知此构件保护层厚度设计值为45mm，实测保护层厚度特征值为39.4mm，请回答以下相关问题。

5）钢筋位置及混凝土保护层厚度检测仪的工作原理是基于（　　）。

A. 超声波透射　　B. 电磁感应

C. 电化学反应　　D. X射线透射

6）对某一类构件的检测，可采取抽样的方法，关于抽样数量要求正确的有（　　）。

A. 不少于同类构件数的10%　　B. 不少于同类构件数的30%

C. 不少于3件　　D. 不少于6件

7）测区应均匀分布，相邻两测区的间距和测点选择要求正确的有（　　）。

A. 测区间距不宜大于2m　　B. 测区间距不宜小于2m

C. 每一测区测点不少于10个　　D. 每一测区测点不少于20个

8）影响测量准确度的因素有（　　）。

A. 外加磁场　　B. 混凝土本身具有磁性

C. 钢筋品种　　D. 布筋状况、钢筋间距

9）根据实测结果，该混凝土构件保护层厚度评定结果为（　　）。

A. 对结构耐久性影响不显著，评定标度为1

B. 对结构耐久性有轻微影响，评定标度为2

C. 对结构耐久性有影响，评定标度为3

D. 对结构耐久性有较大影响，评定标度为4

【标准答案】

5）B　解析：采用电磁无损检测方法确定钢筋位置，辅以现场修正确定保护层厚度。

6）BC　解析：对某一类构件的检测，可采取抽样的方法，抽样数不少于同类构件数的30%，且不少于3件。

7）BC　解析：测区应均匀分布，相邻两测区的间距不宜小于2m，构件上每一测区应不少于10个测点。

8）ABCD　解析：影响测量准确度的因素有外加磁场、混凝土有磁性、钢筋品种（如高强钢筋）、布筋状况和钢筋间距。

9）B　解析：39.4/45＝0.88，根据下表确定评定标度为2。

表3-2　钢筋保护层厚度评定标准

D_{ne}/D_{nd}	对结构钢筋耐久性的影响	评定标度
>0.95	影响不显著	1
(0.85, 0.95]	有轻度影响	2
(0.70, 0.85]	有影响	3
(0.55, 0.70]	有较大影响	4
≤0.55	钢筋易失去碱性保护，发生锈蚀	5

3. 某桥梁排查过程中怀疑存在混凝土内部有不密实或空洞、混凝土表面多条结构裂缝，为得到详细的病害数据，开展专项检测，请回答下列有关问题。

10）本次专项检测宜开展的项目包括（　　）。

A. 钢筋分布及锈蚀情况　　B. 结构裂缝深度

C. 结构空洞分布情况　　D. 钻芯法检测

11）超声法检测混凝土缺陷一般方式有（　　）。

A. 钻孔测试，一般采用厚度振动式换能器

B. 平面测试，一般采用径向振动式换能器

C. 钻孔测试，一般采用径向振动式换能器

D. 平面测试，一般采用厚度振动式换能器

12）对预估深度为200mm的裂缝深度进行了检测。先在完好混凝土区域测试超声波的声速为4000m/s。之后将两换能器分别置于以裂缝为对称轴的两侧，当换能器间的水平间距为200mm时，扣除零声时后的声时值为80μs，则在此测距计算的裂缝深度约为（　　）。

A. 100mm　　B. 125mm

C. 150mm　　D. 200mm

13）当裂缝预估深度为600mm时，关于裂缝的深度检测，下列表述正确的有（　　）。

A. 应采用平测法

B. 裂缝中不能有积水和泥浆

C. 应采用钻孔对测法

D. 当有钢筋穿过裂缝并与两换能器的连线平行时，两换能器的连线应与该钢筋相距50mm以上

【标准答案】

10）BC　解析：根据题干说明，本次专项检测主要用于检测混凝土内部的不密实或空洞、混凝土表面的结构裂缝。

11）CD　解析：超声法检测内部缺陷与表层损伤的检测方法可分为两类：第一类为用厚度振动式换能器进行平面测试；第二类为采用径向振动式换能器进行钻孔测试。

12）B　解析：换能器间的水平间距为200mm，即换能器到裂缝顶面的距离为100mm，换能器到裂缝底部的距离为$4000\times80/2\times10^{-6}=160$mm，根据勾股定律求得裂缝的深度约为125mm。

13）BC　解析：当估计裂缝深度不大于500mm时，宜采用单面平测法；当裂缝深度超过500mm时，可采用钻孔对测法。检测时裂缝中应没有积水和其他能够传声的夹杂物，且裂缝附近混凝土应相当匀质。

※※第九节　地质雷达法检测混凝土衬砌质量※※

1. 雷达作为无损检测技术，在隧道衬砌质量检测中得到广泛应用。

1）雷达探测衬砌厚度的原理，是根据反射回来的电磁波的（　　）来求得天线距反射界面距离的。

A. 传播时间　　B. 混凝土中传播速度

C. 幅度　　D. 波形资料

2）雷达介电常数标定方法有（　　）。

A. 钻孔实测

B. 在已知厚度部位测量

C. 已知厚度的并且材料与隧道相同的其他预制件上测量

D. 在洞口使用双天线直达波测量

3）雷达检测时，可能对检测信号产生干扰的因素有（　　）。

A. 渗水　　B. 电缆

C. 钢架　　D. 埋管件

4）雷达检测过程中需注意的事项有（　　）。

A. 纵向连续布线，根据需要在拱顶、左右拱腰、左右边墙，布置5～7条

B. 采用点测方式，测点间距500mm

C. 保持天线与被测物表面密贴

D. 天线移动速度均匀，移动速度宜为3～5km/h

5）数据处理步骤包括（　　）。

A. 正确连接雷达　　B. 回波起始零点确定

C. 数据距离归一化处理　　D. 滤波处理

6）做衬砌厚度检测时，宜采用地质雷达（　　）Hz的天线。

A. 100M　　B. 400M　　C. 600M　　D. 1500M

7）若衬砌有配筋和局部不密实，雷达数据有（　　）特征。

A. 反射信号弱，图像均匀且反射界面不明显

B. 反射信号强，信号同相轴呈绕射弧形，不连续且分散、杂乱

C. 反射信号强，图像呈小双曲线形

D. 反射信号弱，图像不均匀

【标准答案】

1）ACD　解析：电磁波根据接收到的电磁波传播时间、幅度与波形资料推断介质的结构，即可求得反射界面的深度。

2）ABCD　解析：介电常数标定方法包括钻孔实测；在已知厚度部位或材料与隧道相同的其他预制件上测量；在洞内、洞口或洞内横洞位置使用双天线直达波法测量。

3）ABCD　解析：应随时记录可能对测量产生电磁影响的物体（如渗水、电缆、铁架、埋管件等）及其位置。

4）CD　解析：A答案正确说法是两车道纵向测线应分别在隧道拱顶、左右拱腰、左右边墙布置测线，根据检测需要可布置5～7条测线；三车道、四车道隧道应在隧道的拱腰部位增加两条测线，遇到衬砌有缺陷的地方应加密。B答案正确说法是采用点测方式，测点间距不宜大于200mm。

5）BCD　解析：数据处理步骤包括首先确定混凝土的电磁波速度；计算混凝土的雷达波相对介电常数和速度；回波起始点（零点）的确定；数据距离归一化处理；滤波处理。

6）BC　解析：对于探测深度≤1.3m的混凝土结构（如隧道衬砌结构、路基路面密实性）宜采用400～600MHz天线。

7）BC　解析：混凝土结构背后回填密实性判定：

（1）密实：反射信号弱，图像均一且反射界面不明显。

（2）不密实：反射信号强，信号同相轴呈绕射弧形，不连续且分散、杂乱。

（3）空洞：反射信号强，反射界面明显，下部有多次反射信号，两组信号时程差较大。

混凝土内部钢架、钢筋、预埋管件判定：

（1）钢架、预埋管件：反射信号强，图像呈分散的月牙状。

（2）钢筋：反射信号强，图像呈连续的小双曲线形。

第二篇 桥 梁

第四章 地基与基础试验检测

速记宝典

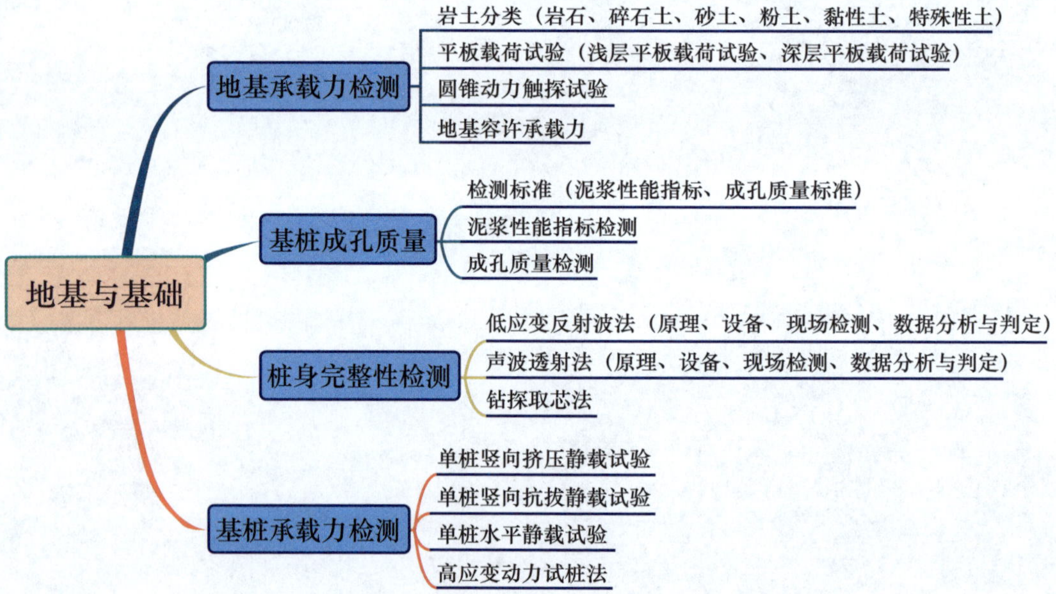

【地基承载力检测】

73. 土工试验可分为室内试验、原位测试和原型试验三类，其中原位测试是在现场进行，包括平板静载试验、动力触探试验、标准贯入试验等；原型试验包括桩的荷载试验、动力基础的模态试验等。

公路桥涵地基的岩土可分为岩石、碎石土、砂土、粉土、黏性土和特殊性岩土6类。

【岩石】按坚硬程度（指标是饱和单轴抗压强度标准值）分为坚硬岩、较硬岩、较软岩、软岩、极软岩（60～30～15～5）。

按岩体完整程度（指标是完整性指数）分为完整、较完整、较破碎、破碎、极破碎（0.75～0.55～0.35～0.15）；完整性指数为岩体纵波波速与岩块纵波波速之比的平方。

按岩体节理发育程度（指标是节理间距）分为节理不发育、节理发育、节理很发育（400～200）。

按软化程度（指标是软化系数）分为不软化岩石、软化岩石（0.75）。

【碎石土】为粒径大于2mm的颗粒含量超过总质量的50%的土，分为漂石、块石、卵石、碎石、圆砾和角砾6类；对应的粒组含量为粒径大于200mm、20mm、2mm的颗粒含量超过总质量的50%。

碎石土的密实度根据重型动力触探锤击数 $N_{63.5}$ 分为松散、稍密、中密、密实（5～10～20）。适用于平均粒径小于或等于50mm且最大粒径不超过100mm的卵石、碎石、圆砾、角砾，$N_{63.5}$ 为经修正后锤击数的平均值。

74. 【砂土】为粒径大于2mm的颗粒含量不超过总质量的50%、粒径大于0.075mm的颗粒含量超过总质量的50%的土。砂土分为砾砂、粗砂、中砂、细砂和粉砂5类（大于2mm占25%～50%、大于0.5mm超过50%、大于0.25mm超过50%、大于0.075mm超过85%、大于0.075mm超过50%）。

砂土的密实度根据标准贯入锤击数分为松散、稍密、中密、密实（10～15～30）。

75. 【粉土】为塑性指数 $I_p \leqslant 10$ 且粒径大于0.075mm的颗粒含量不超过总质量的50%的土。粉土的密实度根据孔隙比 e 分为密实、中密和稍密（0.75～0.9）。

粉土的湿度根据天然含水率 w 分为稍湿、湿、很湿（20～30）。

【黏性土】为塑性指数 $I_p > 10$ 且粒径大于0.075mm的颗粒含量不超过总质量的50%的土。黏性土根据塑性指数分为黏土和粉质黏土（17～10）。

黏性土的软硬状态根据液性指数分为坚硬、硬塑、可塑、软塑、流塑（0～0.25～0.75～1）。

黏性土根据沉积年代（Q_3 及以前、Q_4、Q_4 以后）分为老黏性土、一般黏性土、新近沉积黏性土。

76. 【特殊性岩土】包括软土、膨胀土、湿陷性土、红黏土、盐渍土、冻土和填土等。

软土包括淤泥、淤泥质土、泥炭、泥炭质土。

淤泥是天然含水率大于液限、天然孔隙比大于或等于1.5的黏性土；天然含水率大于液限而天然孔隙比小于1.5但大于或等于1.0的黏性土或粉土为淤泥质土。

膨胀土主要由亲水性矿物组成，具有显著的吸水膨胀和失水收缩特性，是自由膨胀率大于或等于 40% 的黏性土。

湿陷性土为湿陷系数大于或等于 0.015 的土。

红黏土的液限一般大于 50；液限大于 45 的土为次生红黏土。

盐渍土中易溶盐含量大于 0.3%。

填土根据其组成和成因分为素填土、压实填土、杂填土、冲填土。

77. 地基平板荷载试验可分浅层平板荷载试验和深层平板荷载试验，是原位测试方法。

【浅层平板荷载试验】适用于确定浅部地基土层（深度小于 3m）承压板下压力主要影响范围内的承载力和变形模量。加载至总沉降量为 25mm 或达到加载设备的最大容量为止，地基在荷载作用下达到破坏状态的过程，可分为三个阶段：压密阶段、剪切阶段、破坏阶段。其中压密阶段中土体压力与变形呈线性关系，土体处于弹性平衡状态，土中各点的剪应力均小于土的抗剪强度。荷载板沉降主要是由土中孔隙的减少引起，土颗粒主要是竖向变位，与 a 点相应的荷载 P 为比例界限；剪切阶段中沉降的增长率随荷载的增大而增大，土体开始发生塑性变形，土的变形是由于土中孔隙压缩和土颗粒的剪切移动引起的，土颗粒同时发生竖向和侧向变位，与 b 点相应的荷载 P 为极限荷载。破坏阶段的土体变形主要由土的剪切变位引起。

78. 载荷试验设备由稳压加荷装置、反力装置和沉降观测装置三部分组成，适用于承压板面积不小于 $0.25m^2$，对于软土地基不小于 $0.5m^2$。对于复合地基不应小于一根桩加固的面积，对强夯处理后的地基不应小于 $2m^2$。基坑宽度应不小于承压板宽度或直径的 3 倍，承压板面积是 50cm × 50cm 或 70.7cm × 70.7cm 的方板。承压板与土层接触处应铺设 20mm 厚的中砂或粗砂找平，试验加荷分级应不少于 8 级，第一级荷载包括设备重力，每级荷载增量为地基土层预估极限承载力的 1/10 ~ 1/8，最大加载量应不小于设计要求的 2 倍或接近试验土层的极限荷载。试验精度应不低于最大荷载的 1%，承压板的沉降采用百分表或电测位移计量测，其精度应不低于 0.01mm。加荷稳定标准：每级加载后，按间隔 10min、10min、10min、15min、15min，以后为每隔 30min 测读一次沉降量，当在连续 2h 内，每小时的沉降量小于 0.1mm 时，则认为已趋稳定，可加下一级荷载。

79. 【可终止加载的情况】承压板周围土体有明显侧向挤出；24h 内沉降速率不能达到稳定标准；沉降量急剧增大，$P-S$ 曲线出现陡降段；沉降量与承压板宽度或直径之比等于或大于 0.06。满足前三种情况之一，其对应的前一级荷载定为极限荷载。分级卸荷量为分级加荷量的 2 倍，15min 观测 1 次，1h 后再卸下一级荷载，卸载完应继续观测 3h。

【承载力基本容许值的确定方法】当 $P-S$ 曲线有比例界限时，取该比例界限所对应的荷载值；当极限荷载值小于比例界限荷载值的 2 倍时，取极限荷载值的 1/2；如不能按上述两款要求确定时，当压板面积为 $2500cm^2$ 或 $5000cm^2$ 时，可取 $S/d=0.01\sim0.015$ 所对应的荷载值，但其值应不大于最大加载量的 1/2。同一土层参加统计的试验点应不少于 3 点，当试验实测值的极差不超过其平均值的 30% 时，取其平均值作为该土层的地基承载力基本容许值。当极差不满足要求时，应查明原因，必要时重新划分地基统计单元进行评价。

80.【深层平板荷载试验】适用于埋深等于或大于 3m 和地下水位以上的地基土，承压板的直径为 800mm 的刚性板，紧靠承压板周围外侧的土层高度不应小于 0.8m。加载反力装置有压重平台反力装置、地锚反力装置、锚桩横梁反力装置、地锚压重联合反力装置等。加荷分级可按预估极限承载力的 1/15～1/10 分级施加，加载方法同浅层平板荷载试验。可终止加载的情况：沉降量超过 $0.04d$（d 为承压板直径）；24h 内沉降速率不能达到稳定；本级沉降量大于前一级沉降量的 5 倍；最大加载量不小于设计要求的 2 倍。承载力基本容许值的确定方法同浅层平板荷载试验。不能通过平板荷载试验提供建筑物的长期沉降资料。

81.【圆锥动力触探试验】是利用一定质量的落锤，以一定高度的自由落距将标准规格的锥形探头打入土层中，是原位测试方法之一，试验类型分为轻型、重型和超重型三种，对应的锤的质量（kg）与落距（cm）分别为 10 和 50、63.5 和 76、120 和 100；对应的指标分别是贯入 30cm、10cm、10cm 的锤击数。轻型一般用于贯入深度小于 4m 的黏性土和粉土；重型一般适用于砂土、中密以下的碎石土和极软岩；超重型一般适用于较密实的碎石土、极软岩和软岩。圆锥动力触探试验设备主要由圆锥触探头、触探杆、穿心锤三部分组成，重型和超重型试验要点有地面上触探杆的高度不宜超过 1.5m，锤击速率宜为 15～30 击/min，每贯入 10cm 记录锤击数。触探杆锤击数的修正包括探杆长度的修正、侧壁摩擦影响的修正、地下水影响的修正。触探深度为 1～15m 时，一般不考虑侧壁摩擦的影响。荷兰公式是目前国内外应用最广泛的动贯入阻力计算公式。

82. 地基极限承载力是指使地基发生剪切破坏而即将失去整体稳定性时对应的最小基础底面压力；地基容许承载力是指不超过极限承载力且有足够的安全度，而且不超过容许变形时的地基单位面积上承受的荷载。地基承载力确定途径有现场荷载试验或原位测试、理论公式计算、经验公式计算、参照邻近结构物地基容许承载力。地基承载力基本容许值应不大于地基极限承载力的 1/2，地基承载力基本容许值应根据基底埋深、基础宽度及地基土的类别进行修正；应根据岩土类别、状态及其物理力学特性指标采用。

【承载力基本容许值的确定】对于一般岩石地基可根据强度等级、节理；碎石土地基可根据类别和密实程度；砂土地基可根据土的密实度和水位情况；粉土地基应根据土的天然孔隙比 e 和天然含水率 w；老黏性土地基可根据压缩模量 E_s；一般黏性土和新近沉积黏性土可根据液性指数 I_L 和天然孔隙比 e。

【基桩成孔质量】

83. 泥浆除起护壁作用外，还具有携带岩土、冷却钻头、堵漏等功能，钻孔泥浆一般由水、黏土（或膨润土）和添加剂配制而成。钻孔方法有正循环、反循环、推钻冲抓、冲击。泥浆性能指标包括相对密度、黏度、含砂率、胶体率、失水率、泥皮厚、静切力和酸碱度，其中含砂率除了正循环为9～4，其他都是≤4；胶体率除了正循环为≥96%，其他都是≥95%；酸碱度为8～10。清孔后泥浆的相对密度宜控制在1.03～1.10，对冲击成孔的桩可适当提高但宜不超过1.15，黏度宜为17～20Pa·s，含砂率宜小于2%，胶体率宜大于98%。对于大直径或超长钻孔灌注桩，泥浆的选择应根据钻孔的工程地质情况、孔位、钻机性能、泥浆材料等确定。在地质复杂、覆盖层较厚、护筒下沉不到岩层的情况下，宜使用丙烯酰胺即PHP泥浆。

84.【成孔质量标准】钻、挖孔在终孔和清孔后，应进行孔位、孔深检验。桩位的允许偏差为群桩100mm，排架桩50mm；倾斜度为钻孔≤1%且≤500mm，挖孔≤0.5%且≤200mm；孔深和孔径都是≥设计值，清孔后的泥浆指标是从桩孔的顶、中、底部分别取样检测的平均值。

85. 泥浆性能指标：

【相对密度】用泥浆相对密度计测定，$\gamma=(m_3-m_1)/(m_2-m_1)$。

【黏度】用标准漏斗黏度计测定，流满500mL量杯所需时间即为所测泥浆的黏度。校正方法为漏斗中注入700mL清水，流出500mL所需时间应是15s，其偏差如超过±1s，测量泥浆黏度时应校正。

【静切力】用浮筒切力计测定，500mL泥浆搅匀测出初切力，静置10min测出终切力，单位是Pa。

【含砂率】用含砂率计测定，把泥浆50mL倒入450mL清水中，摇动1min，静放3min，仪器下端沉淀物的体积乘以2就是含砂率。另一种大型的含砂率计容积为1000mL，不需要乘以2。

【胶体率】也称稳定率，是泥浆中土粒保持悬浮状态的性能，将100mL泥浆静置24h。

【失水量（mL/min）和泥皮厚（mm）】用一张120mm×120mm的滤纸，中央画一直径为3cm的圆，将2mL的泥浆滴入圆圈中心，30min后湿润圆圈的平均半径减去泥浆摊平成泥饼的平均半径（mm），即为失水量，泥浆皮的厚度即为泥皮厚，泥皮越平坦越薄，泥浆质量越好，一般不宜厚于2～3mm。

【酸碱度】即酸和碱的强度简称，pH值等于氢离子浓度的负对数值，pH值小于7、等于7、大于7分别为酸性、中性、碱性，pH试纸放0.5s后拿出。

86. 成孔质量检测包括桩位偏差测量、钻孔倾斜度检查、桩的孔径和垂直度检测、桩底沉淀厚度检测、超声波法检测孔径和垂直度。

【桩位偏差测量】采用精密经纬仪或红外测距仪测量。

【钻孔倾斜度检查】对于竖直桩，其倾斜度允许偏差范围在 50 ~ 200mm，或桩长的 0.5% ~1%。

【桩的孔径和垂直度检测】方法有钢筋笼检测、伞形孔径仪检测、声波法检测三种，检孔器的外径 D 应不小于设计桩孔直径，长度 L 为 4 ~ 6 倍的外径；伞形孔径仪由测头、适调放大器和记录仪三部分组成。

【桩底沉淀土厚度检测】厚度的大小极大地影响桩端承载力的发挥，因此在施工过程中必须严格控制桩底沉淀土的厚度。摩擦桩对于直径小于或等于 1.5m 的桩，沉淀厚度小于或等于 200mm；对于桩径大于 1.5m 或桩长大于 40m 或土质较差的桩，沉淀厚度小于或等于 300mm。测定沉淀土厚度的方法有垂球法、电阻率法和电容法。电容量和介质的电解率呈正比关系。

【桩身完整性检测】

87. 桩身完整性检测方法有低应变反射波法、声波透射法、钻探取芯法和高应变动力试桩法四种。

【低应变反射波法】具有仪器轻便、操作简单、检测速度快、成本低等特点，在质量普查中应用较广。当桩顶受到激励后，压缩波沿桩身向下传播，遇到桩身波阻变化的界面时，压缩入射波 I 在波阻抗界面产生反射波 R 和透射波 T，当 $Z_1 \approx Z_2$ 时，$n=1$，$F=0$，$T=1$，表示桩身完整。

当 $Z_1 > Z_2$ 时，表示桩身有缩径、离析、空洞及摩擦桩桩底的情况，$n>1$，$F<0$，$T>0$，σ 异号 v 同号，反射波为上行拉力波，与入射波同相。

当 $Z_1 < Z_2$ 时，表示桩身有扩径、膨胀或端承桩的情况，$n<1$，$F>0$，$T>0$，σ 同号 v 异号，反射波为上行压缩波，与入射波相反。

88. 桩身阻抗变化的反射波特征曲线：

【完整】典型曲线只有前面的入射波和后面的反射波，且同相位是摩擦桩（摩同）；反相位是端承桩。短桩：桩底反射波与入射波频率相近，振幅略小；长桩：桩底反射振幅小，频率低。

【扩径】典型曲线中间反相位。即第一反射子波与入射波反相位；后续同相位，振幅与扩径尺寸正相关，可见桩底反射。

【缩径】典型曲线中间同相位。即第一反射子波与入射波同相位；后续反相位，振幅与缩径尺寸正相关，一般可见桩底反射。

【离析和断裂】典型曲线离析是两尖角，断裂是细线和五指。一般见不到桩底反射。

【夹泥空洞微裂】典型曲线与缩径类似，前面多了一横线。

【桩底沉渣】典型曲线是右边有虚线。桩底反射波与入射波同相位，幅值大小与沉渣厚度正相关。

89. 反射波法检测系统由基桩动测仪、传感器和激振设备组成，动测仪分为 1、2、3 三个等级，1 级较低、3 级较高。加速度传感器的电压灵敏度应大于 100；速度传感器的电压灵敏度应大于 200，上限频率和安装谐振频率都应不小于 1.5kHz。在相同材质情况下，质量大的力值也大，主频相对减小；在锤的质量相同时，主频随钢、铝、硬塑、橡皮、杂木硬度的降低而减小。锤击桩头的目的是要在桩顶输入一个初始应力波脉冲，基本技术特性为波形、峰值、脉冲宽度或频谱、输入能量。当波形一定时，主要关注峰值和脉宽两个问题。锤激振源对基桩检测信号的影响因素有锤激能量、锤头材料、脉冲宽度。其中对大直径长桩，应选择质量大的锤或力棒，以产生主频率低、能量大的激励信号，获得较清晰的桩底反射信号，但这时桩身的微小缺陷会被掩盖。锤头材料硬，产生的高频脉冲波有利于提高桩身缺陷的分辨率，但高频信号衰减快，不容易探测桩身深部缺陷。激振脉冲宽度大，有利于探测桩身的深部缺陷，但桩身内的小缺陷不容易识别，从而降低了分辨率。

90. 【现场检测】准备工作有现场踏勘及资料收集、桩头处理、传感器的安装。

《公路工程基桩动测技术规程》：传感器应与桩顶面垂直，确保传感器黏结稳固、耦合良好。短桩或分辨浅部缺陷桩时宜采用窄脉冲低能量激振；长桩或深部缺陷宜采用宽脉冲大能量激振。采用力锤激振时，其作用力方向应与桩顶面保持垂直。

《建筑基桩检测技术规范》：实心桩的激振点应选择在桩中心，检测点宜在距桩中心 2/3 半径处；空心桩的激振点和检测点宜在桩壁厚的 1/2 处，激振点和检测点与桩中心连线形成的夹角宜为 90°。

91. 仪器参数设置包括采样频率、采样点数、适调放大器。其中采样频率应大于或等于 2 倍的信号频率上限，基桩检测中采样频率通常取 3 倍的信号频率上限；一般每通道的采样点数不少于 1024 点，采样频率越高，采样间隔越小，时域分辨率越高，而频域分辨率越低，对缺陷位置和桩长来说，还是以时域计算为准。采样间隔与频率间隔互为倒数关系。

信号采集对混凝土灌注桩，激振点宜选择在桩中心，传感器宜安装在距桩中心 2/3 半径处，且距离桩的主筋不小于 50mm；当桩径小于 1000mm 时不宜少于 2 个测点；当桩径大于或等于 1000mm 时应设置 3 ~ 4 个测点；测点宜以桩心为中心对称布置。

对混凝土预制桩，当边长或桩径小于 600mm 时不宜少于 2 个测点；当边长或桩径大于或等于 600mm 时不宜少于 3 个测点。

对预应力混凝土管桩，激振点、检测点和桩中心连线形成的夹角宜为 90°，且不应少于 2 个测点。各测点记录的有效信号数不应少于 3 次，且检测波形应具有良好的一致性。

92. 【检测数据的分析与判定】包括桩身波速平均值的确定、桩身缺陷位置计算、桩身完整性判定。桩身完整性判定：《建筑基桩检测技术规范》：Ⅰ、Ⅱ、Ⅲ、Ⅳ类桩分别为无缺陷反射波，有桩底反射波；出现轻微缺陷反射波，有桩底反射波；有明显缺陷反射波，桩底反射信号不明显；出现严重缺陷反射波或波形呈多次大振幅反射，无桩底反射波。

93. 非桩土系统引起的干扰振荡较严重时，时域局限性较大，应以频域分析为主体。离析处的谐振峰多为低缓形式，而裂隙的谐振峰较尖锐。反射波法的优点有仪器设备轻便，操作简单，成本低廉；检测覆盖面大；可检测桩身完整性和桩身存在的缺陷及位置，估计桩身混凝土强度、核对桩长。波速与混凝土强度的关系：波速 3000～3250～3500～3750～4000 对应于 20、25、30、35MPa；波速与混凝土质量的关系：波速 4000～3500～3000～2000 对应的混凝土质量为优、好、中等、差、极差，对应的等级为 Ⅰ、Ⅱ、Ⅲ、Ⅳ、Ⅴ级。

94. 【声波透射法】声波在混凝土传播过程中，当桩身混凝土介质存在阻抗差异时，将发生反射、绕射、折射和声波能量的吸收、衰减。声波检测仪器有两大类：一类是模拟式声波仪，另一类是数字式声波仪（使用广泛）。超声波检测仪器系统应由径向换能器、声波发射、接收放大、数据采集、数据处理、显示及存储等部分组成，当采用单孔声波折射法检测时应具有一发双收功能，脉冲电压宜为 250～1000V。

【声测管埋设要求】声测管应选择透声性好、便于安装和费用较低的材料。考虑混凝土的水化热作用及施工过程中受外力作用较大容易变形断裂，宜选用强度较高的金属管，采用螺纹连接，可焊接或绑扎在钢筋笼内侧，声测管内径应大于换能器外径（＞15mm），声测管应下端封闭、上端加盖、管内无异物，管口应高出桩顶 100mm 以上，且各声测管管口高度应一致。应采用适宜方法固定声测管，使之成桩后相互平行，声测管埋设数量与桩径大小有关，《公路工程基桩检测技术规程》中当桩径小于 1000mm 时应埋设 2 根管；当桩径大于或等于 1000mm 且小于或等于 1600mm 时应埋设 3 根管；当桩径大于 1600mm 且小于 2500mm 时应埋设 4 根管；当桩径大于或等于 2500mm 时应增加声测管的数量。

《建筑基桩检测技术规范》中桩径小于或等于 800mm 时不少于 2 根声测管；桩径大于 800mm 且小于或等于 1600mm 时不少于 3 根声测管；桩径大于 1600mm 时不少于 4 根声测管；桩径大于 2500mm 时宜增加预埋声测管数量。声测管应沿桩截面外侧呈对称形状布置，以路线前进方向的顶点为起始点顺时针旋转依次编号。

95. 受检桩混凝土强度应不低于设计强度的 70%，且应不低于 15MPa，满足强度条件时，龄期同时不应少于7d。声波透射法检测混凝土灌注桩有桩内单孔折射法和跨孔透射法两种，跨孔透射法测试系统由超声仪、发收换能器、位移量测系统、传输电缆等组成，现场测试过程中应保持发射电压与仪器设置参数不变。测试方式可分为对测（普查）、斜测（单向斜测和交叉斜测）、扇形扫描测三种，其中发射和接收换能器分别置于两声测管的同一高度，自下而上以相同步长（不大于100mm）向上提升，进行水平检测。若平测后存在桩身质量的可疑点，则进行加密平测，以确定异常部位的纵向范围。斜测时发、收换能器中心连线与水平夹角一般取30°~40°。扇形测在桩顶、桩底斜测范围受限或为减小换能器升降次数时采用。测点间距不应大于250mm，累计相对高差应不大于20mm。对于声时值和波幅值出现明显异常的部位，应采用加密平测、双向斜测或扇形扫测进行局部细测，细测的测点间距应不大于100mm，局部斜测时两支换能器发射、接收部分的中心连线与水平面的夹角不应小于30°。对桩身缺陷进行判定可采用PSD、声速、波幅进行综合判定。灌注桩声波透射法检测分析和处理的参数主要有声时、声速、波幅、主频、波形。用于分析桩身质量情况的曲线有声速-深度（$v-z$）曲线、波幅-深度（A_p-z）曲线和PSD判据图。声速临界值采用正常混凝土声速平均值与2倍声速标准差之差，分析时测点总数应不少于20个，当检测剖面测点的声速值普遍偏低且离散性很小时，宜采用声速低限值判据。声速低限值相对应的混凝土强度不宜低于0.9R（R为混凝土设计强度），若试件为钻孔取芯样，则不宜低于0.85R。波幅临界值采用波幅平均值-6，混凝土强度与声速关系参考值：声速（m/s）为4500~3500~3000~2000对应的强度定性评价为好、较好、可疑、差、非常差。

96.【钻探取芯法】特别适用于大直径混凝土灌注桩的成桩质量检验，要求受检桩的桩径不宜小于800mm，长径比不宜大于40，桩身混凝土强度等级不低于C10。钻探取芯应在混凝土浇灌28d后进行，仅为确定桩身混凝土强度、桩长、桩端持力层、桩底沉淀时可为1孔。钻芯孔数为桩径小于1.2m不应少于1孔；1.2~1.6m不应少于2孔；大于1.6m不宜少于3孔。当钻芯孔为1孔时，宜距桩中心10~15cm；当钻芯孔为2孔或2孔以上时，宜距桩中心（0.15~0.25）D内均匀对称布置。对桩端持力层的钻探，1孔进入桩端持力层深度不宜小于3倍桩径，其余钻孔应进入桩端持力层不小于0.5m。截取混凝土抗压芯样试件规定：桩长小于10m取2组；桩长为10~30m时取3组；桩长大于30m时不少于4组。上部和下部芯样位置距桩顶或桩底不宜大于1倍桩径或超过2m，取试件高径比为1，即为0.95~1.05，且芯样试件内不能含有钢筋，芯样侧面粗集料粒径应小于芯样试件平均直径的0.5倍。

97. 混凝土芯样试件抗压强度代表值应按一组三块试样强度的平均值确定。同一受检桩同一深度部位取抗压强度代表值的平均值，单桩取不同深度部位抗压强度代表值中的最小值。桩底持力层性状应根据芯样特征、岩石芯样单轴抗压强度试验、动力触探或标准贯入试验结果，综合判定桩端持力层岩土性状。为保证工程质量，应按单桩进行桩身完整性和混凝土强度评价。当出现下列情况之一时，应判为该桩不满足设计要求：混凝土芯样试件抗压强度检测值小于混凝土设计强度等级，桩长、桩底沉渣厚度不满足设计要求，端持力层岩土性状（强度）或厚度不满足设计要求。

【基桩承载力检测】

98.【基桩极限承载力】的确定方法有静载试验和桩的动力试验两大类，静载试验是确定单桩承载力最原始、最基本、最可靠的方法，凡属重要工程都应通过静载试验确定单桩承载力，近代发展的新基桩承载力试桩方法有高应变动力试桩法、自平衡测试法和静动法。基桩竖向受荷载作用的极限承载力大小取决于桩身自身的混凝土强度和桩周地基土强度两大因素。基桩静载试验可分为单桩竖向抗压静载试验、竖向抗拔静载试验和水平静载试验三种，静载试验的方法有等贯入速率法、循环加卸载法、终极荷载长时间维持法等，我国常用的是维持荷载法，维持荷载法又可分为慢速维持荷载法、快速维持荷载法。对混凝土灌注桩进行承载力检测时，被检桩的混凝土龄期应达到28d或强度达到设计要求。对沉桩进行承载力试验的休止时间，砂类土不少于7d，粉质土不少于10d，非饱和黏质土不少于15d，饱和黏质土不少于25d。试桩的成桩工艺和质量控制标准应与工程桩一致，试桩桩头混凝土强度不得低于C30，一般可在桩顶配置加密钢筋网2～3层，为安置沉降观测点和仪表，试桩顶部露出试坑地面的高度不宜小于600mm，试坑地面宜与桩承台底设计高程一致。

99.【单桩竖向抗压静载试验】单桩静载试验设备由加载装置、反力装置、荷载测量装置、变形测量装置等组成，用千斤顶加载的反力装置主要有锚桩横梁反力装置、压重平台反力装置、锚桩压重联合反力装置三种形式，反力装置能提供的反力相对于最大加载量应有一定的储备，一般不应小于最大加载量的1.3倍。锚桩横梁反力装置的锚桩上拔量不大于15mm，压重平台反力装置施加于地基的压应力不宜大于地基承载力特征值的1.5倍。《公路桥涵施工技术规范》中基准桩中心与试桩、锚桩中心的距离，试桩直径D≤800mm时，对于锚桩横梁反力装置为≥4D，压重平台反力装置为≥2m；试桩直径$D>800$mm时距离不宜小于4m。荷重传感器的测量误差不应大于1%，压力表精度应优于或等于0.4级。试验用压力表、油泵、油管在加载时的压力应为额定工作压力的20%～80%。沉降观测：基准梁宜采用工字钢，其高跨比不宜小于1/40，尤其是大吨位静载试验，要采用较长和刚度较大的基准梁。大量程百分表或电子位移计测量误差不大于0.1%，分辨率不低于0.01mm，对于直径或边宽大于500mm的桩，应在桩径的两个正交方向对称安装4个位移计测量，直径或边宽小于或等于500mm的桩可对称安置2个位移测试仪表。沉降测定平面离桩顶距离不宜小于200mm，测点应牢固地固定于桩身。基桩内力测量可采用应变式传感器（简称应变计）测量应变，钢弦式传感器测量力，沉降杆测量位移，埋置于桩端的扁式千斤顶测量桩底反力。导线对地绝缘电阻大于500MΩ，正式测试前，电阻片与电缆系统间的绝缘电阻应不低于200MΩ。检测数量不宜少于3根。

100. 【慢速维持荷载法】每级加载为最大加载量或预估极限承载力的1/15～1/10，第一级可按2倍分级加载。下沉未达稳定时不得进行下一级加载；每级荷载施加后按5min、15min、30min、45min、60min测读桩顶沉降量，以后每隔30min测读一次。稳定标准是每1h内的桩顶沉降量不超过0.1mm。

可终止加载的情况包括：沉降量大于前一级荷载沉降量的5倍，且桩顶总沉降量大于40mm；沉降量大于前一级的2倍且经24h尚未稳定，同时总沉降量大于40mm；荷载-沉降曲线呈缓变形时，可加载至总沉降量60～80mm；当桩长超过40m或被检桩为钢桩时，宜考虑桩身压缩变形，可加载至总沉降量超过80mm；工程桩验收时荷载已达到承载力容许值的2倍或设计要求的最大加载量，且沉降达到稳定；桩身出现明显破坏现象；当工程桩作锚桩时，锚桩上拔量已达到允许值。

卸载应分级进行，采用逐级等量卸载，每级卸载量取加载时分级荷载的2倍。卸载时每级荷载应维持1h，分别按第15min、30min、60min量测桩顶回弹量，即可卸下一级荷载。卸载至零后维持时间不得少于3h。桩端为砂类土时应在开始30min内每15min测读一次；桩端为黏质土时应在开始60min内每15min测读一次，以后每隔30min测读一次。卸载到零后至少2h内每隔30min观测1次。每级荷载在维持过程中的变化幅度不得超过分级荷载的±10%。绘制竖向荷载-沉降（$Q-s$）、沉降-时间对数（$s-\lg t$）曲线。需要时也可绘制其他辅助分析所需曲线。

101. 《公路工程基桩检测技术规程》【单桩竖向抗压极限承载力的确定】：

沉降随荷载变化的特征确定时，荷载-沉降曲线呈陡降形时，取其发生明显陡降的起始点对应的荷载值；

沉降随时间变化的特征确定时，取曲线尾部出现明显向下弯曲的前一级荷载值；

桩顶沉降量大于上一级沉降量2倍，且24h尚未稳定，同时桩顶总沉降量大于40mm时，取前一级荷载值；

工程桩验收时，荷载已达到承载力容许值的2倍或设计要求的最大加载量，且沉降达到稳定，取本级荷载值。

缓变形曲线，根据沉降量确定，取$S=40$mm对应的荷载值；对直径大于或等于800mm的桩取$S=0.05D$对应的荷载值；当桩长大于40m时宜考虑桩身弹性压缩量；

当上述五种情况都未达到极限时，宜取最大加载值。

【单桩竖向抗压极限承载力统计值的确定】当满足极差不超过平均值的30%时，取其平均值为单桩抗压极限承载力的统计值。当极差超过平均值的30%时，应分析原因，必要时可增加试桩数量。桩数为3根或3根以下的基桩应取低值。

102. 【单桩竖向抗拔静载试验】检测数量应满足设计要求，不宜少于3 根，应采用慢速维持荷载法。可采用油压千斤顶加载，加载反力结构的承载能力应不小于最大抗拔加载量的1.3 倍，可终止加载的情况包括：桩顶上拔量大于前一级上拔荷载作用下上拔量的5 倍；累计桩顶上拔量超过100mm；桩顶上拔荷载达到受拉钢筋抗拉强度设计值；达到设计要求的最大上拔荷载或最大上拔位移。

103. 【单桩水平静载试验】适用于检测桩顶自由时的单桩水平承载力，推定桩侧地基土水平抗力系数。可选用单向多循环加卸载或慢速维持荷载法。检测数量应满足设计要求，且不应少于3 根。反力装置的承载能力及其刚度应大于被检桩的1.3 倍。

当采用顶推法施加荷载时，反力桩与被检桩之间的净距不应小于5 倍桩径（或边长）；当采用牵引法施加荷载时，不应小于10 倍桩径（或边长），且不应小于6m。水平位移测量的基准桩与被检桩和反力桩的净距不宜小于5 倍桩径（或边长）；当基准点设置在与加荷轴线垂直方向或被检桩位移相反方向时，间距可适当减小，但不应小于2m。

安装传感器的纵剖面与受力方向之间的夹角应小于10°。基桩承台底面高程下15 倍桩径（或边长）范围内应加密测试断面，断面间距不应超过1 倍桩径（或边长）。对桩径大于或等于800mm 的桩宜适当加密，超过此深度测试断面间距可适当加大。

【单向多循环加卸载法】荷载分级宜取预估被检桩水平极限承载力或要求最大试验荷载的1/10～1/12 作为加载级差。每级荷载施加后维持荷载4min 后测读水平位移并卸载至零，停2min 后测读残余水平位移，如此循环5 次，试验不得中间停歇。可终止加载的情况包括：桩身折断、水平位移超过30～40mm（软土取40mm）、达到设计要求的最大加载量或水平位移允许值。

104. 【高应变动力试桩法】宜用于等截面非嵌岩灌注桩、预制混凝土桩和钢桩的现场检测。对超长桩、大直径扩底桩和嵌岩桩不宜采用。单位工程同一条件下检测单桩竖向抗压极限承载力时，不宜少于5 根；当采用高应变法进行沉桩过程监测或为选择沉桩工艺参数时，不应少于3 根。检测仪器设备包括激振设备、信号采集及分析仪、传感器和贯入度测量仪等。信号采集器的采样频率应大于10kHz，信号采集点数不应少于1024 点。锤体的高径比不得小于1，激振锤的重量不得小于预估单桩极限承载力的1.2%，灌注桩的桩径大于800mm 或桩长大于35m 时宜适当增加锤重。桩头的混凝土强度应比桩身提高1～2 级，且不得低于C30。重锤应采用重锤低击，锤的最大落距不宜大于2.5m，单击贯入度宜为2～6mm，锤击次数宜为2～3 击。应停止检测的情况有力和速度信号第一峰起始比例失调、测试波形紊乱、桩身缺陷程度加剧。

高应变锤击信号不得作为承载力分析计算依据的情况包括传感器安装处混凝土开裂或出现严重塑性变形，使力曲线最终未归零；锤击严重偏心，两侧力信号幅值相差超过1 倍；触变效应的影响，桩在多次锤击下承载力下降；桩身有明显缺陷；四通道测试数据不全。采用实测曲线拟合法或其他检测方法综合判定桩身完整性的情况有混凝土灌注桩桩身有扩径、截面渐变或多变；桩身存在多处缺陷；桩身浅部存在缺陷；力曲线在上升沿上升缓慢，力和速度曲线在上升沿出现异常。

【第四章】学员笔记　　　　「不经历风雨，怎能见彩虹?」

岩土分类	分类依据（指标）	类别				
岩石	坚硬程度（饱和单轴抗压强度）	坚硬岩	较硬岩	较软岩	软岩	极软岩
		>60	30~60	15~30	5~15	≤5
	完整程度（完整性指数）	完整	较完整	较破碎	破碎	极破碎
		>0.75	0.75~0.55	0.55~0.35	0.35~0.15	<0.15
	节理发育程度（节理间距）	节理不发育	节理发育	节理很发育		
		>400	200~400	20~200		
	软化程度（软化系数）	不软化岩石	软化岩石			
		>0.75	≤0.75			
碎石土	粒组含量	漂石、块石	卵石、碎石	圆砾、角砾		
		大于200mm含量大于50%	大于20mm含量大于50%	大于2mm含量大于50%		
	密实度（重型动力触探锤击数）	松散	稍密	中密	密实	
		≤5	5~10	10~20	>20	
砂土	粒组含量	砾砂	粗砂	中砂	细砂	粉砂
		大于2mm占25%~50%	大于0.5mm大于50%	大于0.25mm大于50%	大于0.075mm大于85%	大于0.075mm大于50%
	密实度（标准贯入锤击数）	松散	稍密	中密	密实	
		≤10	10~15	15~30	>30	
粉土	密实度（孔隙比 e）	密实	中密	稍密		
		<0.75	0.75~0.9	>0.9		
	湿度（天然含水率 w）	稍湿	湿	很湿		
		<20	20~30	>30		
黏性土	塑性指数 I_P	黏土	粉质黏土			
		>17	10~17			
	液性指数 I_L	坚硬	硬塑	可塑	软塑	流塑
		≤0	0~0.25	0.25~0.75	0.75~1	>1
	沉积年代	老黏性土	一般黏性土	新近沉积黏性土		
		Q_3 及以前	Q_4	Q_4 以后		
特殊性岩土	软土	膨胀土	湿陷性土	红黏土	盐渍土	填土、冻土
	淤泥天然孔隙比≥1.5 淤泥质土1.0~1.5	膨胀率≥40%	湿陷系数≥0.015	液限>50	易溶盐含量>0.3%	

地基平板荷载试验	浅层平板荷载试验	深层平板荷载试验
适用条件	深度小于3m	深度等于或大于3m和地下水位以上
承载板尺寸	50cm×50cm或70.7cm×70.7cm的方板	直径为800mm刚性板
加荷分级	应不少于8级，每级增量为预估极限承载力的1/10～1/8	加载分级为预估极限承载力的1/15～1/10
加荷稳定标准	每级加载后，按间隔10min、10min、10min、15min、15min，以后为每隔30min测读一次沉降量，当在连续2h内，每小时的沉降量小于0.1mm时，则认为已趋稳定，可加下一级荷载	
可终止加载情况	承压板周围土体有明显侧向挤出或发生裂纹； 沉降量与承压板宽度或直径之比等于或大于0.06	沉降量超过0.04d（d为承压板直径）；最大加载量不小于设计要求的2倍
	24h内沉降速率不能达到稳定标准；本级荷载的沉降量大于前一级荷载沉降量的5倍	
承载力基本容许值的确定	当$P-S$曲线有比例界限时，取该比例界限所对应的荷载值； 当极限荷载值小于比例界限荷载值的2倍时，取极限荷载值的1/2； 如不能按上述两款要求确定时，当压板面积为2500cm^2或5000cm^2时，可取$S/d=0.01～0.015$所对应的荷载值，但其值应不大于最大加载量的1/2	

真题汇编

一、单选题（每题1分）

※※第一节　地基承载力检测※※

1. 地基现场荷载试验 $P-S$ 曲线无法确定比例界限时，一般取相应于沉降 S 等于荷载板宽度（或直径）的（　　）时的荷载作为地基的承载力特征值。

A. 1%～1.5%　　　　B. 2%～5%

C. 10%～15%　　　　D. 20%～50%

【答案】A　解析：当压板面积为0.25～0.50m^2 时，可取 S/b（或 S/d）=0.01～0.015所对应的荷载值，但其值不应大于最大加载量的1/2。

2. 根据《公路桥涵地基与基础设计规范》（JTG 3363—2019），岩石完整性指数为（　　）之比的平方。

A. 岩体纵波波速与岩块纵波波速

B. 岩体纵波波速与岩体横波波速

C. 岩块纵波波速与岩体纵波波速

D. 岩块纵波波速与岩块横波波速

【答案】A　解析：岩石完整性指数为岩体纵波波速与岩块纵波波速之比的平方。

3. 碎石土地基承载力基本容许值可根据土的（　　）确定。

A. 类别和密实程度　　　　B. 类别和强度

C. 强度和密实程度　　　　D. 类别和天然孔隙比

【答案】A　解析：碎石土地基承载力基本容许值可根据土的类别和密实程度确定。

※※第二节　基桩成孔质量检测※※

1. 基桩成孔倾斜度，对于钻孔桩的标准为（　　）。

A. 小于1%S且≤500mm　　　　B. 小于0.5%S且≤500mm

C. 小于1%S且≤200mm　　　　D. 小于0.5%S且≤200mm

【答案】A　解析：基桩成孔倾斜度允许偏差对于钻孔桩应小于1%S且≤500mm，对于挖孔桩应小于0.5%S且≤500mm。见表4-1。

表4-1　基桩成孔质量检测

检查项目	规定值或允许偏差	检查方法和频率
桩位（mm）	群桩：100；单排桩：50	全站仪；每桩测中心坐标
孔深（m）	≥设计值	测绳；每桩测量

续表

检查项目	规定值或允许偏差	检查方法和频率
孔径（mm）	≥设计值	探孔器或超声波成孔检测仪；每桩测量
钻孔倾斜度	钻孔：≤1%S，且≤500 挖孔：≤0.5%S，且≤200	钻杆垂线法或超声波成孔检测仪；每桩测量
沉淀厚度（mm）	满足设计要求	沉淀盒或测渣仪；每桩测量

2. 对于桥梁钻孔桩成孔中心位置允许偏差，《公路桥涵施工技术规范》（JTG/T 3650—2020）的要求为（　　）。

A. 群桩和单排桩：50mm　　B. 群桩和单排桩：100mm

C. 群桩：50mm，单排桩：100mm　　D. 群桩：100mm，单排桩：50mm

【答案】D　解析：钻孔桩孔的中心位置允许偏差是群桩 100mm，单排桩 50mm。见表 4-1。

3. 桥梁钻孔灌注桩采用正循环钻孔，地层的护壁泥浆的含砂率一般要求为（　　）。

A. ≤8%　　B. 9% ~4%

C. ≤6%　　D. ≤4%

【答案】B　解析：泥浆性能指标中的含砂率对于正循环为 4% ~9%，其他都是≤4%。

※※第三节　桩身完整性检测※※

1. 对混凝土强度等级低于（　　）的结构，不宜采用钻芯法检测。

A. C10　　B. C25

C. C15　　D. C20

【答案】A　解析：钻探取芯法要求受检桩的桩径不宜小于 800mm，长径比不大于 40 且桩身混凝土强度等级不低于 C10。

2. 超声波在混凝土中传播距离越远，则选用换能器的主频率应越低，因为信号频率越低，衰减越（　　）。

A. 小　　B. 大

C. 强　　D. 快

【答案】A　解析：超声波的衰减与频率呈正相关。频率越高，衰减越快；频率越低，衰减越慢。

3. 根据《公路工程基桩检测技术规程》（JTG/T 3512—2020），对跨孔声波透射法检测说法正确的是（　　）。

A. 测点间距不应大于 250mm

B. 发射与接收换能器应以相同高程同步升降，其相对高差不应大于 50mm

C. 同一根桩的检测过程中，声波发射电压和仪器参数设置应随时校正

D. 声时值和波幅值有明显异常的部位，应调整参数重新检测

【答案】A　解析：B 答案正确说法是发射与接收换能器应以相同高程同步升降，其相对高差不应大于 20mm。C 答案正确说法是同一根桩的检测过程中，应保持发射电压与仪器设置参数不变。D 答案正确说法是声时值和波幅值有明显异常的部位，应采用加密平测、双向斜测或扇形扫测进行局部细测。

4. 关于低应变反射波法的桩身完整性测试结果描述中，可以判定为Ⅳ类桩的是（　　）。

A. $2L/c$ 时刻前有明显缺陷反射波，有桩底发射波信号

B. $2L/c$ 时刻前有严重的缺陷反射波，有桩底反射波信号

C. $2L/c$ 时刻前有明显缺陷反射波，桩底反射信号不明显

D. $2L/c$ 时刻前有严重的缺陷反射波，无桩底反射波信号

【答案】D　解析：桩身完整性判定：Ⅰ、Ⅱ、Ⅲ、Ⅳ类桩分别为无缺陷反射波，有桩底反射波；出现轻微缺陷反射波，有桩底反射波；有明显缺陷反射波，桩底反射信号不明显；出现严重缺陷反射波或波形呈多次大振幅反射，无桩底反射波。

※※第四节　基桩承载力检测※※

1. 某桥梁钻孔灌注桩的桩长为 30m，桩径 ϕ600mm，采用锚桩反力法进行承载力检测，基准桩与试桩的距离应（　　）。

A. ≥2m　　B. ≥2.4m

C. ≥3m　　D. ≥3.6m

【答案】B　解析：采用锚桩横梁反力装置进行承载力检测，基准桩与试桩的距离应≥4D 即≥2.4m。见表 4-2。

表 4-2　基准桩中心与试桩、锚桩中心（或压重平台支承边）的距离

反力装置	基准桩与试桩	基准桩与锚桩（或压重平台支承边）
锚桩横梁反力装置	≥4D	≥4D
压重平台反力装置	≥2.0m	≥2.0m

2. 桥梁基桩竖向抗压静载试验中，每（　　）内，如果下沉量小于 0.1mm，即可视为稳定。

A. 10min　　B. 20min

C. 30min　　D. 60min

【答案】D　解析：每 1h 内的桩顶沉降量不超过 0.1mm。

3. 采用高应变法检测基桩承载力，激振锤重量不得小于预估单桩极限承载力的（　　）。

A. 1.5%　　B. 1.25%

C. 1.2%　　D. 1.05%

【答案】C　解析：采用高应变法检测基桩承载力，激振锤的重量不得小于预估单桩极限承载力的 1.2%。

4. 根据《公路工程基桩检测技术规程》（JTG/T 3512—2020），高应变动力试桩法测试基桩承载力时，重锤以自由落体锤击设有桩垫的桩头，锤的最大落距不宜大于（　　）。

A. 1.0m　　B. 1.2m

C. 2. 0m　　　　D. 2. 5m

【答案】D　解析：高应变动力试桩法测试基桩承载力时，应采用重锤低击，锤的最大落距不宜大于2. 5m。

二、判断题（每题1分）

※※第一节　地基承载力检测※※

1. 根据《公路桥涵地基与基础设计规范》（JTG 3363—2019）的要求，岩石的坚硬程度应按照饱和单轴抗压强度标准值分级。（　）

【答案】对　解析：岩石的坚硬程度应根据岩块的饱和单轴抗压强度标准值分级。

2. 重型、超重型圆锥动力触探试验均可对极软岩地基进行检测。（　）

【答案】对　解析：重型一般适用于砂土、中密以下的碎石土和极软岩；超重型一般适用于较密实的碎石土、极软岩和软岩。

3. 深层平板载荷试验每级加载后，第一个小时内应按10min、10min、10min、15min、15min测读沉降量，以后为每隔0. 5h测读一次沉降量。当连续2h内每小时沉降量小于0. 1mm时，可认为已趋稳定，可加下一级荷载。（　）

【答案】对　解析：浅层平板载荷试验与深层平板载荷试验都是每级加载后，第一个小时内应按10min、10min、10min、15min、15min测读沉降量，以后为每隔0. 5h测读一次沉降量。当连续2h内每小时沉降量小于0. 1mm时，可认为已趋稳定，可加下一级荷载。

※※第二节　基桩成孔质量检测※※

1. 无论采用何种清孔方法，桥梁钻孔灌注桩泥浆试件都应从孔底提出，进行性能指标检测。（　）

【答案】错　解析：清孔后的泥浆指标是从钻孔的顶、中、底部分别取样检验的平均值。

2. 桥梁钻孔灌注桩护壁泥浆一般要求呈碱性。（　）

【答案】对　解析：泥浆性能指标中，酸碱度要求pH值均大于或等于8，所以桥梁钻孔灌注桩护壁泥浆一般要求呈碱性。

※※第三节　桩身完整性检测※※

1. 钻孔泥浆作为钻探的冲洗液，除起护壁作用外，还具有携带岩土，冷却钻头、堵漏等功能。（　）

【答案】对　解析：钻孔泥浆作为钻探的冲洗液，除起护壁作用外，还具有携带岩土、冷却钻头、堵漏等功能。

2. 钻探取芯应在混凝土浇筑28d后进行，或受检桩相同条件养护试件强度达到设计要求。（　）

【答案】对　解析：钻探取芯应在混凝土浇筑28d后进行，或受检桩相同条件养护试件强度达到设计要求。

※※第四节　基桩承载力检测※※

1. 桩的水平静载试验可采用单向多循环加卸载或慢速维持荷载法。（　　）

【答案】对　解析：单桩水平静载试验可选用单向多循环加卸载或慢速维持荷载法。

2. 桥梁基桩静荷载试验法加载方式采用慢速维持荷载法（逐级加载），每级荷载达到相对稳定后加下一级直到试桩破坏，然后直接卸载到零。（　　）

【答案】错　解析：卸荷应分级进行，采用逐级等量卸载，每级卸载量取加载时分级荷载的 2 倍。

3. 单桩水平静载试验时，当达到设计要求的最大加载量时应终止加载。（　　）

【答案】对　解析：当出现下列情况之一时，可终止加载：①桩身折断。②水平位移超过 30 ~ 40mm（软土取 40mm）。③达到设计要求的最大加载量或水平位移允许值。

三、多选题（每题 2 分，下列各题均有 2 个或 2 个以上备选答案符合题意，有错误选项不得分，选项正确但不完全的每个选项得 0.5 分，完全正确的得满分）

※※第一节　地基承载力检测※※

1. 桥梁基础新近沉积黏性土的地基承载力容许值，可按（　　）确定。

A. 液性指数　　B. 压缩模量

C. 含水量　　D. 天然孔隙比

【答案】AD　解析：桥梁基础新近沉积黏性土的地基承载力容许值，可根据液性指数和天然孔隙比确定。

2. 桥梁地基基础荷载试验时，最初为压密阶段，此阶段为（　　）。

A. 土中各点的剪应力小于土的抗剪强度

B. 土体处于弹性平衡状态

C. 土体处于塑性平衡状态

D. 局部范围土中应力达到土的抗剪强度

【答案】AB　解析：压密阶段：相当于 $P-S$ 曲线上的 OA 直线段，这时土中各点的剪应力均小于土的抗剪强度，土体压力与变形呈线性关系，土体处于弹性平衡状态。

3. 属于公路桥涵工程勘察中原位测试方法的有（　　）。

A. 浅层平板载荷试验　　B. 深层平板载荷试验

C. 基桩荷载试验　　D. 圆锥动力触探试验

【答案】ABD　解析：原位测试是在现场进行，包括平板静载试验、动力触探试验、标准贯入试验等。其中平板静载试验可分为浅层平板载荷试验和深层平板载荷试验。

※※第二节　基桩成孔质量检测※※

1. 可用于孔底沉淀土厚度的检测方法有（　　）。

A. 垂球法　　B. 电阻率法

C. 电容法　　D. 声波透射法

【答案】ABC　解析：测孔底沉淀土厚度的方法有垂球法、电阻率法、电容法。

2. 根据《公路桥涵施工技术规范》（JTG/T 3650—2020）规定，对于摩擦桩清孔后，沉淀厚度应符合设计要求。当无设计要求时，以下选项正确的是（　　　）。

A. 对于直径小于或等于 1.5m 的桩，沉淀厚度≤200mm

B. 对于直径小于或等于 1.5m 的桩，沉淀厚度≤300mm

C. 对于桩径大于 1.5m 或桩长大于 40m 以及土质较差的桩，沉淀厚度≤200mm

D. 对于桩径大于 1.5m 或桩长大于 40m 以及土质较差的桩，沉淀厚度≤300mm

【答案】AD　解析：对于摩擦桩清孔后，沉淀厚度应符合设计要求。当设计无要求时，对于直径小于或等于 1.5m 的桩，沉淀厚度小于或等于 200mm，对于桩径大于 1.5m 或桩长大于 40m 或土质较差的桩，沉淀厚度小于或等于 300mm，支承桩的沉淀厚度不大于设计规定值。

※※第三节　桩身完整性检测※※

1. 反射波法测桩时，安装传感器可采用（　　　）等耦合剂。

A. 石膏　　B. 环氧

C. 黄油　　D. 橡皮泥

【答案】CD　解析：传感器的正确安装及粘合剂的合理选择在现场检测工作中至关重要，试验证明高品质的黄油和牙膏较之橡皮泥、口香糖检测效果要好。

2. 低应变反射波法检测桩身完整性时，锤击桩头的目的是要在桩顶输入一个符合检测要求的初始应力波脉冲，其基本技术特性为（　　　）。

A. 波形　　B. 峰值

C. 脉冲宽度　　D. 输入能量

【答案】ABCD　解析：锤击桩头的目的是要在桩顶输入一个符合检测要求的初始应力波脉冲，其基本技术特性为波形、峰值、脉冲宽度或频谱、输入能量。

※※第四节　基桩承载力检测※※

1. 采用高应变反射波法检测基桩时，现场采集信号出现（　　　）时，其信号不得作为分析计算依据。

A. 力的时程曲线最终未归零

B. 严重偏心锤击，一侧力信号呈现受拉

C. 传感器安装处混凝土开裂

D. 桩底反射信号明显

【答案】AC　解析：高应变锤击信号不得作为承载力分析计算依据的情况包括（1）传感器安装处混凝土开裂或出现严重塑性变形，使力曲线最终未归零。（2）锤击严重偏心，两侧力信号幅值相差超过1倍。（3）触变效应的影响，桩在多次锤击下承载力下降。（4）桩身有明显缺陷。（5）四通道测试数据不全。

2. 桥梁桩基静荷载试验包括（　　）。

A. 单桩竖向抗压静载试验

B. 竖向抗拔静载试验

C. 高应变动测

D. 水平静载试验

【答案】ABD　解析：基桩静荷载试验通常可分为单桩竖向抗压静载试验、竖向抗拔静载试验和水平静载试验三种。

3.《公路工程基桩检测技术规程》（JTG/T 3512—2020）规定，基桩竖向静载试验时，当出现以下哪些情况时，可终止加载（　　）。

A. 某级荷载作用下的沉降量大于前一级荷载沉降量的 5 倍，且桩顶总沉降量大于 40mm

B. 某级荷载作用下的沉降量大于前一级荷载沉降量的 5 倍，且桩顶总沉降量大于 50mm

C. 某级荷载作用下的沉降量大于前一级荷载沉降量的 2 倍且经 24h 尚未稳定，同时桩顶总沉降量大于 40mm

D. 某级荷载作用下的沉降量大于前一级荷载沉降量的 2 倍且经 24h 尚未稳定，同时桩顶总沉降量大于 50mm

【答案】AC　解析：基桩竖向静载试验时，可终止加载的情况包括沉降量大于前一级荷载沉降量的 5 倍，且桩顶总沉降量大于 40mm；沉降量大于前一级荷载沉降量的 2 倍且经 24h 尚未稳定，同时桩顶总沉降量大于 40mm；荷载 - 沉降曲线呈缓变形时，可加载至总沉降量 60 ~ 80mm；当桩长超过 40m 或被检桩为钢桩时，宜考虑桩身压缩变形，可加载至总沉降量超过 80mm；工程桩验收时荷载已达到承载力容许值的 2 倍或设计要求的最大加载量，且沉降达到稳定；桩身出现明显破坏现象；当工程桩作锚桩时，锚桩上拔量已达到允许值。

4. 高应变动力试桩法检测时，当出现下列哪些情况时，应按照工程地质和施工工艺条件，采用实测曲线拟合法或其他检测方法综合判定桩身完整性（　　）。

A. 桩身等截面、均匀的混凝土灌注桩

B. 桩身有扩径、截面渐变的混凝土灌注桩

C. 桩身存在多处缺陷

D. 桩身浅部存在缺陷

【答案】BCD　解析：当出现下列情况之一时，应按工程地质和施工工艺条件，采用实测曲线拟合法或其他检测方法综合判定桩身完整性：

（1）混凝土灌注桩桩身有扩径、截面渐变或多变；

（2）桩身存在多处缺陷；

（3）桩身浅部存在缺陷；

（4）力曲线在上升沿上升缓慢，力和速度曲线在上升沿出现异常。

5. 混凝土灌注桩承载力检测，对于混凝土的要求正确的有（　　）。

A. 混凝土龄期应达到 28d 或强度达到设计要求

B. 混凝土龄期应达到 14d 或强度达到设计要求

C. 桩头混凝土强度不低于 C30

D. 桩头混凝土强度不低于 C15

【答案】AC　解析：对混凝土灌注桩进行承载力检测时，被检桩的混凝土龄期应达到 28d 或强度达到设计要求。试桩桩头混凝土强度不得低于 C30。

6. 确定单桩竖向抗压静载试验时，一般绘制（　　）曲线，需要时也可绘制其他辅助分析所需曲线。

A. $Q-s$　　B. $s-\lg t$

C. $s-t$　　D. $Q-t$

【答案】AB　解析：单桩竖向抗压静载试验时，一般绘制竖向荷载 - 沉降（$Q-s$）、沉降 - 时间对数（$s-\lg t$）曲线。需要时也可绘制其他辅助分析所需曲线。

四、综合题（每道大题 10 分，每个小题 2 分。下列各题备选项中，有 1 个或 1 个以上是符合题意的，选项全部正确得满分，选项部分正确按比例得分，出现错误选项该题不得分）

※※第一节　地基承载力检测※※

1. 简述浅层平板荷载试验要点。

1）试验加荷分级应满足（　　）。

A. 分级不小于 10 级，第一级荷载不包括设备重力

B. 分级不小于 8 级，第一级荷载包括设备重力

C. 每级荷载增量为预估极限承载力的 1/10～1/8

D. 每级荷载增量为预估极限承载力的 1/15～1/10

2）试验精度应满足（　　）。

A. 荷载精度不低于最大荷载 1%，沉降测量精度不应低于 0.01mm

B. 荷载精度不低于最大荷载 0.1%，沉降测量精度不应低于 0.01mm

C. 分荷载精度不低于最大荷载 1%，沉降测量精度不应低于 0.1mm

D. 荷载精度不低于最大荷载 0.1%，沉降测量精度不应低于 0.1mm

3）加荷稳定标准（　　）。

A. 当连续 1h 内，每小时的沉降量小于 0.1mm 时，可加下一级荷载

B. 当连续 2h 内，每小时的沉降量小于 0.1mm 时，可加下一级荷载

C. 当连续 2h 内，每小时的沉降量小于 0.01mm 时，可加下一级荷载

D. 当连续 1h 内，每小时的沉降量小于 0.01mm 时，可加下一级荷载

4）终止加载条件包括（　　）。

A. 承载板周围土体有明显侧向挤出或发生裂纹

B. 某一级荷载下，24h 内沉降速率不能达到稳定标准

C. 本级荷载沉降量大于前级荷载沉降量的 5 倍

D. 沉降量与承压板宽度或直径之比等于或大于 0.06

【标准答案】

1）BC　解析：试验加荷分级不应少于 8 级，第一级荷载包括设备重力。每级荷载增量为地基土层预估极限承载力的 1/10～1/8。最大加载量不应小于设计要求的 2 倍或接近试验土层的极限荷载。

2）A　解析：试验精度不应低于最大荷载的 1%，承压板的沉降采用百分表或电测位移计量测，其精度不应低于 0.01mm。

3）B　解析：加荷稳定标准：每级加载后，按间隔 10min、10min、10min、15min、15min，以后为每隔 30min 测读一次沉降量。当在连续 2h 内，每小时的沉降量小于 0.1mm 时，则认为已趋稳定，可加下一级荷载。

4）ABD　解析：浅层平板荷载试验当试验出现下列情况之一时，可终止加载：①承压板周围的土体有明显侧向挤出。②在某一级荷载下，24h 内沉降速度不能达到稳定标准。③沉降量急剧增大，$P-S$ 曲线出现陡降段。④沉降量与承压板宽度或直径之比等于或大于 0.06。满足前三种情况之一，其相对应的前一级荷载定为极限荷载。

※※第三节　桩身完整性检测※※

1. 根据《公路工程基桩检测技术规程》（JTG/T 3512—2020），进行钻孔灌注桩桩身完整性透射法检测时：

1）声测管埋设要求（　　）。

A. 用适宜方法固定　　B. 对称布置

C. 平行布置　　D. 管口与桩头齐平

E. 管口高出桩头

2）声测管数量与桩径有关（　　）。

A. 桩径 $D<1000$mm，埋设 2 根　　B. $1000\text{mm}\leqslant D\leqslant 1600$mm，埋设 3 根

C. $D>1500$mm，埋设 4 根管　　D. $D>2000$mm，不少于 5 根

E. 位移量测系统

3）测试方式（　　）。

A. 对测　　B. 斜测

C. 平测　　D. 扇形测

4）根据《公路工程基桩检测技术规程》（JTG/T 3512—2020），采用声波透射法检测时，被检桩混凝土（　　）。

A. 强度不得低于设计强度的 70%　　B. 强度不得小于 15MPa

C. 龄期不应少于 7d　　D. 龄期不应少于 14d

5）根据实测信号对桩身缺陷进行判定时，可采用（　　）判据进行综合判定。

A. 声速　　B. 波幅

C. 主频　　D. PSD

6）关于声波透射法表述正确的有（　　）。

A. 需要在施工中预埋声测管　　B. 需要对桩头加固处理

C 检测范围可覆盖全桩长各个检测剖面　　D. 现场检测不受场地、桩长、长径比限制

【标准答案】

1）ACE　解析：根据《公路工程基桩检测技术规程》（JTG/T 3512—2020）的规定，声测管应采用金属管，壁厚不应小于2mm，其内径应比换能器外径大15mm，金属管宜采用螺纹连接或套管焊接等工艺，且不渗漏。声测管应牢固焊接或绑扎在钢筋笼的内侧，均匀布置，且互相平行、定位准确，并埋设至桩底，管口宜高出混凝土顶高程100mm以上。

2）AB　解析：根据《公路工程基桩检测技术规程》（JTG/T 3512—2020）的规定，当桩径小于1000mm时，应埋设2根管；当桩径大于或等于1000mm且小于或等于1600mm时，应埋设3根管；当桩径大于1600mm且小于2500mm时，应埋设4根管；当桩径大于或等于2500mm时，应增加声测管的数量。《建筑基桩检测技术规范》规定，桩径小于或等于800mm时，不少于2根声测管；桩径大于800mm且小于或等于1600mm时，不少于3根声测管；桩径大于1600mm时，不少于4根声测管；桩径大于2500mm时，宜增加预埋声测管数量。

3）ABD　解析：测试方式可分为三种方法：对测、斜测（包括单向斜测和交叉斜测）、扇形测。

4）ABC　解析：受检桩混凝土强度不应低于设计强度的70%，且不应低于15MPa，满足强度条件时，龄期同时不应少于7d。

5）ABD　解析：对桩身缺陷进行判定可采用PSD、声速、波幅进行综合判定。

6）ACD　解析：B答案正确说法是低应变反射波法需要对桩头处理。

2. 低应变法现场检测桥梁基桩完整性原理及现场检测技术：

7）低应变法的原理是，把桩视为一维弹性均质杆件，当桩顶受到激励后，压缩波以波速C沿桩身向下传播，当遇到桩身波阻抗或截面积变化的界面时，在界面将产生（　　　）。

A. 反射波、透射波　　B. 绕射波、折射波

C. 反射波、吸收波　　D. 反射波、绕射波

8）现场准备工作包括（　　　）。

A. 现场踏勘　　B. 资料收集

C. 桩头处理　　D. 传感器安装

9）仪器需要设置的参数包括（　　　）。

A. 采样频率　　B. 采样点数

C. 适调放大器　　D. 脉冲宽度

10）结果分析包括（　　　）。

A. 桩身波速平均值确定　　B. 桩身缺陷位置计算

C. 桩身完整性判断　　D. 混凝土强度计算

【标准答案】

7）A　解析：当桩顶受到激励后，压缩波以波速 C 沿桩身向下传播，当遇到桩身波阻抗变化的界面时，压缩入射波在波阻抗界面将产生反射波和透射波。

8）ABCD　解析：低应变反射波法检测桩身完整性的准备工作包括现场踏勘及资料收集、桩头处理、传感器的安装。

9）ABC　解析：仪器参数设置包括采样频率、采样点数、适调放大器。

10）ABC　解析：检测数据的分析与判定包括桩身波速平均值确定、桩身缺陷位置计算、桩身完整性判断。

3. 使用声波透射法检测钻孔桩质量时，预埋声测管应注意的问题如下：

11）预埋声测管数量与桩径有关，依据《公路工程基桩检测技术规程》（JTG/T 3512—2020）的规定（　　）。

A. 桩径为 0.5m 时应埋设 2 根管

B. 桩径为 1.0m 时应埋设 2 根管

C. 桩径为 1.5m 时应埋设 3 根管

D. 桩径为 2.0m 时应埋设 3 根管

12）声波检测管材料宜采用（　　）。

A. 钢管

B. 塑料管

C. 塑料波纹管

D. 钢制波纹管

13）预埋声测管尺寸和连接等要求（　　）。

A. 直径宜为 50 ~ 60mm

B. 内径宜为 50 ~ 60mm

C. 管子下端封闭

D. 上端应加盖

14）声测管的固定方法有（　　）。

A. 声测管之间相互平行

B. 可绑扎在钢筋笼的外侧

C. 可焊接在钢筋笼的内侧

D. 可绑扎在钢筋笼的内侧

【标准答案】

11）AC　解析：根据《公路工程基桩检测技术规程》（JTG/T 3512—2020）的规定，声测管的埋设应符合下列规定：当桩径小于 1000mm 时，应埋设 2 根管；当桩径大于或等于 1000mm 且小于或等于 1600mm 时，应埋设 3 根管；当桩径大于 1600mm 且小于 2500mm 时，应埋设 4 根管；当桩径大于或等于 2500mm 时，应增加声测管的数量。

12）A　解析：声测管应选择透声性好、便于安装和费用较低的材料。考虑混凝土的水化热作用及施工过程中受外力作用较大，容易使声测管变形、断裂，影响换能器上、下通道的畅通，以选用强度较高的金属管为宜。

13）CD　解析：声测管内径应大于换能器外径（ > 15mm），声测管应下端封闭、上端加盖、管内无异物。

14）ACD　解析：声测管应牢固焊接或绑扎在钢筋笼的内侧，且互相平行、定位准确，并埋设至桩底。

4. 试述超声透射波法现场检测基桩完整性原理及现场检测技术。

15）声波在混凝土传播过程中，当桩身混凝土介质存在阻抗差异时，将产生（　　）造成声波能量的吸收、衰减，通过声学参数或波形变化来检验桩身混凝土是否存在缺陷。

A. 反射波、绕射波、折射波

B. 声时、波幅变化

C. 透射波、吸收波

D. 接收波、主频变化

16）根据《公路工程基桩检测技术规程》（JTG/T 3512—2020）的规定，关于仪器设备要求正确的有（　　）。

A. 声波发射脉冲为阶跃或矩形脉冲，电压最大值不小于 1000V

B. 换能器沿径向无指向性

C. 换能器谐振频率为 1～200kHz

D. 换能器在 1MPa 水压下能正常工作

17）声测管埋设要求正确的是（　　）。

A. 声测管内径应大于换能器外径

B. 声测管应牢固焊接或绑扎在钢筋笼内侧，管口宜高出混凝土顶高程 100mm

C.《公路工程基桩动测技术规程》（JTG/T 3512—2020）规定，桩径 D 不大于 1600mm 时，埋设 3 根管：当桩径大于 1600mm 时，应埋设 4 根管

D.《建筑基柱检测技术规范》（JGJ 106—2014）规定，桩径小于或等于 800mm 时，不少于 2 根声测管；桩径大于 800mm 且小于或等于 1600mmn 时，不少于 3 根声测管；桩径大于 1600mm 时，不少于 4 根声测管；桩径大于 2500mm 时，宜增加预埋声测管数量

18）现场测试工作正确的是（　　）。

A. 发射和接收换能器分别置于两声测管的同一高度，自下而上，将收发换能器以相同步长（不大于 200mm）向上提升，进行水平检测

B. 若平测后，存在桩身质量的可疑点，则进行加密平测，以确定异常部位的纵向范围

C. 斜测时，发、收换能器中心连线与水平夹角一般取 30°～40°

D. 扇形测在桩顶、桩底斜测范围受限或减小换能器升降次数时采用

【标准答案】

15）A　解析：声波在混凝土传播过程中，当桩身混凝土介质存在阻抗差异时，将发生反射、绕射、折射和声波能量的吸收、衰减，并经另一声测管中的接收换能器接收，判读出超声波穿越混凝土后的首波声时、波幅及接收波主频等声学参数，通过桩身缺陷引起声学参数或波形变化来检验桩身混凝土是否存在缺陷。

16）BD　解析：声波发射应采用高压脉冲激振，其波形为阶跃脉冲或矩形脉冲，脉冲电压宜为 250～1000V，且分挡可调。径向振动换能器应沿径向水平面无指向性；谐振频率宜大于 25kHz；在 1MPa 水压下能正常工作。

17）ABD　解析：根据《公路工程基桩检测技术规程》（JTG/T 3512—2020）的规定，当桩径小于 1000mm 时，应埋设 2 根管；当桩径大于或等于 1000mm 且小于或等于 1600mm 时，应埋设 3 根管；当桩径大于 1600mm 且小于 2500mm 时，应埋设 4 根管；当桩径大于或等于 2500mm 时，应增加声测管的数量。声测管应采用金属管，壁厚不应小于 2mm，其内径应比换能器外径大 15mm，金属管宜采用螺纹连接或套管焊接等工艺，且不渗漏。声测管应牢固焊接或绑扎在钢筋笼的内侧，均匀布置，且互相平行、定位准确，并埋设至桩底，管口宜高出混凝土顶高程 100mm。《建筑基桩检测技术规范》规定，桩径小于或等于 800mm 时，不少于 2 根声测管；桩径大于 800mm 且小于或等于 1600mm 时，不少于 3 根声测管；桩径大于 1600mm 时，不少于 4 根声测管；桩径大于 2500mm 时，宜增加预埋声测管数量。

18）BCD　解析：发射和接收换能器分别置于两声测管的同一高度，自下而上，将收发换能器以相同步长（≤100mm）向上提升，进行水平检测。若平测后，存在桩身质量的可疑点，则进行加密平测，以确定异常部位的纵向范围。斜测时，发、收换能器中心连线与水平夹角一般取 30°～40°。扇形测在桩顶、桩底斜测范围受限或为减小换能器升降次数时采用。

※※第四节　基桩承载力检测※※

1. 试选择单桩竖向抗压极限承载力确定方法。

1）根据沉降随荷载变化的特征确定：对于陡降型 $P-S$ 曲线，取（　　）。

A. 发生陡降的起始点对应的荷载值

B. 发生陡降的终点切线与 P 轴交点对应的荷载值

C. 发生陡降的起始点对应的荷载值的 1/2

D. 发生陡降的终点切线与 P 轴交点对应的荷载值的 1/2

2）根据沉降随时间变化的特征确定：取曲线尾部出现明显向下弯曲的（　　）。

A. 当前级荷载值　　B. 前一级荷载值

C. 当前级荷载值的 1/2　　D. 前一级荷载值的 1/2

3）当出现某级荷载下，桩顶沉降量大于前一级荷载两倍，且 24h 未达相对稳定时，取（　　）。

A. 当前级荷载值　　B. 前一级荷载值

C. 当前级荷载值的 1/2　　D. 前一级荷载值的 1/2

4）对于缓变型 $P-S$ 曲线，可根据沉降量确定，宜取 $S=40$mm 对应的荷载值；当桩长大于 40m 时，宜考虑桩身弹性压缩量；对直径大于或等于 800mm 的桩，可取（　　）对应的荷载值。

A. $S=0.05D$　　B. $S=0.5D$

C. $S=80$mm　　D. $S=60$mm

5）当上述几款判定桩竖向承载力未达极限时，取（　　）。

A. 最大试验荷载值　　B. 最大试验荷载值的前一级荷载值

C. 最大试验荷载值的 1/2　　D. 最大试验荷载值的前一级荷载值的 1/2

【标准答案】

1）A　解析：根据沉降随荷载变化的特征确定：对于荷载－沉降（$P-S$）曲线呈陡降型时，取其发生明显陡降的起始点对应的荷载值。

2）B　解析：根据沉降随时间变化的特征确定：取曲线尾部出现明显向下弯曲的前一级荷载值。

3）B　解析：桩顶沉降量大于前一级荷载沉降量 2 倍，且 24h 尚未达到相对稳定，同时桩顶总沉降量大于 40mm 时，取前一级荷载值。

4）A　解析：对于缓变型 $P-S$ 曲线，可根据沉降量确定，宜取 $S=40$mm 对应的荷载值；对直径大于或等于 800mm 的桩，可取 $S=0.05D$（D 为桩端直径）对应的荷载值；当桩长大于 40m 时，宜考虑桩身弹性压缩量。

5）A　解析：当按上述 4 款判定桩的竖向抗压承载力未达到极限时，桩的竖向抗压极限承载力宜取最大加载值。

2. 回答单桩竖向抗压极限承载力现场检测技术的相关问题。

6）基桩竖向受荷载作用的极限承载力大小取决于（　　）。

A. 桩身自身的混凝土强度和桩周地基土强度

B. 桩周土的侧摩阻力和端阻力

C. 桩身混凝土与桩周土层相对位移量

D. 采用等贯入速率法、循环加卸载法、荷载维持法等不同试验方法

7）对试验桩的要求正确的是（　　）。

A. 试桩的成桩工艺和质量控制标准应与工程桩一致

B. 桩身混凝土达到 28d 强度

C. 试桩桩头混凝土可用 C30 砂浆抹平

D. 试桩顶部露出试坑底面的高度不宜小于 800mm

8）反力装置能提供的反力相对于最大加载量应有一定的储备，一般不应小于最大加载量的（　　）倍。

A. 1.3　　B. 1.5

C. 2.0　　D. 3.0

9）根据《公路桥涵施工技术规范》（JTG/T 3650—2020）的规定，对于采用慢速维持荷载法加载试验，下述要求正确的是（　　）。

A. 加荷分级不宜少于 5 级

B. 每级加载为最大加载量或预估极限承载力的 1/15～1/10

C. 最大加载量不应小于设计荷载的 2.5 倍

D. 每 1h 内的下沉量如不大于 0.01mm 时，即可认为稳定

10）根据《公路桥涵施工技术规范》（JTG/T 3650—2020）的规定，慢速维持荷载法终止加载条件正确的是（　　）。

A. 总位移量大于或等于 40mm，本级荷载沉降量大于或等于前一级荷载下沉降量的 5 倍

B. 总位移量大于或等于 40mm，本级荷载加上后 12h 尚未达到相对稳定标准

C. 巨粒土、砂类土、坚硬黏质土中，总下沉量等于 40mm

D. 试验加载达到基桩设计荷载的 2.5 倍

【标准答案】

6）A　解析：基桩竖向受荷载作用的极限承载力大小取决于桩身自身的混凝土强度和桩周地基土强度两大因素。

7）A　解析：对试验桩的要求：①从成桩到试验的间隔时间，在桩身混凝土强度达到设计要求的前提下，还应满足不少于规范规定的休止时间。②试桩的成桩工艺和质量控制标准与工程桩一致。③试桩桩头混凝土强度不得低于 C30，一般可在桩顶配置加密钢筋网 2～3 层，以薄钢板圆筒做成加劲箍与桩顶混凝土浇筑成一体，用高等级砂浆将桩头抹平。④为安装沉降测点和仪表，试桩顶部露出试坑底面的高度不宜小于 600mm，试坑底面宜与桩承台底设计高程一致。

8）A　解析：反力装置能提供反力相对于最大加载量应有一定的储备，一般不应小于最大加载量的 1.3 倍。

9）B　解析：每级加载为最大加载量或预估极限承载力的 1/15～1/10，第一级可按 2 倍分级加载。稳定标准是每 1h 内的桩顶沉降量不超过 0.1mm。

10）A　解析：可终止加载的情况包括：①沉降量大于前一级荷载沉降量的 5 倍，且桩顶总沉降量大于 40mm；②沉降量大于前一级的 2 倍且经 24h 尚未稳定，同时总沉降量大于 40mm；③荷载－沉降曲线呈缓变形时，可加载至总沉降量 60～80mm；④当桩长超过 40m 或被检桩为钢桩时，宜考虑桩身压缩变形，可加载至总沉降量超过 80mm；⑤工程桩验收时荷载已达到承载力容许值的 2 倍或设计要求的最大加载量，且沉降达到稳定；⑥桩身出现明显破坏现象；⑦当工程桩作锚桩时，锚桩上拔量已达到允许值。

3. 某单桩竖向抗压静载试验，桩基类型为钻孔灌注桩，桩长16m。测试荷载与沉降关系如表1所示。请根据现场测试情况回答以下问题。

荷载（kN）	0	300	450	600	750	900	1050	1200	1350	1500	1650	1800
沉降量（mm）	0	1.8	2.9	4.3	5.8	7.8	10.2	12.9	15.9	19.4	41.1	/

说明：表格中“/”表示加载至该级荷载前已停止加载。

11）关于单桩竖向抗压静载试验，描述正确的有（　　）。

A. 试验桩检测时，最大加载量宜采用承载力容许值的2.0倍

B. 工程桩检测时，最大加载量根据设计要求选取

C. 工程桩检测时，检测数量不宜少于3根

D. 试验桩检测时，检测数量应进行全覆盖检测

12）关于加载反力装置描述正确的有（　　）。

A. 加载反力装置的承载能力不应小于最大加载量的1.5倍

B. 可采用锚桩横梁反力装置、压重平台反力装置或锚桩压重联合反力装置

C. 采用压重平台反力装置时，试验过程中在确保均匀、稳固时可根据要求调整压重

D. 有条件时，可利用工程桩作为压重平台的堆载支点

13）关于沉降测量仪器描述正确的有（　　）。

A. 沉降测量仪器可采用位移传感器，也可采用大量程百分表

B. 沉降测点应设置于桩顶位置

C. 基准梁应具备足够的刚度，为保持稳定，应两端均固定于基准桩上

D. 量测仪表应有遮挡设施，严禁日光直射基准梁，并保证被检区域不受冲击

14）该桩的单桩竖向抗压极限承载力为（　　）。

A. 1500kN　　B. 1350kN

C. 1650kN　　D. 750kN

【标准答案】

11）BC　解析：工程桩的最大加载量宜采用承载力容许值的2.0倍或达到设计要求，检测数量应满足设计要求，不宜少于3根。试验桩应加载至桩侧与桩端的岩土阻力达到极限状态，试验桩数量应满足设计要求，且不应少于3根。

12）BD　解析：A答案正确说法是加载反力装置能提供的反力相对于最大加载量应有一定的储备，一般不应小于最大加载量的1.3倍。C答案正确说法是采用压重平台反力装置时，压重宜在检测前一次加足，并均匀稳固地放置于平台上。

13）AD　解析：B答案正确说法是沉降测点应牢固地固定于桩身。C答案正确说法是基准梁应具有足够的刚度，一端固定在基准桩上，另一端应简支于基准桩上。

14）A　解析：单桩竖向抗压极限承载力的确定的方法之一是桩顶沉降量大于上一级沉降量2倍，且24h尚未稳定，同时桩顶总沉降量大于40mm时，取前一级荷载值。41.1mm大于前一级沉降量19.4mm的2倍，总沉降量41.1mm大于40mm，所以取前一级荷载值1500kN为单桩竖向抗压极限承载力。

第五章　桥梁技术状况评定

速记宝典

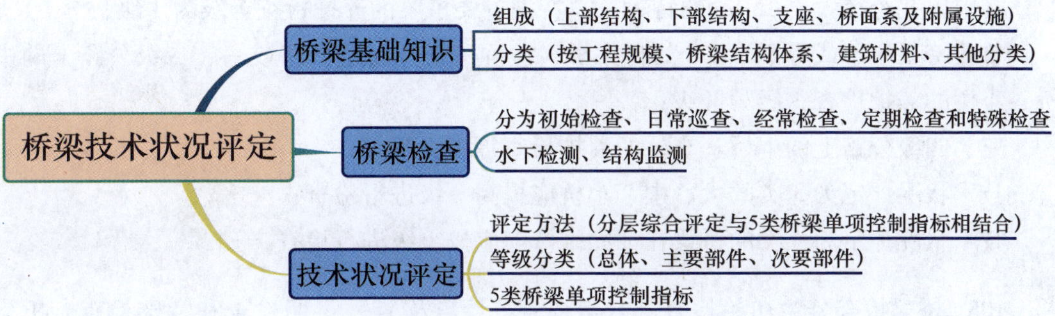

【桥梁基础知识】

105. 桥梁一般由上部结构（也称桥跨结构）、下部结构、支座、桥面系及附属设施等部分组成。

【桥梁全长】有桥台的为两岸桥台侧墙或八字墙尾端之间的距离；无桥台的为行车道长度。

【净跨径】梁式桥为设计洪水位上相邻两桥墩间的水平净距；拱式桥为每孔拱跨两个拱脚截面最低点之间的水平距离。

【计算跨径】设支座的桥梁为相邻两支座中心之间的水平距离；对于不设支座的桥梁为上下部结构相交面之中心间的水平距离。桥梁结构的分析计算以计算跨径为准。

【标准跨径】梁式桥是指两相邻桥墩中线间水平距离或桥墩中线与台背前缘之间的水平距离，也称单孔跨径；拱式桥和涵洞指净跨径，是划分大、中、小桥及涵洞的指标之一。

【总跨径】各孔净跨径的总和，反映桥梁排泄洪水的能力。

桥梁下部结构一般由桥台、桥墩和基础组成。支座可分为固定支座和可伸展（滑动）支座，都允许转动。

106. 桥梁按工程规模分为特大桥、大桥、中桥、小桥、涵洞，多孔跨径总长（m）

1000～100～30～8；单孔跨径（m）150～40～20～5。按桥梁的结构体系及其受力特点分为梁式桥、拱式桥、刚架桥、索结构桥（悬索桥、斜拉桥）、组合体系桥等。梁式桥主要以梁的抗弯能力来承受荷载，分为简支、悬臂和连续梁三种桥跨类型。拱式桥根据行车道位置，分为上承式、中承式、下承式三种类型。按建筑材料可分为木桥、石桥、混凝土桥、金属（铸铁、钢）桥等，现今公路上使用最多的是配筋混凝土桥和钢桥。

【桥梁检查】

107. 公路桥梁养护检查等级分为Ⅰ、Ⅱ、Ⅲ级。

其中单孔跨径大于150m的特大桥、特别重要桥梁的养护检查等级为Ⅰ级；

单孔跨径小于或等于150m的特大桥、大桥，以及高速公路或一、二级公路上的中桥、小桥的养护检查等级为Ⅱ级；

三、四级公路上的中桥、小桥的养护检查等级为Ⅲ级；

技术状况评定为3类的大、中、小桥应提高一级进行检查；

技术状况评定为4类的桥梁在加固维修前应按Ⅰ级进行检查。

108. 桥梁检查分为初始检查、日常巡查、经常检查、定期检查和特殊检查。桥梁评定包括技术状况评定和适应性评定。单孔跨径不小于60m的桥梁，应设立永久观测点，定期进行控制检测。

【初始检查】新建或改建桥梁应进行初始检查，初始检查宜与交工验收同时进行，最迟不得超过交付使用后1年。

【日常巡查】养护检查等级为Ⅰ、Ⅱ级的桥梁，日常巡查每天不应少于1次，养护检查等级为Ⅲ级的桥梁，日常巡查每周不应少于1次。对有特殊照明需求的桥梁，应适当开展夜间巡查。遇地震、地质灾害或极端气象时应增加检查频率。日常巡查可以乘车目测为主。

【经常检查】养护检查等级为Ⅰ、Ⅱ、Ⅲ级的桥梁，经常检查分别为每月、每两个月、每三个月（每季度）不应少于1次。对支座的经常检查每季度不应少于1次。

【定期检查】养护检查等级为Ⅰ级的桥梁，定期检查周期不得超过1年；养护检查等级为Ⅱ、Ⅲ级的桥梁，定期检查周期不得超过3年。

【特殊检查】当出现下列情况时，应做特殊检查：定期检查中难以判明构件损伤原因及程度的桥梁；拟通过加固手段提高荷载等级的桥梁；需要判明水中基础技术状况的桥梁；遭受洪水、流冰、滑坡、地震、风灾、火灾、撞击，因超重车辆通过或其他异常情况影响造成损伤的桥梁。

公路桥梁水下构件检测一般包括表观缺陷、基础冲刷及掏空、河床断面测量等内容，检测人员需要同时具备桥梁工程试验检测和水下工程检测要求的资格和能力。其中河床断面测量中，测线布置与桥梁走向平行，布置在桥墩外缘线上、下游10～20m。

轻型少筋拱桥包括双曲拱桥、普通桁架拱桥、钢架拱桥等。带挂梁结构的桥梁包括悬臂梁桥、T形刚构桥等，重点排查牛腿附近的构造。结构冗余度不足的桥梁包括无加劲纵梁吊杆拱桥、加劲梁刚度达不到冗余需要的稀索斜拉桥，重点排查吊杆（拉索）缺陷及冗余程度。

【技术状况评定】

109. 桥梁评定分为一般评定和适应性评定，一般评定是依据桥梁定期检查资料，通过对桥梁各部件技术状况的综合评定，确定桥梁的技术状况等级。其中一般评定由负责定期检查者进行，即为技术状况评定；适应性评定应委托有相应资质及能力的单位进行。公路桥梁技术状况评定包括桥梁构件、部件、桥面系、上部结构、下部结构和全桥评定。采用分层综合评定与5类桥梁单项控制指标相结合的方法。先对桥梁各构件进行评定，然后对桥梁各部件进行评定，再对桥面系、上部结构和下部结构分别进行评定，最后进行桥梁总体技术状况的评定。当单座桥梁存在不同结构形式时，分别对各评定单元进行桥梁技术状况的等级评定，然后取最差的一个评定单元技术状况等级作为全桥的技术状况等级。

110. 桥梁部件分为主要部件和次要部件。梁式桥的主要部件包括上部承重构件、桥墩、桥台、基础、支座。刚架拱桥、桁架拱桥的主要部件包括刚架（桁架）拱片、横向联结系、桥面板、桥墩、桥台、基础。钢－混组合拱桥的主要部件包括拱肋、横向联结系、立柱、吊杆、系杆、行车道板梁、桥墩、桥台、基础、支座。斜拉桥的主要部件包括斜拉索、主梁、索塔、桥墩、桥台、基础、支座。

桥梁总体技术状况评定等级分为1类、2类、3类、4类、5类，对应的技术状况描述为全新完好、轻微缺损无影响、中等缺损能维持、大的缺损不能保证、严重缺损危险状态。

桥梁主要部件技术状况评定标度分为1类、2类、3类、4类、5类，对应的技术状况描述为功能完好、轻度缺损、中等缺损轻度功能性病害、严重缺损中等功能性病害、严重缺损严重功能性病害。

桥梁次要部件技术状况评定标度分为1类、2类、3类、4类，对应的技术状况描述为功能完好和轻微缺损、中等缺损、严重缺损影响正常交通、严重缺损严重影响正常交通。

111. 对于桥梁中未设置的部件，应根据此部件的隶属关系，将其权重分配给各既有部件，分配原则按照各既有部件权重在全部既有部件权重中所占比例进行分配。桥梁技术状况分类：1类、2类、3类、4类、5类对应的评分为100～95～80～60～40～0，当上部结构和下部结构技术状况等级为3类，桥面系为4类，且桥梁总体评分为40～60时，桥梁总体技术状况等级可评为3类。当主要部件评分达到4类或5类且影响桥梁安全时，可按照主要部件最差的缺损状况评定。

评为5类桥的单项控制指标有各种“严重”；落梁或有梁、板断裂；承重构件全截面开裂；明显的永久变形大于规范值；关键部位压碎或失稳；冲空面积达20%以上；悬索桥锚碇有水平位移或沉降。农村小跨径钢筋混凝土桥梁，当有多条竖向裂缝，主梁梁体有明显下挠时，桥梁总体技术状况直接评定为5类桥。结构存在缺陷桥梁5类单项控制指标补充振动明显，整体失稳风险；脱落或压溃风险；严重。梁式桥的上部结构包括上部承重构件（主梁、挂梁）、上部一般构件（湿接缝、横隔板）、支座。斜拉桥的上部结构包括斜拉索系统、主梁、索塔和支座。桥梁结构组成权重值：桥面系权重0.2，上部结构和下部结构权重均为0.4。

桥涵分类	多孔跨径总长（m）	单孔跨径（m）	公路隧道长度分类	长度（m）
特大桥	$L>1000$	$L_k>150$	特长隧道	$L>3000$
大桥	$100\leqslant L\leqslant 1000$	$40\leqslant L_k\leqslant 150$	长隧道	$3000\geqslant L>1000$
中桥	$30<L<100$	$20\leqslant L_k<40$	中隧道	$1000\geqslant L>500$
小桥	$8\leqslant L\leqslant 30$	$5\leqslant L_k<20$	短隧道	$L\leqslant 500$
涵洞		$L_k<5$		

【第五章】学员笔记　　「书山有路勤为径，学海无涯苦作舟」

真题汇编

一、单选题（每题1分）

※※第一节　桥梁基础知识※※

1. 某桥梁上部结构为4×22m钢筋混凝土T梁，桥梁全长102m，该桥为（　　）。

A. 小桥　　B. 中桥

C. 大桥　　D. 特大桥

【答案】B　解析：桥梁按工程规模分为特大桥、大桥、中桥、小桥、涵洞，多孔跨径总长对应为1000～100～30～8，单孔跨径对应为150～40～20～5。是按照多孔跨径总长和单孔跨径划分，并不是按照桥梁全长划分的。

2. 桥梁结构的分析计算以（　　）为基准。

A. 净跨径　　B. 计算跨径

C. 标准跨径　　D. 组合跨径

【答案】B　解析：桥梁结构的分析计算以计算跨径为准。

※※第二节　桥梁检查※※

1. 测量桥跨结构纵向线形，宜沿纵向（　　）分断面布设测点。

A. 上下游边缘线

B. 桥轴线

C. 桥轴线和上下游边缘线

D. 轴中线和一侧边缘线

【答案】C　解析：河床断面测量设置的基准点应牢固可靠，测线布置与桥梁走向平行，布置在桥墩外缘线上下游10～20m。

※※第三节　桥梁技术状况评定※※

1. 当单座桥梁存在不同结构形式时，可根据结构形式的分布情况划分评定单元，分别对各评定单元进行桥梁技术状况的等级评定，然后取（　　）作为全桥的技术状况等级。

A. 各单元技术状况等级平均值

B. 各单元技术状况等级加权平均值

C. 最差的一个评定单元技术状况等级

D. 最好的一个评定单元技术状况等级

【答案】C　解析：当单座桥梁存在不同结构形式时，可根据结构形式的分布情况划分评定单元，分别对各评定单元进行桥梁技术状况的等级评定，然后取最差的一个评定单元技术状况等级作为全桥的技术状况等级。

2.《公路桥梁技术状况评定标准》（JTG/T H21—2011）中，桥梁支座属于（　　）部件。

A. 桥面系　　B. 上部结构

C. 下部结构　　D. 附属设施

【答案】B　解析：桥梁上部结构包括上部承重构件、上部一般构件和支座。

3. 桥梁次要部件材料有严重缺损，出现功能降低，进一步恶化将不利于主要部件、影响正常交通，其技术状况评定标度应为（　　）。

A. 2 类　　B. 3 类

C. 4 类　　D. 5 类

【答案】B　解析：桥梁次要部件技术状况评定标度分为 1 类、2 类、3 类、4 类，对应的技术状况描述为功能完好和轻微缺损、中等缺损、严重缺损影响正常交通、严重缺损严重影响正常交通。见表 5-1。

表 5-1　桥梁次要部件技术状况评定标度

技术状况评定标度	桥梁技术状况描述
1 类	全新状态，功能完好；或功能良好，材料有轻度缺损、污染等
2 类	有中等缺损或污染
3 类	材料有严重缺损，出现功能降低，进一步恶化将不利于主要部件，影响正常交通
4 类	材料有严重缺损，失去应有功能，严重影响正常交通；或原无设置，而调查需要补设

4. 桥梁总体技术状况等级评定，主要构件有大的缺损，严重影响桥梁使用功能；或影响承载能力，不能保证正常使用，其技术状况评定等级应为（　　）。

A. 2 类　　B. 3 类

C. 4 类　　D. 5 类

【答案】C　解析：桥梁总体技术状况评定等级分为 1 类、2 类、3 类、4 类、5 类，对应的技术状况描述为全新完好、轻微缺损无影响、中等缺损能维持、大的缺损不能保证、严重缺损危险状态。见表 5-2。

表 5-2　桥梁总体技术状况评定等级

技术状况评定等级	桥梁技术状况描述
1 类	全新状态，功能完好
2 类	有轻微缺损，对桥梁使用功能无影响
3 类	有中等缺损、尚能维持正常使用功能
4 类	主要构件有大的缺损，严重影响桥梁使用功能；或影响承载能力、不能保证正常使用
5 类	主要构件存在严重缺损，不能正常使用，危及桥梁安全，桥梁处于危险状态

5. 某桥未设人行道，桥面系技术状况计算中，人行道部分原有权重 0.10 应（　　）。

A. 按照桥面系其他各既有部件权重在全部既有部件权重中所占比例进行分配

B. 平均分配给桥面系其他部件

C. 按 100 分计算

D. 按各既有部件平均分计算

【答案】A　解析：对于桥梁中未设置的部件，应根据此部件的隶属关系，将其权重值分配给各既有部件，分配原则按照各既有部件权重在全部既有部件权重中所占比例进行分配。

6. 某梁式桥跨径组合为 10m + 10m + 10m，每跨横向由 15 片钢筋混凝土空心板梁组成，上部构件划分中，上部承重构件和上部一般构件的构件数应为（　　）。

A. 15、14　　B. 45、14

C. 45、42　　D. 15、42

【答案】C　解析：钢筋混凝土空心板梁为上部承重构件，板间接缝为上部一般构件。因每跨由 15 片空心板梁组成，因此每跨有 14 条板间接缝，3 跨共计 45 片空心板梁和 42 条板间接缝。

7. 某桥上部结构技术状况评分为 62，下部结构评分为 43，桥面系评分 65，则桥梁总体技术状况等级为（　　）。

A. 2 类　　B. 3 类

C. 4 类　　D. 5 类

【答案】C　解析：桥梁技术状况分类：1 类、2 类、3 类、4 类、5 类对应的评分为 100 ~ 95 ~ 80 ~ 60 ~ 40 ~ 0。桥梁总体技术状况评分 = 62 × 0.4 + 43 × 0.4 + 65 × 0.2 = 55 分，等级为 4 类。

8. 当桥梁上部结构和下部结构技术状况等级为 3 类，桥面系技术状况等级为 4 类，且桥梁总体技术状况评分为 $40 \leq Dr < 60$ 时，桥梁总体技术状况等级为（　　）。

A. 1 类　　B. 2 类

C. 3 类　　D. 4 类

【答案】C　解析：当桥梁上部结构和下部结构技术状况等级为 3 类，桥面系技术状况等级为 4 类，且桥梁总体技术状况评分为 $40 \leq Dr < 60$ 时，桥梁总体技术状况等级为 3 类。

二、判断题（每题 1 分）

※※第一节　桥梁基础知识※※

1. 桥面系构件外观检查时，应检查顶板预应力体系。（　　）

【答案】错　解析：桥面系一般由桥面铺装、栏杆（防撞墙）、人行道、伸缩缝、照明系统等组成，不包括顶板预应力体系。

2. 对于梁式桥，计算跨径为设计洪水位上相邻两墩台间的水平净距。（　　）

【答案】错　解析：对于梁式桥，设计洪水位上相邻两墩台间的水平净距为净跨径。

※※第二节　桥梁检查※※

1. 基础冲刷及掏空检测时，当遇水底树林和杂草丛生水域不宜使用测深仪。（　　）

【答案】对　解析：基础冲刷及掏空检测一般在枯水期进行，采用测深仪、测深杆、测深锤，当遇水底树林和杂草丛生水域不宜使用测深仪。

2. 新建或改建桥梁应进行初始检查，初始检查宜与交工验收同时进行，最迟不得超过交付使用后3年。（ ）

【答案】错　解析：新建或改建桥梁应进行初始检查，初始检查宜与交工验收同时进行，最迟不得超过交付使用后1年。

※※第三节　桥梁技术状况评定※※

1. 依据《公路桥梁技术状况评定标准》（JTG/T H21—2011）的规定，在全桥总体技术状况等级评定时，当主要部件评分达到4类或5类时，可按照桥梁主要部件最差的缺损状况评定。（ ）

【答案】错　解析：主要部件评分达到4类或5类且影响桥梁安全时，可按照桥梁主要部件最差的缺损状况评定。缺少"且影响桥梁安全"。

2. 系杆拱桥的系杆是主要受力构件。（ ）

【答案】对　解析：钢－混凝土组合拱桥的主要部件包括拱肋、横向联结系、立柱、吊杆、系杆、行车道板（梁）、桥墩、桥台、基础和支座。

3. 桥梁评定分为一般评定和适应性评定，一般评定是依据桥梁定期检查资料，通过对桥梁各部件技术状况的综合评定，确定桥梁的技术状况等级。（ ）

【答案】对　解析：桥梁评定分为一般评定和适应性评定，一般评定是依据桥梁定期检查资料，通过对桥梁各部件技术状况的综合评定，确定桥梁的技术状况等级，提出各类桥梁的养护措施。

4. 桥梁主要部件和次要部件技术状况评定标度均为1～5类。（ ）

【答案】错　解析：桥梁主要部件技术状况评定标度分为1～5类，次要部件技术状况评定标度分为1～4类。

三、多选题（每题2分，下列各题均有2个或2个以上备选答案符合题意，有错误选项不得分，选项正确但不完全的每个选项得0.5分，完全正确的得满分）

※※第一节　桥梁基础知识※※

1. 下列桥梁中属于特大桥的是（ ）。

A. 4×145m 拱桥　　B. 30×40m 简支梁桥

C. 120m＋170m＋170m＋97m 连续刚构　　D. 50×20m 简支梁桥

【答案】BC　解析：桥梁按工程规模分为特大桥、大桥、中桥、小桥、涵洞，多孔跨径总长对应为1000～100～30～8；单孔跨径对应为150～40～20～5。

※※第二节　桥梁检查※※

1. 钢桥外观检查要注意（ ）。

A. 构件是否存在扭曲变形和局部损伤　　B. 铆钉和螺栓有无松动脱落或断裂

C. 焊缝有无裂纹或脱开　　D. 防腐涂层有无裂纹、起皮、脱落

【答案】ABCD　解析：钢桥的检查内容包括：①构件（特别是受压构件）是否扭曲变形、局部损伤。②铆钉和螺栓是否松动、脱落或断裂，节点是否滑动、错裂。③焊缝边缘（热影响区）有无裂纹或脱开。④油漆层有无裂纹、起皮、脱落，构件有无锈蚀。⑤钢箱梁封闭环境中的湿度是否符合要求，除湿设施是否工作正常。

2. 根据《公路桥涵养护规范》（JTG 5120—2021）的规定，下列情况应做特殊检查的有（　　）。

A. 定期检查中难以判明损坏原因及程度的桥梁

B. 技术状况为4类、5类的

C. 拟通过加固手段提高荷载等级的桥梁

D. 施工中发生过质量问题的桥梁

【答案】AC　解析：当出现下列情况时，应做特殊检查：定期检查中难以判明构件损伤原因及程度的桥梁；拟通过加固手段提高荷载等级的桥梁；需要判明水中基础技术状况的桥梁；遭受洪水、流冰、滑坡、地震、风灾、火灾、撞击，因超重车辆通过或其他异常情况影响造成损伤的桥梁。

3. 公路桥梁水下构件检测一般包括表观缺陷、基础冲刷及掏空、河床断面测量等内容。水下构件检测人员必要的资格有（　　）。

A. 桥梁工程试验检测的资格

B. 水下工程检测要求的资格

C. 结构工程师资格

D. 岩土工程师资格

【答案】AB　解析：公路桥梁水下构件检测一般包括表观缺陷、基础冲刷及掏空、河床断面测量等内容。检测人员需要同时具备桥梁工程试验检测和水下工程检测要求的资格和能力。

4. 根据《公路桥涵养护规范》（JTG 5120—2021），桥梁检查分为（　　）。

A. 日常巡查

B. 经常检查

C. 定期检查

D. 特殊检查

【答案】ABCD　解析：桥梁检查分为初始检查、日常巡查、经常检查、定期检查和特殊检查。

5. 关于桥梁定期检查周期说法正确的有（　　）。

A. 养护检查等级为Ⅰ级的桥梁，定期检查周期不得超过1年

B. 养护检查等级为Ⅱ级的桥梁，定期检查周期不得超过2年

C. 养护检查等级为Ⅱ级的桥梁，定期检查周期不得超过3年

D. 养护检查等级为Ⅲ级的桥梁，定期检查周期不得超过3年

【答案】ACD　解析：养护检查等级为Ⅰ级的桥梁，定期检查周期不得超过1年；养护检查等级为Ⅱ、Ⅲ级的桥梁，定期检查周期不得超过3年。

※※第三节　桥梁技术状况评定※※

1. 桥梁技术状况评价中，有下列情况之一时，整座桥应评为5类桥（　　）。

A. 上部结构有落梁；或有梁、板断裂现象

B. 梁式桥上部承重结构有明显裂缝，裂缝超限值

C. 梁式桥上部承重构件有严重的异常位移，存在失稳现象

D. 结构出现明显的永久变形，变形大于规范值

E. 斜拉桥拉索钢丝出现严重锈蚀、断丝，主梁出现严重变形

【答案】ACDE 解析：评为5类桥的单项控制指标有各种“严重”；落梁或有梁、板断裂；承重构件全截面开裂；明显的永久变形大于规范值；关键部位压碎或失稳；冲空面积达20%以上；悬索桥锚碇有水平位移或沉降。

2. 斜拉桥技术状况评定中，上部结构包括（　　）等。

A. 主梁　　B. 拉索系统

C. 索塔　　D. 支座

【答案】ABCD 解析：斜拉桥的上部结构包括斜拉索系统（包括斜拉索、锚具、拉索护套、减振装置等）、主梁、索塔和支座。

四、综合题（每道大题10分，每个小题2分。下列各题备选项中，有1个或1个以上是符合题意的，选项全部正确得满分，选项部分正确按比例得分，出现错误选项该题不得分）

1. 根据《公路桥涵养护规程》（JTG 5120—2021）开展工作，请回答下列问题。

1）公路桥梁养护检查等级包括（　　）级。

A. Ⅰ　　B. Ⅱ

C. Ⅲ　　D. Ⅳ

2）关于日常巡查表述正确的有（　　）。

A. 日常巡查每天不应少于1次

B. 对有特殊照明需求的桥梁，应适当开展夜间巡查

C. 遇地震，地质灾害时应增加检查频率

D. 遇极端气候时应增加检查频率

【标准答案】

1）ABC 解析：公路桥梁养护检查等级分为Ⅰ、Ⅱ、Ⅲ级。

2）BCD 解析：A答案正确说法是养护检查等级为Ⅰ、Ⅱ级的桥梁，日常巡查每天不应少于1次，养护检查等级为Ⅲ级的桥梁，日常巡查每周不应少于1次。

第六章　桥梁荷载试验

速记宝典

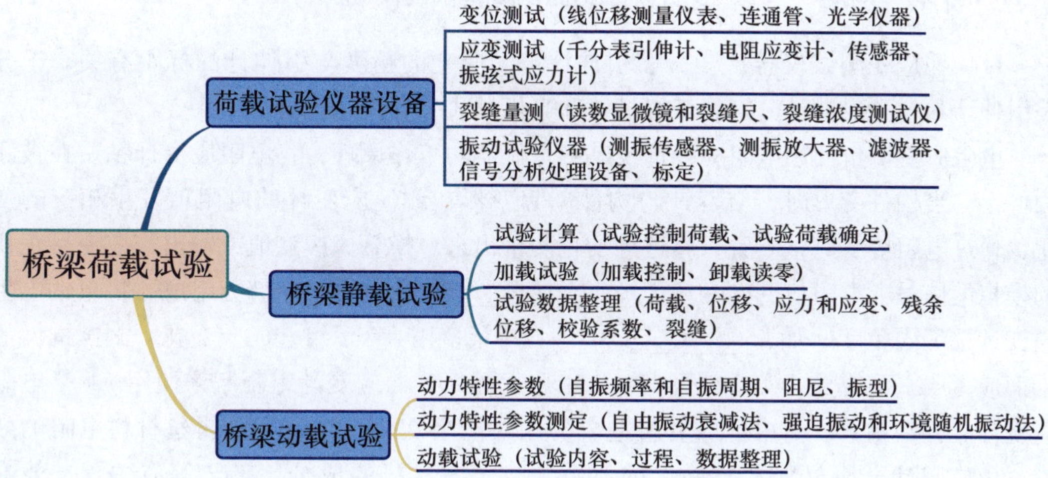

【荷载试验仪器设备】

112. 对在用桥梁，经检算作用效应与抗力效应的比值在 1.0～1.2 时，应通过荷载试验评定承载能力外，存在下列情况之一时，可进行荷载试验：技术状态等级为 4、5 类；拟提高荷载等级；需要通过特殊重型车辆荷载；遭受重大自然灾害或意外事件；采用其他方法难以准确判断其能否承受预定荷载。

桥梁荷载试验的测试参数有变位、应变、裂缝、振动参数。其中，变位可采用千（百）分表、挠度计、连通管；位移计、水准仪、全站仪测量。电阻式位移计使用时，读出应变就可换算出位移。应变可采用千分表引伸仪；电阻应变计、电阻应变仪、计算机数据采集系统测量。裂缝可采用裂缝尺、引伸仪；超声波探测仪、读数显微镜测量。振动参数可采用测振传感器、放大器、动态信号采集记录分析系统测量。

113.【变位测量仪器】桥梁测试中最常用的位移测量仪表是千分表、百分表和挠度计，千分表、百分表、挠度计、连通管对应的精度依次为 0.001mm、0.01mm、

0.1mm、1mm。连通管是一种可用来测量桥梁结构挠度的简单装置，优点是可靠、易行，当挠度的绝对值大于20mm时，其1mm最小读数至少可有5%的相对精度。

目前比较适合桥梁变位测量的几种光学测量仪器有测量静态变位的高精度全站仪、精密水准仪和测量桥梁动态变位的光电学测量仪器等。测量桥梁变形，特别是静力荷载作用下的变形，要求采用高精度全站仪。高精度是指测距毫米级，测角精度小于或等于0.5″，免棱镜全站仪适合测量无法安装棱镜的场合。桥梁跨径越大（变形绝对值越大）其优势越明显（相对精度越高）。电子水准仪的分辨率为0.01mm，测量精度0.3mm，测距150m，一些中小跨桥梁的挠度测量可采用数字电子水准仪。动挠度检测仪可实施二维测量，测量范围垂直方向不小于0～0.8m，水平方向不小于0～0.3m；检测距离5～500m，频率响应0～20Hz，分辨率达到测量范围的3‰。

114.【应变测试仪器】千分表引伸计被测应变的精度与引伸计的标距有关，千分表引伸计和电子引伸计分别属于机械式和半机械式应变测试仪器。

电阻应变测量使用电阻应变计及其测量仪器的工作原理：将电阻应变计粘贴在被测构件上，当构件变形时，应变计与构件一起变形，致使应变计的电阻值发生相应的变化，通过电阻应变测量装置，将这种变化测量出来，换算成应变值或输出与应变呈正比的模拟电信号。电阻应变计一般由敏感金属栅、基底及引出线三部分组成，将单轴电阻应变计按不同角度（如45°、60°、120°等，桥梁多用45°）组合成应变花，测试构件的平面应力或平面应变。实桥也可直接将三片大标距普通应变计组合起来使用。k是电阻应变计的灵敏系数，指单位应变所造成的相对电阻变化，反映了金属丝材料电阻的效应。由应变计金属材料本身确定的系数，与金属材料的成分、工艺等有关，一般在1.9～2.3，由试验测定，一般应变计不能重复使用。建立了机械量与电量之间的关系，揭示了电阻变化率与机械应变之间的线性关系。当结构材料为匀质（如钢材）或局部应力集中梯度比较大时，宜选用小标距应变计；当非匀质（如混凝土）或应变梯度小又均匀时，可选用大标距应变计。测钢构件应变，一般选用2mm×3mm或2mm×6mm的应变计；测混凝土结构表面应变一般选用10mm×（80～100mm）应变计；测试桥梁构件平面应力可选用45°应变花。

115.【惠斯顿电桥】实桥测试，半桥多用于静态应变测试，全桥则用于动态应变测试和应变传感器桥路组合。桥路组合的最实际应用是实现温度补偿，接入电桥的电阻应变计的电阻值随温度变化，排除温度影响的措施称温度补偿，利用电桥桥路的不同组合，半桥和全桥接法均可有效实现温度补偿，补偿片在一般桥梁应变测量时可以一点补多点，特殊场合要求一对一补偿。全桥桥路还能提高电桥的灵敏度。

静态应变数据采集器除测量应变外，还可以测量和处理其他物理量，如应力、温度、压力、荷载、角度、电压、功率等。

基于应变测量技术的传感器包括力（或荷重）传感器、钢筋应力计、弓形应变传感器、电阻式位移计。钢筋应力计一般作钢筋混凝土构件应力测试的预埋用，在实际工程上应用比较广泛，优点是可以直接测到内部钢筋的应力，使用成本低；缺点是只能一次性使用，不能长期连续读数（所有基于电阻应变计测试技术仪器的共性问题）。弓形应变传感器是在一片弹性特别好的弓形钢质元件上粘贴四片应变计接成全桥，优点是灵敏度比较高，可以避免现场贴片，能重复使用。滑线电阻式位移计的量程为1~20cm，精度一般高于百分表2~3倍。

116.【振弦式应力计】当传感器受拉（压）力，其钢丝的拉力产生变化时，钢弦的自振频率会发生相应的变化，预先标定“力-频率”关系曲线，力越大频率也越大。该类传感器使用比较方便，测钢或混凝土构件的应变时可直接安装在它们的表面，也可预埋在混凝土内部，国内桥梁施工监测应力采用振弦式应力计十分广泛。

【裂缝量测仪器】对可视性裂缝的检测主要包括裂缝的长度、宽度和深度以及裂缝的分布和走向。其中，裂缝的长度、分布和走向只需通过普通几何测量即可得到，测量裂缝宽度采用读数显微镜和裂缝尺，其中显微镜读数精度一般为0.01mm，裂缝深度测试仪（超声波脉冲法）可以测量裂缝深度，仅适用于深度500mm以内的裂缝。

117.【振动试验仪器】一套完整的测振仪器系统应包括测振传感器、放大器、记录和分析设备等几大部分，能够把振动位移和加速度转换为电参量的测振传感器分别称为位移计和加速度计，位移计自振频率相对较低，加速度计自振频率相对较高。

测振传感器幅频响应是传感器幅值呈线性响应的频率范围，用曲线表示，横坐标为频率，纵坐标为传感器灵敏度，传感器幅频响应是测振仪器最重要的使用特性。

位移计是能反映被测物振动幅值变化的测振传感器，位移计测量振动信号时，被测物的振动频率必须大于位移计的自振频率。

加速度计是能反映被测物体加速度变化的测振传感器，其相对位移的振幅与被测振动体的加速度呈正比。加速度计的可测量频率的上限一般不能超过自振频率的0.4倍。

118. 桥梁测振试验中常用的测振传感器有三种：磁电式、压电式、伺服式。

磁电式测振传感器具有较好的低频特性，灵敏度较高，频率范围一般在0.3~20Hz，为速度型位移计，适用于测量一般桥梁的振动。对一般自振频率在1Hz以上的桥梁结构都适用。

压电式测振传感器是一种加速度计，振幅与被测物的振动加速度峰值呈正比，频率范围是0.5~1000Hz，大质量压电式加速度计（质量一般为400~500g）以其较好的超低频特性和高灵敏度以及现场使用的便捷性等优点而成为大跨度桥梁振动测试传感器的首选。

伺服式测振传感器是一种高灵敏度的加速度计，频率范围是0~100Hz，优点是超低频响应性能好，特别适用于长周期、低加速度的特大跨度桥梁的振动测试，还可用于倾角的精确测量；缺点是需提供一个直流电源，且价格偏高。

119. 测振传感器选用应考虑灵敏度、频率响应、线性度等，测振传感器的信噪比越大越好，频率响应的原则是被测对象的频率期望值必须在传感器适用范围之内，线性范围宽表示工作量程大，加速度计是振动测试中用得最多的测振传感器，利用它“零响应”、响应频带宽的优势可满足各种振动测试对象的要求。对大跨径桥梁的超低频（$<0.5\text{Hz}$）振动，可选用伺服式或大质量压电式加速度计。

桥梁测振中最常用的滤波器是低通滤波器，有时也用带通滤波器。测振仪器的系统标定一般采用参考点标定法，通过该工况的数据处理，获得整个测振系统各通道信号之间的灵敏度、时域响应、频率峰值响应等绝对和相互关系。

【桥梁静载试验】

120. 桥梁荷载试验包括静载试验和动载试验。荷载试验的三个阶段的工作：准备阶段、荷载试验阶段和试验数据整理阶段。现场实桥试验荷载一般选用三轴载重车辆，根据被测对象的结构情况，选择精度和量程。

【桥梁静载试验】以使控制截面或断面产生最不利荷载效应（内力和变形最大）荷载作为试验控制荷载。对交工、竣工验收荷载试验，静载试验荷载效率系数宜为0.85～1.05；其他静载试验宜为0.95～1.05。静载试验效率 $\eta_q=\dfrac{S_s}{S\times(1+\mu)}$，其中 S_s 是实际值，S 是计算值，μ 是冲击系数值。试验荷载效率确定的步骤包括截面特性计算、荷载横向分布系数计算、控制内力计算、试验加载效率计算。既可采用控制内力的计算方法，也可采用横向分布系数计算。

正式加载试验是整个实桥静载试验的核心内容，实桥静载试验一般安排在晚上进行，主要是考虑避免加载时温度变化和环境的干扰。静载初读数指试验正式开始时的零荷载读数，不是准备阶段调试仪器的读数；试验荷载应分级施加，加载级数应根据试验荷载总量和荷载分级增量确定，可分成3～5级；当进行主要控制截面最大内力加载试验时，分级加载的稳定时间应不少于5min，对尚未投入营运的新桥，首个工况的分级加载稳定时间不宜少于15min。当试验过程中出现超过计算值、明显增加、异常时，应停止加载，查清原因，采取措施后再确定是否进行试验。

121. 试验数据处理分析内容包括荷载、位移、应力和应变、残余位移（或应变）、校验系数、裂缝。桥梁位移包括挠度和各种非竖向位移，有的桥梁还应考虑支座位移的影响。应变计灵敏系数K不等于2，或导线过长或过细使导线电阻不能忽略时，需要对实测应变结果进行修正，影响小于1%时可不予修正。解决实际弹性模量取值问题的方法有取芯实测数据和取规范给出的混凝土弹性模量值。控制断面应力是衡量桥梁结构实际强度的重要指标，具体衡量指标为试验荷载作用下，各主要控制断面测点应力的实测值与计算值的比值。加载前测值，结构自重产生的位移记为 $S1$，加载达到稳定时测值，即产生最大位移记为 S_2，卸载后达到稳定时测值，即回弹后的位移值记为 S_3，总位移是 S_2-S_1，弹性位移是 S_2-S_3，残余位移是 S_3-S_1，相对残余位移 = 残余位移/总位移。实际加载试验中产生的相对残余变形（或应变）不宜大于20%。校验系数 λ = 实测弹性位移/理论计算位移。新桥卸载后其扩展宽度应闭合到容许值的1/3。

【桥梁动载试验】

122. 【桥梁动载试验】主要涉及三个问题：桥梁外部振源、结构动力特性、动力反应。其中，桥梁外部振源是引起桥梁振动的外作用。

结构动力特性参数也称结构自振特性参数或振动模态参数，是桥梁的固有特性，主要包括三个主要参数：自振频率（自振周期）、振型和阻尼（阻尼比），与外荷载无关。

桥梁结构动力响应主要参数为动应力、动挠度、加速度等。

【动力特性参数】自振频率用 f 表示，单位是 Hz；也可用圆频率 w 表示，单位是 s^{-1}。自振周期与自振频率互成倒数，结构的自振频率只与结构的刚度和质量有关，与刚度呈正比，与质量呈反比。黏滞阻尼与振动速度呈正比，阻尼比的大小决定了自由振动衰减的快慢程度；振型是结构各点振幅值的连线，不是结构的变形曲线。振型曲线是由沿梁长度方向的多点振动幅值的相对值决定的。

123. 测定实桥结构动力特性参数的方法主要有自由振动衰减法、强迫振动法和环境随机振动法。其中自由振动衰减法的优点是激励形式可以多变，方便、要求不高，所得到的频率对应的阻尼比也比较准确；强迫振动法的一根共振曲线，只能是同一次测量中的数据点绘而成，半功率带宽法是经典的求结构阻尼方法，用此法求得的阻尼结构精度比较高。在测频率、阻尼的同时，还可对振型进行测量，记录在振动过程中的幅值和相位差就可分析得到所要求的振型曲线。强迫共振法的优点是方法可靠，参数精度比较高，最大的缺点是设备器械庞大，搬装费时费力，国内实桥振动试验极少采用；环境随机振动法不用任何激振设备或手段，采样频率至少是信号最高频率的两倍，统计误差包括随机误差和偏度误差，索结构拉索索力测定采用随机振动测试法，目前实桥上测定拉索索力一般都采用先测拉索频率，再计算出索力的方法。精确测定拉索的横向振动频率是能够利用测振方法得到拉索索力的关键一步，将测试数据与张拉千斤顶的油压表读数或力传感器的读数比对。

124. 【桥梁动载试验】实桥动载试验一般采用移动车辆荷载进行加载，对应主要测试动荷载作用下结构的动态响应参数及其随时间的变化。动载试验的加载效率宜取高值，但不应超过1；实桥动力响应试验工况包括无障碍行车（跑车）试验（5～80km/h、2～3次重复试验）、有障碍行车（跳车）试验（5～20km/h）、制动（刹车）试验

（30～50km/h）。跑车测试的目的是判别不同车行速度下桥梁结构的动态响应，分析动态响应与车速之间的关系；跳车试验的作用是模拟桥面不平整状况下重车过桥所产生的动态效应；制动是车辆以一定速度行进，到规定位置突然紧急制动时的动态响应时程曲线。

动载试验数据整理的主要对象是动应变和动挠度，动态增量（动力增大系数）为最大动挠度与最大静挠度之比，或最大动应力与最大静应力之比；冲击系数为最大动挠度与最大静挠度之差除以最大静挠度，或为最大动应力与最大静应力之差除以最大静应力的值。冲击系数与结构基本频率有关，当 $f<1.5$Hz 时，冲击系数取 0.05；当 $f>14$Hz 时，冲击系数取 0.45。组合拱桥动载试验用到的仪器有弓形电阻应变计、动态电阻应变仪。

【第六章】学员笔记　　「时间都是挤出来的！」

常见桥梁静载试验工况及测试截面（部分）

桥型	试验工况		测试截面
简支梁桥	主要工况	跨中截面主梁最大正弯矩工况	跨中截面
	附加工况	（1）$L/4$ 截面主梁最大正弯矩工况 （2）支点附近主梁最大剪力工况	（1）$L/4$ 截面 （2）梁底距支点 $h/2$ 截面内侧向上 45°斜线与截面形心线相交位置
连续梁桥	主要工况	（1）主跨支点位置最大负弯矩工况 （2）主跨跨中截面最大正弯矩工况 （3）边跨主梁最大正弯矩工况	（1）主跨（中）支点截面 （2）主跨最大弯矩截面 （3）边跨最大负弯矩截面
	附加工况	主跨（中）支点附近主梁最大剪力工况	计算确定具体截面位置
悬臂梁桥	主要工况	（1）墩顶支点截面最大负弯矩工况 （2）锚固孔跨中最大正弯矩工况	（1）墩面支点截面 （2）锚固孔最大正弯矩截面
	附加工况	（1）墩顶支点截面最大剪力工况 （2）挂孔跨中最大正弯矩工况 （3）挂孔支点截面最大剪力工况 （4）悬臂端最大挠度工况	（1）计算确定具体截面位置 （2）挂孔跨中截面 （3）挂孔梁底距支点 $h/2$ 截面向上 45°斜线与挂孔截面形心线相交位置 （4）悬臂端截面
斜拉桥	主要工况	（1）主梁中孔跨中最大弯矩及挠度工况 （2）主梁墩顶最大负弯矩工况 （3）主塔塔顶纵桥向最大水平位移与塔脚截面最大弯矩工况	（1）中跨最大正弯矩截面 （2）墩顶截面 （3）塔顶截面（位移）及塔脚最大弯矩截面
	附加工况	（1）中孔跨中附近拉索最大拉力工况 （2）主梁最大纵向飘移工况	（1）典型拉索 （2）加劲梁两端（水平位移）

真题汇编

一、单选题（每题 1 分）

※※第一节　桥梁荷载试验仪器设备※※

1. 安装在混凝土表面的振弦式传感器是根据（　　）变化来测量表面应变的。

A. 电桥桥压　　B. 电阻值

C. 压力　　D. 频率

【答案】D　解析：振弦式应力计主要元件是一根长度、面积和质量都确定的张紧的钢丝（即振弦），在一定的预拉力情形下该振弦有一个基本频率。当传感器受拉（压）力，其钢丝的拉力产生变化时，钢丝的自振频率会发生相应的变化。电脉冲信号通过传感器内的激振线圈产生电磁力，激发钢丝做正弦机械振动，该振动使钢丝一侧的拾振线圈感应出同频的正弦电信号，通过导线传输到钢丝频率测定仪，显示出振动频率值。按照预先标定的“力 - 频率”关系曲线，即可得出作用在应力计上的拉（压）力。

2. 实桥上使用电阻应变计测量多点静应力时，最常用桥路为（　　）。

A. 1/4 桥　　B. 半桥

C. 3/4 桥　　D. 全桥

【答案】B　解析：实桥测试上，半桥多用于静态应变测试，全桥则用于动态应变测试和应变传感器桥路组合。

3. 压电式传感器的电输出与（　　）呈正比。

A. 加速度　　B. 速度

C. 位移　　D. 频率

【答案】A　解析：压电式测振传感器是一种加速度计。当被测物的频率远低于测振传感器的固有频率时，惯性质量块相对于机座的振幅，近似地与被测物的振动加速度峰值呈正比。

4. 混凝土上应变长期观测，应选用（　　）。

A. 大标距应变片　　B. 钢筋应力计

C. 振弦式应力计　　D. 大标距应变花

【答案】C　解析：钢筋应力计的优点是可以直接测得钢筋混凝土构件内部钢筋的应力，使用成本较低；缺点是只能一次性使用，不能长期连续读数（事实上这也是所有基于电阻应变计测试技术仪器的共性问题）。大标距应变片和大标距应变花是基于电阻应变计测试技术的传感器，一般应变计不能重复使用。振弦式应力计使用比较方便，测钢或混凝土构件的应变时可直接安装在它们的表面，也可预埋在混凝土内部，被广泛使用在桥梁结构应力监测中。

5. 电阻应变片式测力传感器中的应变片桥路一般采用（　　）。

A. 1/4 桥　　B. 半桥

C. 全桥　　D. 1/8 桥

【答案】C　解析：实桥测试上，半桥多用于静态应变测试，全桥则用于动态应变测试和应变传感器桥路组合。

6. 弓形应变传感器是在一片弹性特别好的弓形钢质元件上粘贴（　　）应变计实现。

A. 1 片　　B. 2 片

C. 3 片　　D. 4 片

【答案】D　解析：弓形应变传感器设计的思路并不复杂，在一片弹性特别好的弓形钢质元件上粘贴 4 片应变计（弓形上、下方各一纵一横），接成全桥。

7. 磁电式传感器的电输出与（　　）呈正比。

A. 加速度　　B. 速度

C. 位移　　D. 幅值

【答案】B　解析：磁电式测振传感器为速度型位移计，它适用于测量一般桥梁的振动。

8. 实桥试验测试钢梁的应变时，一般采用（　　）的应变片。

A. 2mm×2mm　　B. 2mm×6mm

C. 6mm×100mm　　D. 10mm×100mm

【答案】B　解析：测钢构件应变，一般选用 2mm×3mm 或 2mm×6mm 的应变计；测混凝土结构表面应变一般选用 10mm×（80～100mm）应变计。

9. 电阻式位移计原理是，在弹性很好的位移传感元件上粘贴应变计，根据输入和输出数据进行率定，得到该传感器的灵敏度。使用时读出（　　）就可换算出位移。

A. 应变　　B. 位移

C. 电阻　　D. 电流

【答案】A　解析：电阻式位移计原理是，在弹性很好的位移传感元件上粘贴应变计，根据输入和输出数据进行率定，得到该传感器的灵敏度。使用时读出应变就可换算出位移。

※※第二节　荷载试验准备※※

1. 下列对测试仪器选择的表述，不正确的是（　　）。

A. 在同一次试验中仪器的种类越少越好

B. 仪器要有足够的量程

C. 选择仪器时，要注意环境条件

D. 仪器精度越高越好

【答案】D　解析：D 答案正确说法是仪器设备根据被测对象的结构情况，选择精度和量程。如被测对象是一座大跨度桥梁，它的试验挠度期望值达几十厘米，那么选精度为毫米级的量测仪器足够；反之，测一座小跨径桥梁的挠度，毫米级的量测精度就不够等等。因此仪器精度并不是越高越好。

※※第三节 桥梁静载试验※※

1.《公路桥梁承载能力检测评定规程》规定：在用桥梁静力荷载试验效率宜为（　　）。

A. 0.80~1.0　　B. 0.85~1.05

C. 0.90~1.05　　D. 0.95~1.05

【答案】D　解析：对交、竣工验收荷载试验，静载试验荷载效率系数宜介于0.85~1.05；其他静载试验，宜介于0.95~1.05。

2. 桥梁静力加载试验时，通常根据（　　）计算加载效率。

A. 荷载大小　　B. 车辆多少

C. 控制截面内力　　D. 控制截面剪力

【答案】C　解析：试验加载效率采用控制内力同样的计算方法计算。

3. 某位移测点，加载前读数为2.1mm，加载达到稳定时读数为10.8mm，卸载后达到稳定时读数为3.2mm，则其残余位移为（　　）。

A. 1.1mm　　B. 3.2mm

C. 5.5mm　　D. 2.1mm

【答案】A　解析：总位移=加载达到稳定时测值-加载前测值=10.8-2.1=8.7mm；弹性位移=加载达到稳定时测值-卸载后达到稳定时测值=10.8-3.2=7.6mm；残余位移=总位移-弹性位移（8.7-7.6）=卸载后达到稳定时测值-加载前测值（3.2-2.1）=1.1mm。

4. 简支梁桥静载试验，测量支座压缩的主要目的在于（　　）。

A. 测量支座抗压弹性模量

B. 测量支座摩阻系数

C. 修正实测的结构挠度值

D. 测量支座抗剪弹性模量

【答案】C　解析：桥梁位移包括挠度和各种非竖向位移。桥梁挠度数据整理时，还应考虑支座位移的影响。

5. 某应变测点弹性应变为90微应变，残余应变为10微应变，理论计算应变为150微应变，则相对残余应变为（　　）。

A. 11.1%　　B. 6.7%

C. 10.0%　　D. 12.5%

【答案】C　解析：总位移（或应变）=弹性位移（或应变）+残余位移（或应变）=90+10=100；相对残余位移（或应变）=残余位移（或应变）/总位移（或应变）=10/100=10%。

6. 桥梁静载试验中，与控制截面的内力值相等的试验荷载称作（　　）。

A. 集中荷载　　B. 控制荷载

C. 等效荷载　　D. 分级荷载

【答案】C　解析：桥梁静载试验中，与控制截面的内力值相等的试验荷载称等效荷载。

※※第四节　桥梁动载试验※※

1. 桥梁动力特性参数测量目前主要采用自由振动衰减法、强迫振动法和（　　）。

A. 环境随机振动法　　B. 行车法

C. 人群荷载法　　D. 激振法

【答案】A　解析：测定实桥结构动力特性参数的方法主要有自由振动衰减法、强迫振动法和环境随机振动法等。

2. 桥梁动力特性测试时，测试采样频率至少是信号最高频率的（　　）。

A. 0.25 倍　　B. 0.5 倍　　C. 2 倍　　D. 4 倍

【答案】C　解析：桥梁动力特性测试时，测试采样频率至少是信号最高频率的 2 倍。

3. 自振频率和自振周期是桥梁动力特性参数中重要的概念，下列有关频率和周期的说法错误的是（　　）。

A. 自振频率指单位时间内完成振动的次数

B. 自振频率和质量成正比关系

C. 自振周期指振动波形重复出现的最小时间

D. 自振频率和自振周期互成倒数关系

【答案】B　解析：B 答案正确说法是结构的自振频率只与结构的刚度和质量有关，与刚度呈正比，与质量呈反比。

二、判断题（每题 1 分）

※※第一节　桥梁荷载试验仪器设备※※

1. 电阻钢筋应力计适合对桥梁结构进行长期监测。（　　）

【答案】错　解析：钢筋应力计在实际工程上应用比较广泛，它的优点是可以直接测到钢筋混凝土构件内部钢筋的应力，使用成本较低；缺点是只能一次性使用，不能长期连续读数。

2. 高精度全站仪可以用来测量低频振动幅值。（　　）

【答案】错　解析：测量静态变位的有高精度全站仪、精密水准仪；测量桥梁动态变位的有光电测量仪器。

3. 静载试验中，免棱镜全站仪适合测量主跨大于等于 100m 的连续箱梁的位移。（　　）

【答案】错　解析：免棱镜全站仪比较适合测量（悬索桥主缆、钢管混凝土拱肋坐标等）无法安装棱镜的场合。高精度全站仪被应用在一些大桥成桥状态坐标或变形测量方面，桥梁跨径越大（变形绝对值越大）其优势越明显（相对精度越高）。

※※第三节　桥梁静载试验※※

1. 桥梁荷载试验时若主要测点相对残余变位或相对残余应变超过 30%，应判定其承载能力不满足要求。（　　）

【答案】对　解析：实际加载试验中产生的相对残余变形（或应变）不宜大于 20%。

2. 桥梁荷载试验时，工况选择应反映桥梁的最不利受力状态。（　）

【答案】对　解析：以使控制截面或断面产生最不利荷载效应（内力和变形最大）荷载作为试验控制荷载。

3. 桥梁荷载试验的荷载分级一般可分为4~5级。（　）

【答案】错　解析：试验加载应分级施加，加载数级应根据试验荷载总量和荷载分级增量确定，可分为3~5级。

4. 进行荷载试验时，主要控制截面最大内力（变形）加载试验分级加载的稳定时间不应少于15min，对尚未投入营运的新桥，首个工况的分级加载稳定时间不宜少于5min。（　）

【答案】错　解析：时间说反了，进行荷载试验时，主要控制截面最大内力（变形）加载试验分级加载的稳定时间不应少于5min，对尚未投入营运的新桥，首个工况的分级加载稳定时间不宜少于15min。

※※第四节　桥梁动载试验※※

1. 桥梁结构振型与动荷载大小有关。（　）

【答案】错　解析：振型是结构上各点振幅值的连线，它不是结构的变形曲线。与振幅有关，与动荷载大小无关。

2. 桥梁动力试验时测得的动态增量既可以定义为最大动应力与最大静应力之差比最大静应力的值，也可以定义为最大动挠度与最大静挠度之差比最大静挠度的值。（　）

【答案】错　解析：动态增量（动力增大系数）定义为最大动挠度与最大静挠度之比，或最大动应力与最大静应力之比。冲击系数则为最大动挠度与最大静挠度之差比最大静挠度的值，或为最大动应力与最大静应力之差比最大静应力的值。

3. 用共振法测到的结构阻尼相对较准确。（　）

【答案】对　解析：强迫共振法的优点是方法可靠，激出来的自振特性参数精度比较高；缺点是激振设备和器械庞大，搬装费时费力。

4. 振动法测定斜拉索的索力是利用索的张力与固有频率的关系计算的。（　）

【答案】对　解析：成桥上测定拉索索力一般都采用先测拉索频率，再计算出索力的方法。

5. 桥梁结构动力特性参数就是结构自振特性参数。（　）

【答案】对　解析：结构动力特性参数，也称结构自振特性参数或振动模态参数，主要包括结构的自振频率、振型和阻尼比等。

6. 振型是结构上各点振幅值的连线，也就是结构的变形曲线。结构动力学认为对应每一个固有频率，结构都有且只有一个主振型。（　）

【答案】错　解析：振型是结构各点振幅值的连线，不是结构的变形曲线。

三、多选题（每题2分，下列各题均有2个或2个以上备选答案符合题意，有错误选项不得分，选项正确但不完全的每个选项得0.5分，完全正确的得满分）

※※第一节　桥梁荷载试验仪器设备※※

1. 应变测量桥路组合的主要作用有（　　）。

A. 机械量与电量之间的相互转换　　B. 提高输出灵敏度

C. 电压输出　　D. 应变花测量

E. 温度补偿

【答案】BE　解析：桥路组合的最实际应用是实现温度补偿。将应变计接成全桥桥路，也能起到温度补偿的作用，有时还能提高电桥的灵敏度。

2. 混凝土结构外观检查裂缝的参数有（　　）。

A. 长度　　B. 宽度

C. 深度　　D. 走向

【答案】ABCD　解析：对可视性裂缝的检测主要包括裂缝的长度、宽度和深度以及裂缝的分布和走向。

3. 测量实桥裂缝宽度变化可采用（　　）等仪器或工具。

A. 引伸仪　　B. 电阻应变片

C. 读数显微镜　　D. 裂缝尺

【答案】CD　解析：测量实桥裂缝宽度变化可采用读数显微镜和裂缝尺等仪器或工具。

※※第三节　桥梁静载试验※※

1. 根据《公路桥梁荷载试验规程》（JTG/T J21－01—2015）的规定，对交（竣）工验收荷载试验而言，静载试验荷载效率取值适当的有（　　）。

A. 0.80　　B. 0.90

C. 0.95　　D. 1.05

【答案】BCD　解析：对于交、竣工验收荷载试验，静载试验效率系数宜介于0.85～1.05之间；其他静载试验，效率系数宜介于0.95～1.05之间。

2. 当试验过程中发生下列（　　）情况时，应停止加载，查清原因，采取措施后再确定是否进行试验。

A. 控制测点挠度超过计算值

B. 控制测点应变超过计算值

C. 实测变形分布规律异常

D. 梁体发出异响

【答案】ABCD　解析：当试验过程中发生下列情况之一时，应停止加载，查清原因，采取措施后再确定是否进行试验：①控制测点应变值已达到或超过计算值。②控制测点变形（或挠度）超过计算值。③结构裂缝的长度、宽度或数量明显增加。④实测变形分布规律异常。⑤桥体发出异常响声或发生其他异常情况。⑥斜拉索或吊索（杆）索力增量实测值超过计算值。

※※第四节 桥梁动载试验※※

1. 以下是结构动态响应参数的有（　　）。

A. 频率　　B. 动应力

C. 加速度　　D. 振型

E. 动挠度

【答案】BCE　解析：桥梁结构动力响应主要参数为动应力、动挠度、加速度等。

2. 桥梁动载试验的项目主要包括（　　）。

A. 结构动力特性参数测试　　B. 耐久性检测

C. 外部振源检测　　D. 结构动力反应检测

E. 环境监测

【答案】ACD　解析：桥梁动载试验涉及的问题可以归为三个方面：桥梁外部振源、结构动力特性和动力反应。

3. 桥梁结构振型的测定与（　　）有关。

A. 振幅　　B. 时间

C. 相位　　D. 加速度

【答案】AC　解析：对桥梁的振型进行测量，记录它们在振动过程中的幅值和相位差就可以分析得到所要求的振型曲线。

4. 斜拉桥施工过程斜拉索索力测试可采用（　　）方法。

A. 千斤顶油压表读数　　B. 振动频率测定

C. 电阻应变测量　　D. 力传感器

【答案】ABD　解析：斜拉桥施工过程斜拉索索力测试可采用千斤顶油压表读数、振动频率测定、力传感器等方法。

四、综合题（每道大题 10 分，每个小题 2 分。下列各题备选项中，有 1 个或 1 个以上是符合题意的，选项全部正确得满分，选项部分正确按比例得分，出现错误选项该题不得分）

※※第一节 桥梁荷载试验仪器设备※※

1. 电阻应变测量技术广泛应用于桥梁测试中，关于应变现场测试，请回答下列问题。

1）电阻应变计一般由（　　）组成。

A. 敏感金属栅　　B. 振弦

C. 基底　　D. 引出线

2）应变测量通过电桥实现，把不同数量的应变计接入电桥构成（　　）。

A. 单桥　　B. 双桥

C. 全桥　　D. 半桥

3）应变计的电阻值会随（　　　　）变化，引起输出应变量变化。

A. 温度　　　　B. 湿度

C. 电压　　　　D. 时间

4）为防止上述非受力应变，现场一般采用的补偿方法有（　　　　）。

A. 单点补偿多点　　　　B. 多点补偿单点

C. 单点补偿单点　　　　D. 多点补偿多点

5）除测量应变外，静态应变数据采集器还可测量和处理的物理量包括（　　　　）。

A. 温度　　　　B. 压力

C. 应力　　　　D. 位移

【标准答案】

1）ACD　解析：电阻应变计一般由敏感金属栅、基底及引出线三部分组成。

2）CD　解析：实桥测试，半桥多用于静态应变测试，全桥则用于动态应变测试和应变传感器桥路组合。利用电桥桥路的不同组合，半桥和全桥接法均可有效实现温度补偿。

3）A　解析：桥路组合的最实际应用是实现温度补偿，接入电桥的电阻应变计的电阻值随温度变化。

4）AC　解析：补偿片在一般桥梁应变测量时可以一点补多点，特殊场合要求一对一补偿。

5）ABC　解析：静态应变数据采集器除测量应变外，还可以测量和处理其他物理量，如应力、温度、压力、荷载、角度、电压、功率等。

※※第三节　桥梁静载试验※※

1. 某桥梁全长24m，跨径组合1×20m，总宽12m，行车道净宽11m，两侧各设置0.5m宽防撞护栏，上部结构为预应力空心板。为确定桥梁的承载能力，开展静载试验和动载试验，请根据以上条件回答下列问题。

1）简支梁桥跨中截面静载试验，试验计算时须采用（　　　　）作为控制效应，并使荷载效率满足要求。

A. 剪力　　　　B. 轴力

C. 弯矩　　　　D. 压力

2）加载后测得跨中挠度23mm，支座一端沉降量2mm，支座另一端沉降量为4mm，则跨中实际挠度为（　　　　）。

A. 17mm　　　　B. 19mm

C. 20mm　　　　D. 21mm

3）跨中应变测点的初始值为0με，试验控制荷载作用下的加载应变值为50με，卸载后测值为4με，计算应变值为80με，则应变校验系数为（　　　　）。

A. 0.48　　　　B. 0.58

C. 0.66　　　　D. 1.74

4）（　　　　）是属于结构动力特性参数。

A. 频率　　　　B. 振型

C. 阻尼　　　　D. 加速度

5）动载作用下跨中挠度为28mm，静荷载作用下跨中挠度为23mm，则该桥冲击系数μ应为（　　）。

A. $\frac{28}{1+23}$

B. $\frac{23}{1+28}$

C. $\frac{28}{23}-1$

D. $\frac{28}{23}+1$

【标准答案】

1）C　解析：简支梁桥静载试验的主要工况是跨中截面主梁最大正弯矩工况。

2）C　解析：实际挠度＝跨中挠度－支座平均沉降量＝23－（2＋4）/2＝20mm。

3）B　解析：应变校验系数＝实测弹性位移/理论计算位移，实测弹性位移＝加载最大位移－卸载回弹位移＝50－4＝46με。所以应变校验系数＝46/80＝0.58。

4）ABC　解析：结构动力特性参数也称结构自振特性参数或振动模态参数，是桥梁的固有特性，主要包括三个主要参数：自振频率（自振周期）、振型和阻尼（阻尼比），与外荷载无关。

5）C　解析：冲击系数为最大动挠度与最大静挠度之差除以最大静挠度。

第七章　桥梁承载力评定

速记宝典

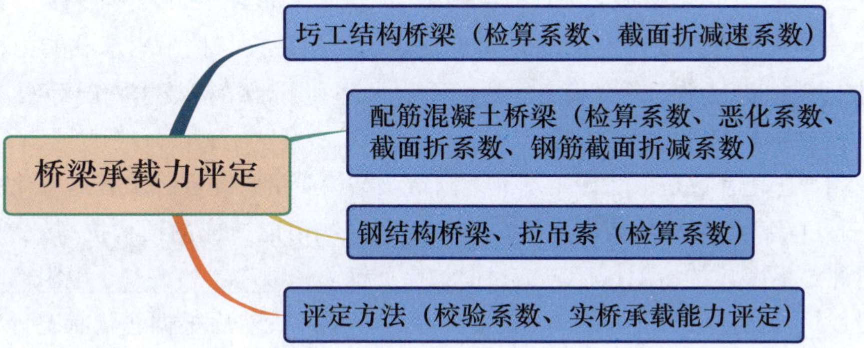

125. 评定桥梁结构实际承载能力的方法有两种：一种是适用于大多数在用桥梁的，通过桥梁技术状况检查，结合结构检算评定；另一种是确定新建或在用桥梁承载能力最直接、最有效，但花费物力相对较大的荷载试验方法。应进行承载能力检测评定的情况：技术状况等级为 4、5 类桥梁；拟提高荷载等级的桥梁；需通行大件运输车辆的桥梁；遭受重大自然灾害或意外事件的桥梁。分别检算结构或构件在持久状况下承载能力极限状态下的强度、稳定性（承强稳）和正常使用极限状态下的刚度、抗裂性（正刚裂）。计算圬工结构、配筋混凝土和钢结构桥梁承载能力极限状态的抗力效应时，应根据桥梁技术状况检查结果，引入检算系数，并分别考虑截面折减系数和材性恶化系数等。当桥梁结构或构件的承载能力检算系数评定标度为 1 或 2 时，结构或构件的总体状况较好，可不进行正常使用极限状态评定检算；当桥梁结构或构件的承载能力检算系数评定标度 $D \geqslant 3$ 时，应进行持久状况正常使用极限状态评定检算，并引入检算系数 Z 的方式对结构应力、裂缝宽度和变形进行修正计算。桥梁结构检算应针对结构主要控制截面、薄弱部位和出现严重缺损部位。圬工桥梁正常使用极限状态，宜按现行设计和养护规范进行计算评定。

126. 【配筋混凝土桥梁承载能力评定】：

$\gamma_0 S \leqslant R$（截面折减系数）Z_1（1－恶化系数），即荷载效应≤抗力效应。

正常使用极限状态宜按以下三方面进行计算评定：限制应力、荷载作用下的变形、各类荷载组合作用下的裂缝宽度。桥梁结构或构件在持久状况下裂缝宽度要求：对于钢筋混凝土梁，竖向裂缝的允许最大缝宽为0.25mm；全预应力混凝土梁和A类预应力混凝土梁的竖向、横向裂缝都是不允许的，纵向裂缝允许最大缝宽都是0.2mm。

多年压实未遭破坏的非岩石旧桥，在墩台与基础无异常变位的情况下，地基承载力抗力系数可适当提高，当修正后的地基承载力特征值$f_a<150$kPa时抗力系数取1.25；当$f_a\geq150$kPa时抗力系数取1.5。

圬工与配筋混凝土桥梁承载能力检算系数Z_1的确定应综合考虑桥梁结构或构件表观缺损状况、材质强度和桥梁结构自振频率等的检测评定结果，3个指标的权重值依次为0.4、0.3、0.3。桥梁自振频率评定标度随实测/计算所得值的减小而变大，检算系数Z_1值与承载能力检算系数评定标度D呈反比。钢结构桥梁与拉吊索承载能力检算系数Z_1都是根据缺损状况评定标度确定。桥面系、上部和下部结构技术状况等级1、2、3、4、5对应的缺损状况评定标度值为1、2、3、4、5。

承载能力恶化系数是考虑评定基准期内桥梁结构质量状况进一步衰退恶化产生的不利影响，通过承载能力恶化系数来反映这一不利影响可能造成的结构抗力效应的降低。恶化状况评定标度E的检测指标包括缺损状况、钢筋锈蚀电位、混凝土电阻率、混凝土碳化状况、钢筋保护层厚度、氯离子含量、混凝土强度。然后根据恶化状况评定标度E及桥梁所处的环境条件查表确定配筋混凝土桥梁的承载能力恶化系数。

依据材料风化、碳化、物理与化学损伤（权重最大）　三项检测指标的评定标度，计算确定结构或构件截面折减系数。活载影响修正系数的确定依据是典型代表交通量、大吨位车辆混入率和轴荷分布情况。

127. 当检算的作用效应与抗力效应的比值为1.0～1.2时，应通过荷载试验评定桥梁承载能力，先确定桥梁结构校验系数，再确定桥梁实际承载能力。桥梁结构校验系数等于实测弹性变形值（或应力实测值）/理论计算变形值，小于1说明桥梁结构实际强度或刚度有安全储备；大于1则表明强度或刚度不足。判定桥梁承载能力不满足要求的情况：校验系数大于1；相对残余变位或应变超过20%；裂缝扩展宽度超过限值且卸载后裂缝闭合宽度小于扩展宽度的2/3；桥梁基础发生不稳定沉降变位。判定桥梁承载能力时，应取主要测点应力校验系数或变位校验系数较大值确定检算系数Z，检算的荷载效应与抗力效应的比值小于1.05时，应判定桥梁承载能力满足要求，否则应判定桥梁承载能力不满足要求。

【第七章】学员笔记　　　「自己选的路，跪着也要走完」

真题汇编

一、单选题（每题 1 分）

※※第二节　基于结构技术状况检查与检算的承载能力评定※※

1. 确定圬工与配筋混凝土桥梁截面折减系数时，（　　）对截面综合评定标度影响最大。

A. 材料风化　　B. 物理与化学损伤

C. 混凝土脱落　　D. 碳化

【答案】B　解析：圬工与配筋混凝土桥梁结构或构件的截面折减系数的确定：依据材料风化、碳化、物理与化学损伤三项检测指标的评定标度，权重最大的是物理与化学损伤。

2. 桥梁承载能力检算系数的三个检测指标，表观缺损状况、材质强度和桥梁结构自振频率的权重值分别为（　　）。

A. 0.4、0.35、0.25　　B. 0.4、0.3、0.3

C. 0.3、0.3、0.4　　D. 0.3、0.4、0.3

【答案】B　解析：见表 7－1。

表 7-1　承载能力检算系数检测指标权重值

检测指标名称	缺损状况	材质强度	自振频率
权重 α_j	0.4	0.3	0.3

3. 基于试验检测的配筋混凝土桥梁正常使用极限状态验算，不包括计入活载影响修正系数的（　　）。

A. 限制应力　　B. 破坏应力

C. 变形　　D. 裂缝宽度

【答案】B　解析：正常使用极限状态分以下三方面进行计算评定：限制应力、荷载作用下的变形、各类荷载组合作用下的裂缝宽度。

4. 根据《公路桥涵地基与基础设计规范》（JTG 3363—2019）规定，多年压实未遭破坏的非岩石旧桥，在墩台与基础无异常变位的情况下地基承载力抗力系数 γ_R 可适当提高，当修正后的地基承载力特征值 $f_a \geq 150$kPa 时 γ_R 的取值为（　　）。

A. 1.0　　B. 1.25

C. 1.5　　D. 2.0

【答案】C　解析：多年压实未遭破坏的非岩石旧桥，在墩台与基础无异常变位的情况下，地基承载力抗力系数可适当提高，当修正后的地基承载力特征值 fa＜150kPa 时抗力系数取 1.25；当 $f_a \geq 150$kPa 时抗力系数取 1.5。

5. 关于桥梁承载能力检测评定说法不正确的是（　　）。

A. 当桥梁结构或构件的承载能力检算系数评定标度为 1～2 时，结构或构件的总体状况较好，应进行正常使用极限状态评定检算

B. 当桥梁结构或构件的承载能力检算系数评定标度 D≥3 时，应进行正常使用极限状态评定检算

C. 进行正常使用极限状况评定检算时，采用引入检算系数 Z 的方式对限制应力、裂缝宽度和结构变形进行修正计算

D. 桥梁结构检算应针对结构主要控制截面、薄弱部位和出现严重缺损部位

【答案】A　解析：A 答案正确说法是当桥梁结构或构件的承载能力检算系数评定标度为 1 ~ 2 时，结构或构件的总体状况较好，可不进行正常使用极限状态评定检算。

※※第三节　基于荷载试验的承载能力评定方法※※

1. 当按《公路桥梁承载能力检测评定规程》检算的荷载效应与抗力效应的比值小于（　　）时，应判定桥梁承载能力满足要求，否则应判定桥梁承载能力不满足要求。

A. 0.95　　B. 1.0

C. 1.05　　D. 1.15

【答案】C　解析：当按 JTG/T J21—2011 检算的荷载效应与抗力效应的比值小于 1.05 时，应判定桥梁承载能力满足要求，否则应判定桥梁承载能力不满足要求。

2. 结构校验系数为（　　）。

A. 试验荷载作用下实测应变或变形值与对应计算值的比值

B. 试验荷载作用下实测应变值与对应计算值的比值

C. 试验荷载作用下实测变形值与对应计算值的比值

D. 试验荷载作用下实测应变值与变形值之间的比值

【答案】A　解析：试验荷载作用下，结构主要控制断面或构件控制测点的弹性变形或应力实测值与对应理论计算值的比值，以校验系数表示。校验系数小于 1，说明桥梁结构实际强度或刚度有安全储备；大于 1，则表明强度或刚度不足。

3. 对桥梁进行承载能力检算评定中，当作用效应与抗力效应的比值在（　　）时，应通过荷载试验评定承载能力。

A. 0.8 ~ 1.0　　B. 1.0 ~ 1.2

C. 0.85 ~ 1.05　　D. 0.9 ~ 1.0

【答案】B　解析：当检算的作用效应与抗力效应的比值在 1.0 ~ 1.2 时，应通过荷载试验评定桥梁承载能力。

二、判断题（每题 1 分）

※※第二节　基于结构技术状况检查与检算的承载能力评定※※

1. 预应力混凝土梁在持久状况下梁体横向裂缝宽度应小于 0.2mm 的限值。（　　）

【答案】错　解析：预应力混凝土梁的竖向裂缝和横向裂缝是不允许，纵向裂缝的允许最大缝宽是 0.2mm。

2. 桥梁自振频率评定标度值随实测自振频率与理论计算频率的比值增加而增加。（　　）

【答案】错　解析：桥梁自振频率评定标度值随实测自振频率与理论计算频率的比值增加而降低。

3. 对在用桥梁，应从结构或构件的强度、刚度及稳定性三方面进行承载能力检测评定。（　　）

【答案】错　解析：分别检算结构或构件在持久状态下承载能力极限状态下的强度、稳定性和正常使用极限状态下的刚度、抗裂性。

※※第三节　基于荷载试验的承载能力评定方法※※

1. 桥梁承载能力评定中，应取变位校验系数或应变校验系数中较大的确定检算系数。（　　）

【答案】错　解析：判定桥梁承载能力时，应取主要测点应力校验系数或变位校验系数较大值，确定检算系数 Z_2。

三、多选题（每题 2 分，下列各题均有 2 个或 2 个以上备选答案符合题意，有错误选项不得分，选项正确但不完全的每个选项得 0.5 分，完全正确的得满分）

※※第一节　概述※※

1. 在用桥梁承载能力评定一般采用（　　）的方法。

A. 依据施工和监理资料　　B. 结构技术状况检测和检算

C. 荷载试验　　D. 验证设计

E. 了解结构受力状况

【答案】BC　解析：通过试验检测评定桥梁结构实际承载能力一般采用两种方法：一种是适用于大多数在用桥梁的，通过桥梁技术状况检查，结合结构检算评定桥梁承载能力的方法。另一种是确定新建或在用桥梁承载能力最直接、有效，但花费物力相对较大的荷载试验方法。

2.《公路桥梁承载能力检测评定规程》中规定，在用桥梁有下列（　　）情况时，应进行承载能力检测评定。

A. 技术状况等级为 4、5 类的桥梁　　B. 需通行大件运输车辆的桥梁

C. 遭受重大自然灾害或意外事件的桥梁　　D. 结构评定标度大于或等于 3 的桥梁

E. 拟提高荷载等级的桥梁

【答案】ABCE　解析：在用桥梁有下列情况之一时，应进行承载能力检测评定：①技术状况等级为 4、5 类的桥梁。②拟提高荷载等级的桥梁。③需通行大件运输车辆的桥梁。④遭受重大自然灾害或意外事件的桥梁。

※※第二节　基于结构技术状况检查与检算的承载能力评定※※

1. 在用桥梁结构或构件正常使用极限状态评定的内容包括（　　）。

A. 强度　　B. 刚度

C. 抗裂性　　D. 疲劳

E. 应力

【答案】BC 解析：分别检算结构或构件在持久状况下承载能力极限状态下的强度、稳定性和正常使用极限状态下的刚度、抗裂性。

2. 当桥梁结构或构件的承载能力检算系数评定标度 $D\geqslant3$ 时，应进行（　　）评定检算和修正计算。

A. 正常使用极限状态　　B. 应力
C. 变形　　D. 裂缝宽度

【答案】BCD 解析：当桥梁结构或构件的承载能力检算系数评定标度 $D\geqslant3$ 时，应进行持久状况正常使用极限状态评定检算，并采用引入检算系数 Z 的方式对结构应力、裂缝宽度和变形进行修正计算。

四、综合题（每道大题 10 分，每个小题 2 分。下列各题备选项中，有 1 个或 1 个以上是符合题意的，选项全部正确得满分，选项部分正确按比例得分，出现错误选项该题不得分）

1.《公路桥梁承载能力检测评定规程》规定，对符合下述条件，如（　　）的在用桥梁，可通过荷载试验进行承载能力检测评定。

1）该桥技术状况等级（　　）。

A. 低于三类　　B. 低于四类
C. 为四类　　D. 为四、五类

2）经验算，该桥作用效应与抗力效应的比值（　　）。

A. 等于 1　　B. 在 1～1.1 之间
C. 在 1～1.2 之间　　D. 等于 1.2

3）该桥遭受（　　）。

A.（主体）严重损伤　　B. 桥面严重漏水
C. 桥墩被火熏黑　　D. 重大自然灾害

4）承载能力恶化系数为（　　）。

A. 评定时桥梁结构质量状况衰退恶化系数
B. 评定时桥梁结构质量恶化对结构不利影响的修正系数
C. 评定时桥梁结构质量状况衰退恶化修正系数
D. 评定时桥梁结构质量状况衰退恶化对结构抗力效应产生不利影响的修正系数

5）以下检测项目中，用于确定圬工与配筋混凝土桥梁承载能力检算系数 Z_1 的是（　　）。

A. 钢筋锈蚀　　B. 混凝土强度
C. 结构自振频率　　D. 表观缺损状况

【标准答案】

1）D 解析：在用桥梁有下列情况之一时，应进行承载能力检测评定：①技术状况等级为 4、5 类的桥梁。②拟提高荷载等级的桥梁。③需通行大件运输车辆的桥梁。④遭受重大自然灾害或意外事件的桥梁。

2）C 解析：当检算的作用效应与抗力效应的比值在 1.0～1.2 时，应通过荷载试验评定桥梁承载能力。

3）D　解析：在用桥梁应进行承载能力检测评定的情况包括：技术状况等级为 4、5 类的桥梁；拟提高荷载等级的桥梁；需通行大件运输车辆的桥梁；遭受重大自然灾害或意外事件的桥梁。

4）D　解析：承载能力恶化系数是考虑评定基准期内桥梁结构质量状况进一步衰退恶化产生的不利影响，通过承载能力恶化系数来反映这一不利影响可能造成的结构抗力效应的降低。

5）BCD　解析：圬工与配筋混凝土桥梁承载能力检算系数的确定，应综合考虑桥梁结构或构件表观缺损状况、材质强度和桥梁结构自振频率等的检测评定结果。

2. 某简支钢筋混凝土空心板桥建于 1995 年，经定期检查评定为 3 类，随着交通量的增加，现拟对该桥进行承载能力评定，请回答有关问题。

6）钢筋混凝土桥梁结构或构件恶化状况评定标度的检测指标包括（　　）。

A. 缺损状况　　B. 混凝土电阻率

C. 钢筋锈蚀电位　　D. 自振频率

7）对于荷载试验结果，应判定桥梁承载能力不满足要求的情况包括（　　）。

A. 主要测点静力荷载试验校验系数不大于 1

B. 主要测点相对残余变位或相对残余应变超过 20%

C. 试验荷载作用下，桥墩出现不稳定沉降变位

D. 试验荷载作用下裂缝扩展宽度超过规范限值，卸载后裂缝闭合

【标准答案】

6）ABC　解析：筋混凝土桥梁结构或构件恶化状况评定标度的检测指标包括缺损状况、钢筋锈蚀电位、混凝土电阻率、混凝土碳化状况、钢筋保护层厚度、氯离子含量、混凝土强度。

7）B　解析：判定桥梁承载能力不满足要求的情况：校验系数大于 1；相对残余变位或应变超过 20%；裂缝扩展宽度超过限值且卸载后裂缝闭合宽度小于扩展宽度的 2/3；桥梁基础发生不稳定沉降变位。

第三篇　隧　　道

第八章　基础知识

速记宝典

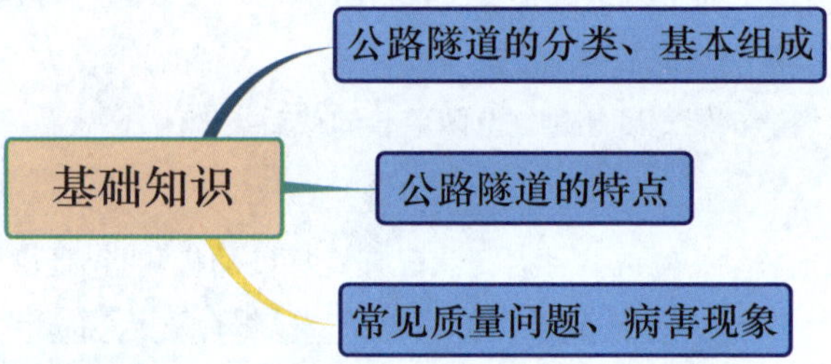

128.【公路隧道分类】按隧道所处的位置可分为山岭隧道、城市隧道、水下隧道；按隧道穿越地层可分为岩石隧道、土质隧道；

按隧道修建方式可分为明挖隧道、暗挖隧道、沉管法隧道；

按隧道开挖掘进方式可分为钻爆法（也称矿山法）隧道、盾构法隧道、掘进机法隧道、破碎机法隧道；盾构法隧道采用盾构机，常用于松软土质地层中，断面一般为圆形。

按隧道布置方式可分为分离隧道、小净距隧道、连拱隧道、分岔隧道；其中分离隧道指并行布置，彼此不产生有害影响；小净距隧道指净距较小，彼此产生有害影响；连拱隧道指人工结构连接在一起；分岔隧道指由小净距隧道逐渐过渡到分离式隧道。

按隧道跨度或车道数可分为一般跨度隧道（两车道）、中等跨度隧道（三车道）、大跨度隧道（四车道及以上）。

按隧道长度可分为特长隧道、长隧道、中隧道、短隧道（3000m～1000m～500m，＞≤）。

129. 公路隧道的特点有断面大、形状扁平、围岩条件复杂、结构受力不确定、不可预见的因素多、施工环境差、隐蔽工程多、防水要求高、运营隧道需要照明、运营隧道需要通风、其他设施。其中两车道、三车道、四车道公路隧道净空断面面积分别为 $62m^2$、$96m^2$、$136m^2$，短隧道一般不需要通风。

公路隧道常见的质量问题和病害现象有隧道渗漏水、衬砌开裂、衬砌厚度不足、衬砌背后空洞及不密实现象、混凝土劣化强度不足、路面隆起下沉开裂、照明亮度不足、悬挂件锈蚀松动脱落缺失、附属设施损坏。其中衬砌厚度包括初期支护厚度和二次模筑混凝土衬砌厚度。悬挂件出现锈蚀、松动与脱落问题是老旧隧道主要的安全隐患之一。

【第八章】学员笔记　　「只要工夫深，铁杵磨成针」

真题汇编

一、单选题（每题 1 分）

※※第一节　概述※※

1、按照《公路隧道设计规范 第一册 土建工程》（JTG 3370. 1—2018）的规定，长度为 1000m 的隧道为（　　）。

A. 特长隧道　　B. 长隧道
C. 中隧道　　D. 短隧道

【答案】C　解析：公路隧道按隧道长度分为 4 类：特长隧道、长隧道、中隧道、短隧道，分别对应为 3000 ~ 1000 ~ 500（＞≤），见表 8-1。

表 8-1　公路隧道长度分类表

分类	特长隧道	长隧道	中隧道	短隧道
长度（m）	$L>3000$	$3000\geq L>1000$	$1000\geq L>500$	$L\leq 500$

2. 并行布置的两隧道的人工结构连接在一起的隧道，称为（　　）。

A. 分离隧道　　B. 小净距隧道
C. 连拱隧道　　D. 分岔隧道

【答案】C　解析：隧道按布置方式可分为分离隧道、小净距隧道、连拱隧道和分岔隧道。其中分离隧道指两隧道并行布置，且两洞结构间彼此不产生有害影响的隧道。小净距隧道指并行布置的两隧道间的净距较小，两洞结构彼此产生有害影响的隧道。连拱隧道指并行布置的两隧道的人工结构连接在一起的隧道。分岔隧道指由双向行驶的大跨隧道或连拱隧道，由小净距隧道逐渐过渡到分离式双洞隧道的隧道。

3. 隧道施工中，通常适用于松软土质的开挖方式是（　　）。

A. 矿山法　　B. 盾构法
C. 掘进机法　　D. 破碎机法

【答案】B　解析：盾构法隧道，采用盾构机，常用于松软土质地层中，隧道成形断面一般为圆形。

4. 三车道的隧道可划分为（　　）。

A. 特大跨度隧道　　B. 大跨度隧道
C. 中等跨度隧道　　D. 一般跨度隧道

【答案】C　解析：隧道按隧道跨度或车道数可分为一般跨度隧道（两车道）、中等跨度隧道（三车道）、大跨度隧道（四车道及以上）。

5. 以下不属于隧道结构组成的为（　　）。

A. 锚喷衬砌　　B. 防水层
C. 轴流风机　　D. 路面结构

【答案】C　解析：山岭公路隧道结构除洞门和裸露明洞外，全部埋入地下，一般置于底层包围之中，是由围岩、喷锚衬砌（初期支护）、模筑混凝土衬砌（二次衬砌）、仰拱衬砌、仰拱填充、防水层、排水盲管、深埋水沟、路侧边沟、路面结构、电缆沟及盖板等组成。轴流风机属于隧道通风设施。

二、判断题（每题1分）

※※第三节　常见质量问题和主要病害现象※※

1. 隧道内粉尘浓度较高、潮湿环境条件下，灯具内外积尘纳垢、电器老化是运营隧道照明亮度不足的主要原因。(　　)

【答案】对　解析：隧道内粉尘浓度较高、潮湿环境条件下，灯具内外积尘纳垢、电器老化是运营隧道照明亮度不足的主要原因。

三、多选题（每题2分，下列各题均有2个或2个以上备选答案符合题意，有错误选项不得分，选项正确但不完全的每个选项得0.5分，完全正确的得满分）

※※第一节　概述※※

1. 按隧道修建方式可分为（　　　）。

A. 明挖隧道　　B. 暗挖隧道

C. 沉管隧道　　D. 盾构隧道

【答案】ABC　解析：隧道按隧道修建方式可分为明挖隧道、暗挖隧道、沉管法隧道。

※※第二节　公路隧道的特点※※

1. 公路隧道特点有（　　　）。

A. 断面大　　B. 形状扁平

C. 防水要求高　　D. 围岩条件复杂

E. 结构受力不确定

【答案】ABCDE　解析：公路隧道的主要特点包括：断面大、形状扁平、围岩条件复杂、结构受力不确定、不可预见的因素多、施工环境差、隐蔽工程多、防水要求高、运营隧道需要照明、运营隧道需要通风、公路隧道需配备必要的交通工程设施、消防设施和逃生救援设施。

第九章　洞身开挖质量检测

速记宝典

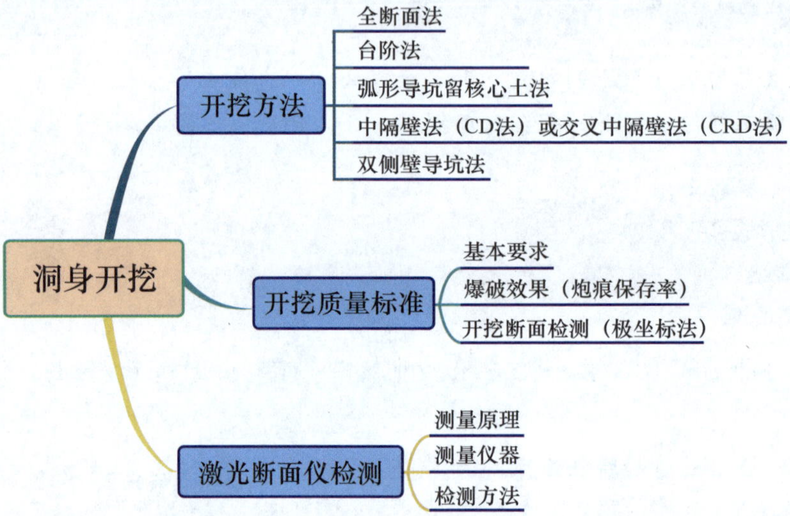

130. 局部的过度超挖会引起应力集中，影响围岩稳定性；欠挖处理费工、费时，影响工期，且欠挖处理时开挖轮廓不易控制，容易引起更大超挖。隧道开挖质量的评定主要是超欠挖控制，实质是要准确测出隧道实际开挖轮廓线。

【开挖方法】隧道开挖方法的选择应根据围岩级别、隧道长度、断面大小、支护结构、工期要求、机械设备的配置及出渣条件等综合确定。用钻爆法开挖隧道，主要开挖方法有全断面法、台阶法、弧形导坑留核心土法、双侧壁导坑法、中隔壁法及交叉中隔壁法等。

全断面法可用于Ⅰ～Ⅲ级围岩两车道及以下跨度的隧道开挖；Ⅰ～Ⅱ级围岩三车道也可采用；

台阶法可用于Ⅲ～Ⅳ级围岩两车道及以下跨度的隧道，Ⅴ级围岩两车道及以下采用预加固措施后也可采用；

弧形导坑留核心土法可用于Ⅴ～Ⅵ级围岩两车道及以下跨度的隧道、Ⅲ～Ⅳ级围岩三车道隧道或一般土质隧道；

中隔壁法（CD 法）及交叉中隔壁法（CRD 法）适用于Ⅳ～Ⅵ级围岩、浅埋、大跨、地表沉降需严格控制的情况。

双侧壁导坑法适用于Ⅴ～Ⅵ级围岩、浅埋、大跨及地表下沉量要求严格的情况。

131. 【开挖质量标准】开挖断面尺寸应符合设计要求，应严格控制欠挖，尽量减少超挖。拱脚、墙脚以上 1m 范围内严禁欠挖；当石质坚硬完整且岩石抗压强度大于 30MPa，允许岩石个别凸出部分（每 $1m^2$ 内不大于 $0.1m^2$）侵入断面，混凝土衬砌时欠挖值不大于 50mm。隧道开挖轮廓应按设计要求预留变形量，预留变形量大小宜根据监控量测信息进行调整，仰拱超挖部分必须回填密实。

隧道允许超挖值：

拱部：硬岩（Ⅰ级）平均 100，最大 200；

中硬岩、软岩（Ⅱ、Ⅲ、Ⅳ级）平均 150，最大 250；

破碎岩、土（Ⅴ、Ⅵ级）平均 100，最大 150。

边墙为每侧 +100，0；全宽为 +200，0。

仰拱、隧底平均 100，最大 250。

都是每 20m 检查 1 个断面，每个断面自拱顶每 2m 测 1 点。超挖测量以爆破设计开挖线为基准线；最大超挖值指最大超挖处至设计爆破开挖轮廓切线的垂直距离；平均超挖值是超挖面积与爆破设计开挖断面周长（不包括隧底）的比值。

132. 用钻爆法开挖隧道时开挖轮廓圆顺，开挖面平整。两茬炮衔接时，出现的台阶形误差不得大于 150mm，炮痕保存率（残留有痕迹的炮眼数/周边眼总数）对于硬岩、中硬岩、软岩分别为≥80%、≥70%、≥50%。

隧道开挖断面检测目前最常用的方法为极坐标法，设备为隧道激光断面仪，断面仪法精度高、速度快、效率高，是一种非接触式测量方法。检测方法有直接量测开挖断面方法（以内模为参照物、使用激光束、使用投影机）和非接触观测法（极坐标法即断面仪法）。

用断面仪测量开挖轮廓线，断面仪可以放置在隧道内的任意位置，但检测断面应与隧道轴线垂直。激光断面仪不仅可应用于开挖断面检测，也在初期支护（喷射混凝土衬砌）、二次衬砌断面轮廓检测中广泛应用。隧道断面检测仪需全站仪配合，测量方式有手动检测法、定点检测法、自动量测法。开挖和二次衬砌检测断面为 20m 一个，初期支护检测断面为 10m 一个，条件允许时检测点应放在隧道轴线上，保证等角自动测量时各测点间距相等。测试前使仪器水平且垂直归零后光点在测量点上。

【第九章】学员笔记　　「成功永远属于有准备的人」

真题汇编

一、单选题（每题1分）

※※第二节　开挖方法※※

1. 以下开挖方法中，适用地质条件差、浅埋大跨且对地表下沉量要求严格的隧道开挖方法是（　　）。

A. 上下台阶法

B. 三台阶法

C. 环形开挖预留核心土法

D. 双侧壁导坑法

【答案】D　解析：双侧壁导坑法、中隔壁法（CD法）及交叉中隔壁法（CRD法）适用于Ⅴ级围岩、浅埋、大跨、地表沉降需严格控制的情况。

※※第三节　开挖质量标准※※

1. 在硬岩中进行光面爆破时要求周边炮眼痕迹保存率不小于（　　）。

A. 100%　　B. 80%

C. 70%　　D. 50%

【答案】B　解析：用钻爆法开挖隧道，其爆破效果应符合下列规定：①开挖轮廓圆顺，开挖面平整。②周边眼炮痕（炮眼痕迹）保存率对于硬岩≥80%，中硬岩≥70%，软岩≥50%。③两茬炮衔接时，出现的台阶误差不得大于150mm。

2. 隧道开挖时应严格控制欠挖，当石质坚硬完整且岩石抗压强度大于30MPa，并确认不影响衬砌结构稳定和强度时，允许岩石个别凸出部分侵入断面，衬砌时欠挖值不得大于（　　）。

A. 5mm　　B. 20mm

C. 10mm　　D. 50mm

【答案】D　解析：应严格控制欠挖。拱脚、墙角以上1m范围内严禁欠挖。当石质坚硬完整且岩石抗压强度大于30MPa，并确认不影响衬砌结构稳定和强度时，允许岩石个别凸出部分侵入断面，混凝土衬砌时欠挖值不得大于50mm。

3. 隧道中炮眼深度不大于3m时，两茬炮接茬处的台阶形误差值要求是（　　）。

A. ≤100mm　　B. ≤120mm

C. ≤150mm　　D. ≤180mm

【答案】C　解析：两茬炮接茬时，出现的台阶形误差不得大于150mm。对于炮眼深度大于3m的情况，可根据实际情况另行确定。

4. 隧道开挖时应严格控制欠挖，下列基本要求表述正确的是（　　）。

A. 拱脚、墙脚以上1.5m范围内严禁欠挖

B. 当围岩石质坚硬完整且岩石抗压强度大于30MPa，并确认不影响衬砌结构稳定和强度时，允许

岩石个别凸出部分侵入断面

C. 仰拱超挖最大值为100mm

D. 应尽量减少欠挖，边墙每侧允许超挖值为100mm

【答案】B　解析：A答案正确说法是拱脚、墙脚以上1m范围内严禁欠挖。C答案正确说法是仰拱超挖最大值为250mm。D答案正确说法是应严格控制欠挖，应尽量减少超挖。边墙每侧允许超挖值为100mm。见表9-1。

表9-1　隧道允许超挖值

项次	检查项目		规定值或允许偏差	检查方法和频率
1	拱部超挖（mm）	Ⅰ级围岩（硬岩）	平均100，最大200	全站仪或激光断面仪检测：每20m检查1个断面，每个断面自拱顶起每2m测1点
2		Ⅱ、Ⅲ、Ⅳ级围岩（中硬岩、软岩）	平均150，最大250	
3		Ⅴ、Ⅵ级围岩（破碎岩、土）	平均100，最大150	
4	边墙超挖（mm）	每侧	+100，0	
5		全宽	+200，0	
6	仰拱、隧底超挖（mm）		平均100，最大250	全站仪或水准仪：每20m检查3处

※※第四节　激光断面仪检测开挖断面※※

1. 激光断面仪隧道开挖断面测量原理为（　　），一般情况下，每（　　）布设一个开挖检测断面。

A. 非接触测量，10m　　B. 非接触测量，20m

C. 极坐标法，10m　　D. 极坐标法，20m

【答案】D　解析：激光断面仪的测量原理为极坐标法；一般情况下，开挖检测断面为20m一个，初期支护检测断面为10m一个，二次衬砌检测断面为20m一个。

二、判断题（每题1分）

※※第二节　开挖方法※※

1. 中隔壁法和交叉中隔壁法可用于Ⅴ级围岩或深埋隧道的开挖。（　　）

【答案】错　解析：中隔壁法（CD法）或交叉中隔壁法（CRD法）适用于Ⅴ级围岩、浅埋、大跨、地表沉降需严格控制的情况。

※※第三节　开挖质量标准※※

1. 隧道开挖时预留变形量大小宜根据监控量测信息进行调整。（　　）

【答案】对　解析：隧道开挖轮廓应按设计要求预留变形量，预留变形量大小宜根据监控量测信息进行调整。

※※第四节　激光断面仪检测开挖断面※※

1. 激光断面仪测量开挖断面开挖轮廓线时，仪器只能放于隧道中线才能进行测量。（　　）

【答案】错　解析：用断面仪测量开挖轮廓线，断面仪可以放置在隧道内的任意位置，扫描断面的过程（测量）可以自动完成。但检测断面应与隧道轴线垂直。

2. 由于采用激光断面仪进行隧道断面检测，多采用等角自动检测，为了使测点之间距离大致相等，应尽量在隧道中点附近设置测点。（　　）

【答案】对　解析：条件允许情况下，检测点应放在隧道轴线上（保证等角自动测量时各测点间距相等）。

三、多选题（每题2分，下列各题均有2个或2个以上备选答案符合题意，有错误选项不得分，选项正确但不完全的每个选项得0.5分，完全正确的得满分）

※※第三节　开挖质量标准※※

1. 隧道开挖断面检测法属于直接量测方法的有（　　）。

A. 内模参照钢尺测量法　　B. 激光束测量
C. 激光断面仪测量　　D. 极坐标法
E. 投影机测量

【答案】ABE　解析：隧道开挖断面检测法属于直接量测方法的有以内模为参照物直接测量法、激光束法和投影机法，见表9-2。

表9-2　隧道开挖断面检测方法

测定方法及采用的测定仪		测定方法概要
直接量测开挖断面方法	以内模为参照物直接测量法	以内模为参照物，用钢尺直接测量超欠挖
	使用激光束的方法	利用激光射线在开挖面上定出基点，并由该点实测开挖断面
	使用投影机的方法	利用投影机将基点或隧道基本形状投影在开挖面上，然后据此实测开挖断面
非接触观测法	极坐标法（断面仪法）	以某物理方向（如水平方向）为起算方向，按一定间距（角度或距离）依次测定仪器旋转中心与实际开挖轮廓线交点之间的矢径（距离）及该矢径与水平方向的夹角，将这些矢径端点依次相连即可获得实际开挖的轮廓线

2. 隧道开挖质量标准基本要求有（　　）。

A. 开挖断面尺寸要满足设计要求　　B. 应严格控制欠挖
C. 应严禁超挖　　D. 应尽量减少超挖

【答案】ABD　解析：隧道开挖质量标准基本要求：开挖断面尺寸应符合设计要求；应严格控制欠挖；应尽量减少超挖；隧道开挖轮廓应按设计要求预留变形量，预留变形量大小宜根据监控量测信息进行调整；仰拱超挖部分必须回填密实。

※※第四节　激光断面仪检测开挖断面※※

1. 用断面仪进行隧道超欠挖检测时，下列情况一定会影响测量精度的是（　　）。

A. 测量前未垂直归零　　B. 特征点位置有障碍物遮挡

C. 未将仪器置于隧道中线　　D. 初支表面不平整

【答案】AB　解析：将隧道激光断面仪置于所需检测断面的测量点上，安装并调整好仪器，使仪器水平且垂直归零后光点在测量点上，故选项 A 影响测量精度。检测断面曲线如发现异常测点，及时现场观察，以便确定是否为障碍物遮挡引起，故选项 B 影响测量精度。隧道激光断面仪进行断面检测具有任意点检测的优势，检测时无固定检测位置的要求，故选项 C 不影响测量精度。初支表面不平整时，可调整激光断面仪，使仪器水平，故选项 D 不影响测量精度。

四、综合题（每道大题 10 分，每个小题 2 分。下列各题备选项中，有 1 个或 1 个以上是符合题意的，选项全部正确得满分，选项部分正确按比例得分，出现错误选项该题不得分）

1. 隧道开挖是控制施工工期和造价的关键工序。保证开挖质量，为围岩的稳定和支护创造良好条件。

1）下面隧道开挖方法说法正确的是（　　）。

A. 全断面法可用于Ⅰ～Ⅲ级围岩两车道及以下跨度的隧道开挖

B. 台阶法可用于Ⅲ～Ⅳ级围岩两车道及以下跨度的隧道开挖

C. 弧形导坑留核心土法可用于Ⅱ～Ⅳ级围岩或一般土质隧道开挖

D. 双侧壁导坑法可用于Ⅴ级围岩隧道开挖

2）隧道开挖质量主要评定方式是（　　）。

A. 开挖方式控制　　B. 围岩变形控制

C. 超欠挖控制　　D. 爆破控制

3）采用钻爆法开挖，其爆破效果应满足（　　）。

A. 开挖轮廓圆顺

B. 开挖面平整

C. 对于硬岩，周边眼炮痕保存率应不低于 80%

D. 两茬炮衔接时，台阶形误差不得大于 150mm

4）选择隧道开挖方法应综合考虑的因素有（　　）。

A. 断面大小　　B. 二衬类型

C. 围岩级别　　D. 工期要求

5）隧道开挖对于拱部超挖，符合检查频率要求的是（　　）。

A. 每 10m 检查 1 个断面　　B. 每 20m 检查 1 个断面

C. 每 10m 检查 3 个点　　D. 每 20m 检查 3 个点

【标准答案】

1）ABD　解析：全断面法适用于Ⅰ～Ⅲ级围岩两车道及以下跨度的隧道开挖；台阶法适用于Ⅲ～Ⅳ级围岩两车道及以下跨度的隧道开挖；弧形导坑留核心土法适用于Ⅳ～Ⅴ级围岩或一般土质隧道开挖；中隔壁法或交叉中隔壁法、双侧壁导坑法都适用于Ⅴ级围岩、浅埋、大跨及地表沉降要求严格的情况。

2）C　解析：隧道开挖质量的评定主要是超欠挖控制。

3）ABCD　解析：用钻爆法开挖隧道，其爆破效果应符合下列规定：①开挖轮廓圆顺，开挖面平整。②两茬炮衔接时，出现的台阶形误差不得大于150mm。③对于硬岩，周边眼炮痕保存率应不低于80%；对于中硬岩，周边眼炮痕保存率应不低于70%；对于软岩，周边眼炮痕保存率应不低于50%。

4）ACD　解析：隧道开挖方法的选择应根据围岩级别、隧道长度、断面大小、支护结构、工期要求、机械设备的配置及出渣条件等综合确定。

5）B　解析：拱部或边墙超挖的检查频率都是每20m检查1个断面，每个断面自拱顶起每2m测1点。

第十章　喷锚衬砌施工质量检测

速记宝典

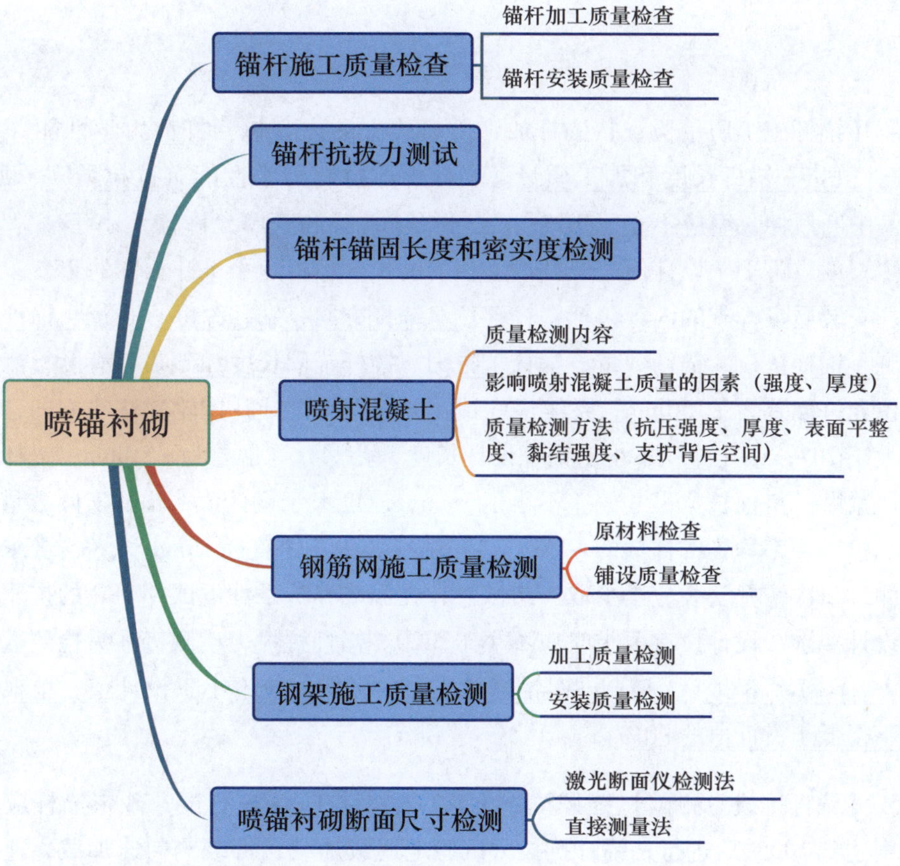

133. 隧道衬砌的主要形式有喷锚衬砌、整体式衬砌、复合式衬砌。

喷锚衬砌是一种加固围岩，控制围岩变形，能充分利用和发挥围岩自承能力的衬砌形式，具有支护及时、柔性、紧贴围岩、与围岩共同工作等特点。要求初期支护在隧道开挖后及时施作，以控制围岩变形、防止围岩坍塌、发挥围岩结构作用，喷锚支护施工灵活、经济。

整体式衬砌包括砌体衬砌和模筑混凝土衬砌，可单独采用，早期隧道多采用这种衬砌。

复合式衬砌第一层采用喷锚衬砌（初期支护），第二层采用模筑混凝土衬砌（二次衬砌）。锚杆支护是利用锚杆的悬吊作用、组合拱作用、挤压作用。将围岩中被节理、裂隙切割的岩块串为一体、填补缝隙，起到改善围岩的力学性能，约束围岩内部和周边变形，调整围岩的受力状态，实现加固围岩，维护围岩稳定的作用。喷射混凝土的施工工艺有三种：干喷、潮喷和湿喷，隧道施工中要求采用湿喷工艺，不允许采用干喷。钢架包括钢筋格栅钢架和型钢钢架，喷锚衬砌施工质量检测主要包括锚杆、喷射混凝土、钢筋网、钢架和内净空断面质量检测。

【锚杆】

134.【锚杆施工质量检查】锚杆加工质量检查的内容包括杆体力学性能（抗拉强度）、杆体规格、锚杆长度和加工质量。锚杆杆体材料力学性能有抗拉强度、延展性、弹性，其中断后伸长率应不小于16%，锚杆杆体直径和壁厚允许偏差小于或等于4%，锚杆杆体长度应不小于设计值，锚杆插入孔内的长度不得短于设计长度的95%。

锚杆安装质量检查的内容包括锚杆孔位、锚杆方向、钻孔深度、孔径、锚杆锚固剂强度检测、锚杆垫板、锚杆数量、锚杆抗拔力、锚杆锚固长度和砂浆注满度检测。其中锚杆孔位允许偏差为±150mm；系统锚杆钻孔方向应为设计开挖轮廓法线方向，垂直偏差不宜大于20°；钻孔深度不小于锚杆设计长度，孔深允许偏差为±50mm；锚杆垫板要求与岩面紧贴，垫板长宽尺寸偏差不小于5mm，厚度大于设计值；锚杆实际数量不得少于设计。检查频率均为锚杆数的10%。锚孔钻径大于杆体直径15mm才符合要求；砂浆强度检测，每次锚杆安装应至少取一组试件，在标准养护条件下试件28d的抗压强度应不低于设计要求，设计没有要求时应不小于M20。锚杆抗拔力检测标准为检测数量为锚杆数的1%且每次不少于3根；同组锚杆抗拔力的平均值应不小于设计值；单根锚杆的抗拔力不得低于设计值的90%。

135.【锚杆抗拔力测试】锚杆抗拔力常用锚杆拉拔计来测试，砂浆锚杆应在锚固砂浆强度达到100%后进行；锚杆抗拔力试验应逐级加载，每级应匀速加载，速率一般不大于10kN/min；拉拔力到设计要求的抗拉值即可停止加载，一般不做破坏性试验；锚杆抗拔力检测不能检测出锚杆砂浆的密实度和锚杆锚固长度，锚杆的安设质量仅根据锚杆的抗拔力来检验是不全面的。

【锚杆锚固长度和密实度检测】锚杆锚固密实度不好，将严重影响锚杆的有效锚固长度，影响锚杆的长期使用寿命，容易在缺陷处进入水和空气，从而锈蚀锚杆，降低锚杆的耐久性。锚固密实度检测主要采用声波反射法原理进行，如果握裹钢筋的砂浆密实、砂浆又与周围岩体粘结紧密，则声波在传播过程中从钢筋通过水泥砂浆向岩体扩散，能量损失很大，在杆体外端测得的反射波振幅很小，甚至测不到；如果无砂浆握裹，仅是一根空杆，则声波仅在钢筋中传播，能量损失不大，接收到的反射波振幅则较大。根据杆体外端声波的反射波振幅大小判定锚杆锚固密实度，根据杆体外端的反射波时差判定锚杆长度。仪器为锚杆质量无损检测仪，每种规格的锚杆应设计 1 组试验锚杆，每组试验锚杆宜包括完全锚固密实（100%）、中部锚固不密实、孔口段锚固不密实、孔底锚固不密实（90%、75%、50%）等模型。对标准锚杆的检测宜在 3d、7d、14d、28d 龄期时分别进行，对待检锚杆锚固密实度的检测应在锚杆锚固 7d 以后进行。根据锚杆质量无损检测仪提供的波形特征、时域信号特征、幅频信号特征进行锚固密实度评判，锚固密实度评判标准为 A、B、C、D，对应的密实度要求为 90% ~ 80% ~ 75%，对应的锚固质量等级为Ⅰ、Ⅱ、Ⅲ、Ⅳ。

【喷射混凝土】

136. 喷射混凝土的质量检验内容包括对原材料检测、强度、初喷厚度和总厚度、外观及表面平整度、支护背后空洞、回弹及粉尘检测。喷射混凝土抗压强度是喷射混凝土的主要性能指标。喷射混凝土强度包括抗压强度、抗拉强度、抗剪强度、疲劳强度、粘结强度等，一般只检测抗压强度来推测其他强度。隧道开挖暴露后需立即对开挖面进行初喷，初喷厚度宜控制在 20 ~ 50mm，复喷厚度不宜小于 50mm。喷射混凝土背后不允许存在空洞和不密实现象，喷射混凝土的回弹率是指回弹下来的喷射混凝土混合料体积与喷射混凝土总体积之比。

喷射混凝土用水必须是无杂质的洁净水，污水、pH 值小于 4.5 的酸性水均不得使用，速凝剂在使用前应做速凝剂与水泥的相容性试验及水泥净浆凝结效果试验，所采用的速凝剂应保证初凝时间不大于 3min，终凝时间不大于 12min，加速凝剂的喷射混凝土试件 28d 强度应不低于不加速凝剂混凝土强度的 90%。影响喷射混凝土厚度的因素有爆破效果、回弹率、喷射参数、施工控制措施。

137.【喷射混凝土抗压强度试验】检查试件制作方法有喷大板切割法、凿方切割法、钻芯法，其中喷大板切割法为养护 28d 后采用 100mm × 100mm × 100mm 的立方体试件进行试验，并乘以 0.95 的系数。凿方切割法采用 100mm × 100mm × 100mm 的立方体试件养护 28d 后进行试验，并乘以 0.95 的系数。钻芯法为养护 28d 后钻取 ϕ50 ~ ϕ150mm、长径比大于 1.0 的芯样进行试验。现场检测方法有拔出法和射钉法，试件 3 件为 1 组，材料或配合比变更时应重新制取试件。喷射混凝土抗压强度的合格标准：同批构件组数 $n \geqslant 10$ 时，28d 龄期抗压强度平均值不小于设计值，且任一组不低于 0.85 倍设计强度。同批构件组数 $n < 10$ 时，抗压强度平均值不低于 1.05 倍的设计值，且任一组不低于 0.9

倍设计值。喷射混凝土抗压强度评为不合格时相应分项工程为不合格。

138.【喷射混凝土厚度检测】可用凿孔法或地质雷达法等方法检查。凿孔检查时，宜在混凝土喷后8h以内检查，每10m检查2个断面，每个断面从拱顶中线起每隔3m凿孔检查一个点。同时满足下面3个条件厚度才认为合格：平均厚度≥设计厚度；60%检查点厚度≥设计厚度；最小厚度≥0.6设计厚度，且≥50mm。表面平整度应满足$D/L \leq 1/6$。

【喷射混凝土与围岩粘结强度试验】试验方法有成型试验法和直接拉拔法，其中成型试验法为100mm×100mm×100mm的立方体试件养护28d，用劈裂法进行试验；直接拉拔法喷层厚度约100mm，试件面积约300mm×300mm养护28d，进行拉拔试验。粘结强度合格标准为Ⅰ、Ⅱ级围岩应不低于0.8MPa，Ⅲ级围岩应不低于0.5MPa。围岩低于0.5MPa的软岩、破碎围岩、土石围岩、黄土围岩等，不做粘结强度检测。

【喷射混凝土支护背后空洞检测】检测最常用和有效的方法是地质雷达法、凿孔检验法。

【喷射混凝土回弹率检查】回弹率应予以控制，拱部应不大于25%，边墙应不大于15%，应尽量采用经过验证的新技术减少回弹率，回弹物不得重新用作喷射混凝土材料。

139.【钢筋网施工质量检测】钢筋网应在初喷混凝土后再进行施工，钢筋与初喷混凝土表面之间的间隙应不大于50mm，采用双层钢筋网时，第二层钢筋网应在第一层钢筋网被喷射混凝土全部覆盖后进行铺设。网格尺寸允许偏差为±10mm，钢筋网搭接长度不应小于30倍钢筋直径，并不小于一个网格长边尺寸。喷射混凝土保护层厚度应不小于20mm，喷射完成后即可检测，沿隧道纵向每5延米范围内检查点不少于3个，分别在边墙、拱腰、拱顶凿孔检查。

【钢架施工质量检测】用于加工钢架的型钢有H形型钢、工字钢和U形型钢，工程中多采用工字钢钢架。U形型钢钢架节段间是嵌套连接，具有可收缩性，能适应围岩较大变形。钢架一般用在围岩条件较差地段，可能出现坍塌失稳、冒顶地段，相邻钢架之间距离误差应不超过±50mm，钢架安装后的竖直面应垂直于隧道中线，竖向不倾斜、平面不错位、扭曲，上、下、左、右允许偏差±50mm，钢架在隧道纵面上的倾斜度小于2°，钢架临空一侧的混凝土保护层厚度应不小于20mm，凿孔检测时每榀从拱顶中线向两侧每10m凿孔检查3点。

【喷锚衬砌断面尺寸检测】指喷锚衬砌完成后的内净空断面检测，最常用的方法为极坐标法，代表设备是隧道激光断面仪、全站仪，还有以模筑混凝土衬砌内模为参照物的直接测量法。断面较大的按每10m检测一个断面，断面较小的按每5~8m检测一个断面。

【第十章】学员笔记　　「杰伦出品，必属精品！」

真题汇编

一、单选题（每题1分）

※※第一节　概述※※

1. 在隧道复合式衬砌中，第一层衬砌采用喷锚衬砌，通常称为（　　）。

A. 初期支护　　B. 临时支护

C. 二次支护　　D. 二次衬砌

【答案】A　解析：在隧道复合式衬砌中，第一层衬砌采用喷锚衬砌，通常称为初期支护；第二层衬砌采用拱墙整体浇筑的模注混凝土衬砌，也称二次衬砌。

※※第二节　锚杆施工质量检查※※

1. 锚杆抗拔力测试不应少于同类锚杆总数的（　　），并不得少于3根。

A. 1%　　B. 5%

C. 10%　　D. 20%

【答案】A　解析：锚杆抗拔力检测标准：检测数量为锚杆数的1%且每次不少于3根。同组锚杆抗拔力的平均值应不小于设计值。单根锚杆抗拔力不得低于设计值的90%。

※※第三节　锚杆抗拔力测试※※

1. 下列参数目前尚无有效的无损检测手段的是（　　）。

A. 锚杆锚固长度　　B. 锚杆锚固密实度

C. 锚杆抗拔力　　D. 钢支撑数量

【答案】C　解析：锚杆锚固长度与锚固密实度可采用声波反射法检测，钢支撑数量施工过程中可直接目视检查，施工完成后可采用地质雷达法检测。锚杆抗拔力检测需要对锚杆施加拉拔力，加载至设计拉拔力为止，不属于无损检测。

※※第四节　锚杆锚固长度和密实度检测※※

1. 锚杆的锚固密实度检测主要采用声波反射法原理进行，根据杆端反射声波的（　　）判定锚固密实度。

A. 频率响应　　B. 振幅大小

C. 实测波速　　D. 波形畸变

【答案】B　解析：锚固密实度检测主要采用声波反射法原理进行。可以根据杆体外端声波的反射波振幅大小判定锚杆锚固密实度。

※※第五节 喷射混凝土质量检测※※

1. 喷射混凝土回弹率是（ ）。

A. 回弹下来的喷射混凝土混合料体积与喷射混凝土总体积之比

B. 回弹下来的喷射混凝土混合料质量与喷射混凝土总质量之比

C. 回弹下来的喷射混凝土混合料体积与未回弹喷射混凝土体积之比

D. 回弹下来的喷射混凝土混合料质量与未回弹喷射混凝土质量之比

【答案】A 解析：回弹下来的喷射混凝土混合料体积与喷射混凝土总体积之比，称为喷射混凝土的回弹率。

2. 喷射混凝土强度包括抗压强度、抗拉强度、抗剪强度、疲劳强度、粘结强度等值标。在一般试验检测中，可通过检测喷射混凝土的（ ），并由此推测混凝土的其他强度。

A. 抗拉强度　　B. 抗压强度

C. 强度系数　　D. 粘结强度

【答案】B 解析：在一般试验检测中，只检测喷射混凝土的抗压强度，并由此推测混凝土的其他强度。

3. 喷射混凝土回弹率应予以控制，其中拱部和边墙应分别不大于（ ）。

A. 25%、15%　　B. 20%、15%

C. 20%、10%　　D. 10%、5%

【答案】A 解析：回弹率应予以控制，拱部不应大于25%，边墙不应大于15%。

4、喷射混凝土与围岩黏结强度合格标准为（ ）。

A. Ⅰ、Ⅱ级围岩不应低于0.8MPa

B. Ⅰ、Ⅱ级围岩不应低于0.6MPa

C. Ⅲ级围岩不应低于0.8MPa

D. Ⅲ级围岩不应低于0.6MPa

【答案】A 解析：喷射混凝土与围岩黏结强度合格标准为Ⅰ、Ⅱ级围岩不应低于0.8MPa，Ⅲ级围岩不应低于0.5MPa。

※※第七节 钢架施工质量检测※※

1. 钢架安装应垂直于隧道中线，竖向不倾斜、平面不错位，不扭曲。上下左右允许偏差（ ），钢架在隧道纵面上的倾斜度小于（ ）。

A. ±50mm，1°　　B. ±100mm，1°

C. ±50mm，2°　　D. ±100mm，2°

【答案】C 解析：钢架安装后的竖直面应垂直于隧道中线，竖向不倾斜、平面不错位、扭曲，上、下、左、右允许偏差±50mm，钢架在隧道纵面上的倾斜度小于2°。

二、判断题（每题1分）

※※第二节　锚杆施工质量检查※※

1. 系统锚杆沿设计轮廓线法线方向钻孔，垂直偏差不宜大于20°。（　　）

【答案】对　解析：系统锚杆沿设计轮廓线法线方向钻孔，垂直偏差不宜大于20°。

※※第五节　喷射混凝土质量检测※※

1. 初期支护喷射混凝土应尽量采用经过验证的新技术，减少回弹率，回弹物回收后可用作喷射混凝土材料。（　　）

【答案】错　解析：应尽量采用经过验证的新技术，减少回弹率。回弹物不得重新用作喷射混凝土材料。

三、多选题（每题2分，下列各题均有2个或2个以上备选答案符合题意，有错误选项不得分，选项正确但不完全的每个选项得0.5分，完全正确的得满分）

※※第二节　锚杆施工质量检查※※

1. 锚杆安装质量检查内容包括（　　）。

A. 锚杆长度
B. 锚杆锚固砂浆强度
C. 锚杆抗拔力
D. 锚杆锚固密实度

【答案】BCD　解析：锚杆安装质量检查内容包括锚杆孔位、锚杆方向、钻孔深度、孔径、锚杆锚固剂（砂浆）强度检测、锚杆垫板、锚杆数量、锚杆抗拔力、锚杆锚固长度和砂浆注满度检测。A选项锚杆长度属于锚杆加工质量检查内容。

2. 锚杆长度合格标准为（　　）。

A. 杆体长度不小于设计长度
B. 插入孔内杆体长度不小于设计长度的95%
C. 杆体长度不小于设计长度的90%
D. 满足 -0.3m≤杆体长度误差≤0.3m
E. 满足 -0.3m≤杆体长度误差≤0.1m

【答案】AB　解析：杆体长度不小于设计长度，锚杆插入孔内的杆体长度不小于设计长度的95%。

※※第五节　喷射混凝土质量检测※※

1. 喷射混凝土抗压强度试验试件制作方法有（　　）。

A. 喷大板法
B. 凿方切割法
C. 喷模法
D. 射钉法
E. 钻芯法

【答案】ABE　解析：喷射混凝土试件制作方法有喷大板切割法、凿方切割法、钻芯法。

2. 喷射混凝土作业应按初喷混凝土和复喷混凝土分别进行，符合作业规定的有（　　）。

A. 初喷厚度宜控制在 15 ~ 20mm

B. 初喷厚度宜控制在 20 ~ 50mm

C. 复喷厚度不宜小于 150mm

D. 复喷厚度不宜小于 50mm

【答案】BD　解析：喷射混凝土的初喷厚度宜控制在 20 ~ 50mm，复喷厚度不宜小于 50mm。

四、综合题（每道大题 10 分，每个小题 2 分。下列各题备选项中，有 1 个或 1 个以上是符合题意的，选项全部正确得满分，选项部分正确按比例得分，出现错误选项该题不得分）

1. 某隧道设计考虑采用锚杆支护，请回答下列有关锚杆支护的问题。

1）关于锚杆杆材应符合的规定有（　　）。

A. 杆体材料为钢材的锚杆，其断后伸长率 A 不应小于 18%

B. 杆体材料为钢材的锚杆，其断后伸长率 A 不应小于 16%

C. 杆体直径和壁厚允许偏差≤4%

D. 杆体直径和壁厚允许偏差≤5%

2）锚杆安装需符合的要求为（　　）。

A. 锚杆钻孔深度应符合设计要求，与设计锚杆长度允许偏差为 ±50mm

B. 锚杆钻孔深度应符合设计要求，与设计锚杆长度允许偏差为 ±150mm

C. 锚杆长度不应小于设计长度，抽检频率为 15%

D. 锚杆长度不应小于设计长度，抽检频率为 10%

3）采用声波反射法检测锚杆锚固密实度时，如果测得反射信号振幅很小，能量损失很大，则可初步判断握裹砂浆（　　）。

A. 饱满　　B. 不饱满

C. 局部欠饱满　　D. 不确定

4）锚杆的锚固作用包括（　　）。

A. 悬吊作用　　B. 成层作用

C. 组合拱作用　　D. 挤压作用

【标准答案】

1）BC　解析：杆体材料为钢材的锚杆，其断后伸长率不应小于 16%，锚杆杆体直径和壁厚允许偏差≤4%。

2）AD　解析：锚杆钻孔深度与设计锚杆长度允许偏差为 ±50mm，锚杆长度不应小于设计长度，锚杆插入孔内的长度不得短于设计长度的 95%，检查频率均为锚杆数的 10%。

3）A　解析：锚杆锚固密实度检测：如果握裹钢筋的砂浆密实、砂浆又与周围岩体粘结紧密，则声波在传播过程中从钢筋通过水泥砂浆向岩体扩散，能量损失很大，在杆体外端测得的反射波振幅很小，甚至测不到；如果无砂浆握裹，仅是一根空杆，则声波仅在钢筋中传播，能量损失不大，接收到的反射波振幅则较大。

4）ACD　解析：锚杆支护是利用锚杆的悬吊作用、组合拱作用、挤压作用。

2. 请回答有关锚杆支护及锚固密实度检测的问题。

5）对锚杆支护表述正确的有（　　　　）。

A. 利用了锚杆的悬吊作用、组合拱作用、挤压作用

B. 填补缝隙，起到改善围岩力学性能的作用

C. 将围岩中被节理、裂隙切割的岩块串为一体

D. 起到加固围岩，维护围岩稳定的作用

6）隧道锚杆锚固密实度不好的危害有（　　　　）。

A. 增加锚杆的有效锚固长度

B. 减少锚杆的有效锚固长度

C. 容易造成锚杆锈蚀

D. 影响锚杆的长期使用寿命

7）关于锚杆质量无损检测仪原理表述正确的有（　　　　）。

A. 采用声波反射法原理进行

B. 采用电磁波反射法原理进行

C. 根据杆体外端的反射波振幅大小判定锚杆锚固密实度

D. 根据杆体外端的反射波时差判定锚杆长度

8）如果握裹钢筋的砂浆密实、砂浆又与周围岩体黏结紧密，则（　　　　）。

A. 波在传播过程中从钢筋通过水泥砂浆向岩体扩散能量损失很大

B. 波在传播过程中从钢筋通过水泥砂浆向岩体扩散能量损失很小

C. 在杆体外端测得的反射波振幅很大

D. 在杆体外端测得的反射波振幅很小

9）无损检测仪检测锚杆密实度评判依据包括（　　　　）。

A. 波形特征　　　　B. 时域信号特征

C. 幅频信号特征　　　　D. 黏结度

【标准答案】

5）ABCD　解析：选项全部正确。

6）BCD　解析：锚杆锚固密实度不好，将严重影响锚杆的有效锚固长度，影响锚杆的长期使用寿命，容易在缺陷处进入水和空气，从而锈蚀锚杆，降低锚杆的耐久性。

7）ACD　解析：锚固密实度检测主要采用声波反射法原理进行，根据杆体外端声波的反射波振幅大小判定锚杆锚固密实度，根据杆体外端的反射波时差判定锚杆长度。仪器为锚杆质量无损检测仪。

8）AD　解析：如果握裹钢筋的砂浆密实、砂浆又与周围岩体粘结紧密，则声波在传播过程中从钢筋通过水泥砂浆向岩体扩散，能量损失很大，在杆体外端测得的反射波振幅很小，甚至测不到；如果无砂浆握裹，仅是一根空杆，则声波仅在钢筋中传播，能量损失不大，接收到的反射波振幅则较大。

9）ABC　解析：根据锚杆质量无损检测仪提供的波形特征、时域信号特征、幅频信号特征进行锚固密实度评判。

第十一章　混凝土衬砌施工质量检测

速记宝典

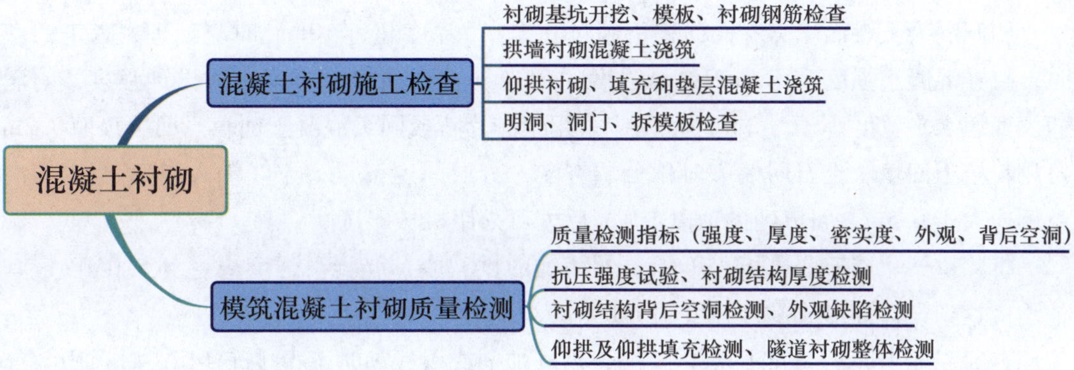

140. 公路隧道多采用复合式衬砌，隧道混凝土衬砌质量检测包括衬砌模板、混凝土强度、衬砌厚度、衬砌钢筋、衬砌背后空洞、外观及整体几何尺寸等。混凝土衬砌浇筑前，应先完成初期支护及防排水系统检查，合格后方可进行混凝土衬砌施工。基坑及边墙存在超挖部分必须采用同级混凝土回填。

【模板检查】模板及支架应有足够的刚度、强度和稳定性。考虑混凝土浇筑可能引起的变形，拱架曲线半径宜预留 50～80mm 的富余量；每一施工循环的前后两端拱架外形尺寸最大误差不大于 5mm，以免相邻两环衬砌间出现错台。模板长度和宽度均不宜过大，长度一般可取 100cm，最大不应超过 150cm，宽度一般为 50cm。全断面衬砌模板台车模板应留振捣窗，振捣窗纵向间距不宜大于 2.5m，与端头模板距离不应大于 1.8m，横向间距不宜大于 2m，振捣窗窗口尺寸不宜小于 45cm×45cm。隧道衬砌模板安装质量要求为平面位置及高程为 ±15mm，起拱线高程为 ±10mm，拱顶高程为 +10，0mm，模板平整度为 5mm。

【衬砌钢筋检查】钢筋加工一般应采用冷加工，当采用冷拉方法矫直钢筋时，钢筋的矫直伸长率应满足：HPB 级钢筋不得超过 2%，HRB 级钢筋不得超过 1%。受力主筋的搭接应采用焊接或机械连接，相邻主筋搭接位置应错开，错开距离应不小于 1m，同一受力钢筋的两处搭接距离应不小于 1.5m。衬砌钢筋实测项目：两层钢筋间距为

±5mm，主筋间距为±10mm，箍筋间距为±20mm，钢筋保护层厚度为+10mm，-5mm。

141. 应采用混凝土输送泵泵送入模，并在混凝土初凝前浇筑完毕，混凝土的入模温度应控制在5~32℃；混凝土浇筑前与混凝土接触的表面应洒水润湿；浇筑混凝土时，基础、拱、墙应一次连续浇筑，不得先浇基础和矮边墙；采用拼装模板施工时，不得采用先拱后墙浇筑。衬砌墙面平整度采用2m直尺检测，每20m连续检查5尺，每尺测最大间隙。

仰拱应超前拱墙衬砌施工，一般不宜大于拱墙衬砌浇筑循环长度的2倍；仰拱衬砌混凝土应整幅一次浇筑成形，不得左右半幅分次浇筑，一次浇筑长度不宜大于5m。仰拱厚度应不小于设计值，底面高程允许偏差为±15mm。

明洞混凝土表面蜂窝麻面面积不超过0.5%，深度超过10mm时应处理，人工回填时，拱券混凝土强度应不小于设计强度的75%，机械回填时应不小于设计强度，明洞两侧回填水平宽度小于1.2m的范围应采用浆砌片石或同级混凝土回填。回填顶面0.2m可用耕植土回填。土石回填应对称分层夯实，分层厚度不宜大于0.3m，其两侧回填高差不应大于0.5m，回填到拱顶以上1m后方可采用机械碾压。

拆除拱架、墙架和模板：不承受外荷载的拱、墙，混凝土强度应达到5.0MPa；其他均应达到设计强度或设计强度的100%。

普通混凝土养护时间不得少于7d，掺外加剂或引气剂时不得少于14d。隧道内空气湿度>90%时，可不进行洒水养护。

142. 模筑混凝土衬砌结构的质量检验指标包括原材料、混凝土强度、混凝土衬砌结构厚度、混凝土密实度、混凝土外观及表面平整度、混凝土衬砌背后空洞。混凝土强度包括抗压强度、抗拉强度、抗剪强度、疲劳强度等，一般试验检测中只检测混凝土的抗压强度，并由此推测混凝土的其他强度。混凝土衬砌每平方米的蜂窝、麻面面积应不超过0.5%，蜂窝、麻面深度应不超过10mm。隧道衬砌钢筋混凝土结构裂缝宽度不得超过0.2mm，混凝土结构裂缝宽度不得超过0.4mm。衬砌背后空洞累计长度不大于隧道总长的3%，单个空洞面积不大于$3m^2$。混凝土抗压强度试验的方法有标准试件法、凿芯法；现场检测混凝土强度的方法有超声-回弹综合法、回弹法。混凝土衬砌结构厚度检测方法有凿芯法和冲击钻打孔量测法、激光断面仪检测法、直接测量法、地质雷达法。混凝土衬砌厚度要求90%的检查点厚度≥设计厚度，且最小厚度≥0.5设计厚度。混凝土衬砌结构背后空洞检测方法有钻孔取芯量测法、冲击钻打孔量测法、地质雷达法。其中冲击钻打孔量测法中如果铁丝直钩不能够挂在衬砌混凝土外表面，则表明衬砌背后无孔洞或较大离缝。隧道混凝土衬砌外观缺陷检测包括裂缝、蜂窝麻面、平整度和几何轮廓等，隧道总体实测项目中行车道宽度为±10mm，隧道偏位为20mm，检查频率都是曲线每20m、直线每40m检查一个断面。

【第十一章】学员笔记　　「贵在坚持、难在坚持、成在坚持」

真题汇编

一、单选题（每题1分）

※※第二节　混凝土衬砌施工检查※※

1. 衬砌主筋间距允许偏差为（　　）mm。

A. ±5　　B. ±10

C. ±15　　D. ±20

【答案】B　解析：衬砌主筋间距允许偏差为±10mm，见表11-1。

表11-1　衬砌钢筋实测项目及要求

项次	检查项目	规定值或允许偏差	检查方法和频率
1	主筋间距（mm）	±10	尺量或地质雷达法：每模板测3点
2	两层钢筋间距（mm）	±5	尺量：每模板测3点
3	箍筋间距（mm）	±20	尺量：每模板测3点
4	钢筋长度（mm）	满足设计要求	尺量：每模板检查2根
5	钢筋保护层厚度（mm）	+10，－5	尺量：每模板检查3点

2. 混凝土衬砌相邻主筋搭接位置应错开，错开距离应不小于（　　）。

A. 1m　　B. 2m

C. 10cm　　D. 20cm

【答案】A　解析：横向受力主筋与纵向分布筋的每个节点必须进行绑扎或焊接；受力主筋搭接应采用焊接或机械连接；相邻主筋搭接位置应错开，错开距离应不小于1m；同一受力钢筋的两处搭接距离应不小于1.5m。

※※第三节　模筑混凝土衬砌质量检测※※

1. 以下检测方法不属于隧道内混凝土衬砌厚度检测方法的是（　　）。

A. 凿芯法　　B. 回弹法

C. 地质雷达法　　D. 激光断面仪法

【答案】B　解析：隧道内混凝土衬砌厚度的检测方法有凿芯法和冲击钻打孔测量法、激光断面仪法、直接测量法、地质雷达法。

二、判断题（每题1分）

※※第二节　混凝土衬砌施工检查※※

1. 仰拱混凝土应整幅一次浇筑，不得左右半幅分次隔壁法浇筑，一次浇筑长度不宜大于10m。

（　　）

【答案】错　解析：仰拱混凝土应整幅一次浇筑，不得左右半幅分次浇筑，一次浇筑长度不宜大于5m。

2. 明洞两侧回填高差不应大于500mm。（　　）

【答案】对　解析：明洞土石回填应对称分层夯实，每层厚度不宜大于0.3m，其两侧回填高差不得大于0.5m。

3. 衬砌墙面平整度采用3m直尺检测，每20m连续检查5尺，每尺测最大间隙。（　　）

【答案】错　解析：衬砌墙面平整度采用2m直尺检测，每20m连续检查5尺，每尺测最大间隙。

三、多选题（每题2分，下列各题均有2个或2个以上备选答案符合题意，有错误选项不得分，选项正确但不完全的每个选项得0.5分，完全正确的得满分）

※※第一节　概述※※

1. 隧道混凝土衬砌质量检测包括（　　）。

A. 衬砌模板　　B. 混凝土强度和厚度

C. 衬砌背后空洞　　D. 外观

E. 整体几何尺寸

【答案】ABCDE　解析：隧道混凝土衬砌质量检测包括衬砌模板、混凝土强度、衬砌厚度、衬砌背后空洞、外观及整体几何尺寸。

※※第二节　混凝土衬砌施工检查※※

1. 混凝土衬砌外观质量中，对蜂窝麻面和气泡的要求包括（　　）。

A. 面积不超过总面积的0.5%

B. 面积不超过总面积的0.1%

C. 深度不超过5mm

D. 深度不超过10mm

【答案】AD　解析：混凝土衬砌每平方米的蜂窝、麻面和气泡面积应不超过0.5%，蜂窝、麻面深度应不超过10mm。

四、综合题（每道大题10分，每个小题2分。下列各题备选项中，有1个或1个以上是符合题意的，选项全部正确得满分，选项部分正确按比例得分，出现错误选项该题不得分）

1. 请回答有关混凝土衬砌结构检测方法的问题。

1）在一般的模筑混凝土衬砌质量检测中，只检查混凝土（　　）强度。

A. 抗压　　B. 抗拉

C. 抗剪　　D. 疲劳

2）模筑混凝土衬砌质量检测指标主要包括(　　　　)。

A. 混凝土强度　　　　B. 衬砌厚度

C. 混凝土抗渗等级　　　　D. 衬砌背部密实状况

3）关于混凝土衬砌外观质量表述正确的有(　　　　)。

A. 钢筋混凝土结构裂缝宽度不超过 0.2mm

B. 钢筋混凝土结构裂缝宽度不超过 0.25mm

C. 混凝土结构裂缝宽度不超过 0.4mm

D. 混凝土结构裂缝宽度不超过 0.5mm

4）关于检测混凝土衬砌结构厚度表述正确的有(　　　　)。

A. 95% 的测点厚度大于等于设计值

B. 90% 的测点厚度大于等于设计值

C. 测点最小厚度大于等于 0.85 设计值

D. 测点最小厚度大于等于 0.5 设计值

5）关于地质雷达检测衬砌背部密实状况，说法正确的有(　　　　)。

A. 测线布置以纵向为主、横向为辅

B. 施工阶段单洞两车道应布置 5 条测线

C. 交工验收阶段单洞两车道应布置 3 条测线

D. 遇到有缺陷的地方应加密测线

【标准答案】

1）A　解析：混凝土强度包括抗压强度、抗拉强度、抗剪强度、疲劳强度等，一般试验检测中只检测混凝土的抗压强度，并由此推测混凝土的其他强度。

2）ABD　解析：模筑混凝土衬砌质量检测指标包括混凝土强度、混凝土衬砌结构厚度、混凝土密实度、混凝土外观及表面平整度、混凝土衬砌背后空洞。

3）AC　解析：隧道衬砌钢筋混凝土结构裂缝宽度不得超过 0.2mm，混凝土结构裂缝宽度不得超过 0.4mm。

4）BD　解析：混凝土衬砌厚度要求 90% 的检查点厚度≥设计厚度，且最小厚度≥0.5 设计厚度。

5）ABD　解析：略。

第十二章　隧道防排水检测

速记宝典

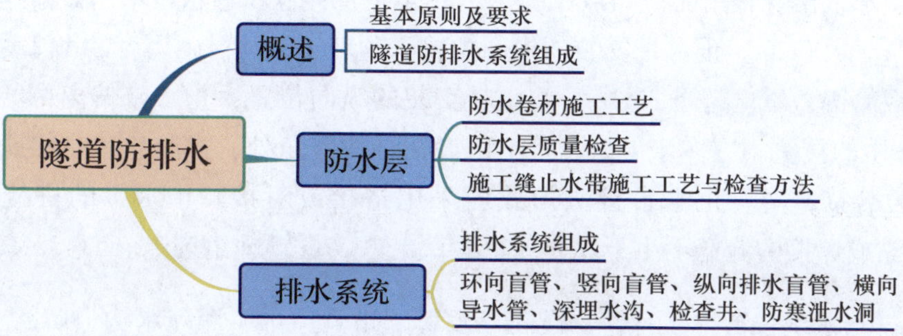

143. 隧道防排水应遵循“防、排、截、堵结合，因地制宜，综合治理”的原则，高速公路、一级公路和二级公路隧道防排水应满足拱部、边墙、路面、设备箱洞不渗水；有冻害地段隧道衬砌背后不积水，排水沟不冻结；车行横通道、人行横通道等服务通道拱部不滴水，边墙不淌水。三级、四级公路隧道应做到拱部、边墙不滴水，路面不积水，设备箱洞不渗水；有冻害地段隧道衬砌背后不积水，排水沟不冻结。复合式衬砌是目前我国隧道工程中采用最多的一种结构形式，在初期支护与二次衬砌之间铺设的防水层包括无纺布和防水板，无纺布通常采用土工织物，铺设在初期支护与防水板之间，起缓冲、滤水和导水作用。防水板通常采用高分子防水卷材，具有防止结构与卷材间水窜流等的特性。复合式衬砌施工顺序为初期支护→环向排水管→土工布→防水板→二次衬砌。二次衬砌混凝土的抗渗等级在有冻害地段及最冷月份平均气温低于 -15℃的地区不低于 P8，其余地区不低于 P6。渗水通过土工布及环向排水管→纵向排水管→横向排水管→水沟排出。防水层与拱背接头搭接长度不小于 100mm。连拱隧道整体式中墙防排水由墙顶排水管、竖向排水管、墙顶防水板及止水带几部分组成，一般情况下不采用整体式中墙。

144. 【防水层施工质量检测】防水卷材的铺设宜采用无钉热合铺设法，铺挂时的松弛系数为 1.1 ~ 1.2，防水卷材修补片尺寸要求大于破坏边缘 70mm，防水层表面平顺，无褶皱、无气泡、无破损，与洞壁密贴，松弛适度，无紧绷现象。采用双缝焊接的焊缝可用充气法检查防水板焊缝，当压力表达到 0.25MPa 时，保持 15min，压力下降在 10% 以内焊缝质量合格；如压力下降超过 10% 证明焊缝有假焊、漏焊。每条焊缝均应做充气检查，焊缝拉伸强度不得小于防水板强度的 70%，焊缝抗剥离强度不小于 70N/cm。复合式衬砌防水层的搭接长度应≥100mm。

止水带按材质可分为橡胶止水带、塑料止水带、金属止水带等；按用途分为变形缝用止水带、施工缝用止水带、有特殊耐老化要求的接缝用止水带等；按设置位置分为中埋式止水带、背贴式止水带；按形状分为平板型止水带、变形型止水带。中埋式止水带因构造简单、施工简便及质量可靠，在隧道中使用较普遍；背贴式塑料止水带一般与防水板组合使用。其中中埋式止水带的施工质量检查主要是预埋位置检查和止水带接头黏结检查。止水带出现转角时应做成圆弧形，转角半径：橡胶止水带不小于 200mm，钢边止水带不小于 300mm。止水带安装的横向位置：预埋于设计衬砌厚度的 1/2 处，内模到止水带的距离偏差不应超过 30mm。止水带安装的纵向位置：止水带偏离中心不能超过 5cm，每环中的接头不宜多于 1 处，且不得设在结构转角处，橡胶止水带接头形式应采用搭接或复合接；塑料止水带接头形式应采用搭接或对接。止水带的搭接宽度可取 10cm，冷黏或焊接的缝宽不小于 5cm，每隔 0.3 ~ 0.5m 预埋钢筋卡。

145. 排水系统包括排水盲管、横向导水管、路侧边沟、深埋水沟、防寒泄水洞等，排水盲管又称排水盲沟，包括环（竖）向排水盲管、纵向排水盲管、横向排水盲管。横向导水管通常采用塑料圆管，管壁不打孔。纵向排水盲管的作用一是收集环（竖）向排水盲管排至边墙脚的水，二是收集被防水卷材阻挡经无纺布导流或自重淌流至边墙脚的水。纵向排水盲管的坡度应与设计路线纵坡一致。对横向导水管的检查，主要检查接头是否牢靠、对接有无错位以及检查是否连通，需做灌水试验检测。盲管尽量与岩壁或初期支护紧贴，与初期支护的最大间距不得大于 5cm，预制管节蜂窝麻面面积不得超过 1%，深度不超过 1cm。排水沟（管）、检查井的沟底高程、井底高程允许偏差分别是 ±20mm、±15mm。检查井的检验频率是每个检查。

【第十二章】学员笔记　　　　「中迅网校—速题库助你一臂之力」

真题汇编

一、单选题（每题1分）

※※第一节　概述※※

1.《公路隧道设计规范 第一册 土建工程》（JTG 3370.1—2018）规定二次衬砌混凝土的抗渗等级在有冻害地段及最冷月份平均气温低于 -15℃的地区不低于(　　)。

A. P10　　B. P8

C. P12　　D. P6

【答案】B　解析：二次衬砌混凝土的抗渗等级在有冻害地段及最冷月份平均气温低于 -15℃ 的地区不低于 P8，其余地区不低于 P6。

※※第二节　防水层施工质量检测※※

1. 双焊缝充气检查，压力 0.25MPa，充气后 15min 内，压力下降超过(　　)，证明焊缝有假焊、漏焊。

A. 5%　　B. 10%

C. 15%　　D. 20%

【答案】B　解析：采用双缝焊接可用充气法检查防水板焊缝。压力 0.25MPa，充气后 15min 内，压力下降超过 10%，证明焊缝有假焊、漏焊。

2. 以下关于隧道防水层施工描述正确的是(　　)。

A. 防水层铺设应在超前二次衬砌施工 3～4 个循环距离衬砌段

B. 防水层铺设应在超前二次衬砌施工 2～3 个循环距离衬砌段

C. 防水板铺挂时适当松弛，松弛系数一般取 1.1～1.2

D. 防水板铺挂时适当松弛，松弛系数一般取 1.5～1.6

【答案】C　解析：防水卷材铺挂时松弛适当，松弛系数一般取 1.1～1.2。

※※第三节　排水系统施工质量检查※※

1. 隧道排水系统的管道不需要打孔的是(　　)。

A. 纵向排水盲管

B. 圆形中心水沟

C. 横向导水管

D. 环向排水盲管

【答案】C　解析：横向导水管不同于排水盲管，是连接衬砌背后的纵向盲管与深埋水沟或边沟的封闭管，主要作用是将衬砌背后地下水直接排入深埋水沟或边沟，不允许管内水渗出。通常采用塑料圆管，管壁不打孔。

2. 根据《公路隧道施工技术规范》(JTG/T 3660—2020)，深埋水沟检查井检测频率为(　　)检查。

A. 每个　　B. 每 2 个随机抽取 1 个

C. 每 4 个随机抽取 1 个　　D. 每 6 个随机抽取 1 个

【答案】A　解析：深埋水沟检查井的检验频率为每个检查。

二、判断题（每题 1 分）

※※第二节　防水层施工质量检测※※

1. 防水板焊缝拉伸强度不得小于防水板强度的 70%，焊缝剥离强度不小于 70N/cm。(　　)

【答案】对　解析：防水板焊缝拉伸强度不得小于防水板强度的 70%，焊缝抗剥离强度不小于 70N/cm。

2. 隧道中普遍使用中埋式止水带，特别适合与防水板一起使用。(　　)

【答案】错　解析：中埋式止水带，因构造简单、施工简便及质量可靠，在隧道中使用较为普遍。背贴式塑料止水带一般与防水板组合使用。

※※第三节　排水系统施工质量检查※※

1. 隧道内深埋水沟检查井井底高程偏差应在 ±20mm 以内。(　　)

【答案】错　解析：检查井井底高程规定值或允许偏差为 ±15mm。

2. 隧道内纵向排水沟坡度设置应与路线纵坡一致。(　　)

【答案】对　解析：隧道内纵向排水盲管的坡度应与设计路线纵坡一致。

三、多选题（每题 2 分，下列各题均有 2 个或 2 个以上备选答案符合题意，有错误选项不得分，选项正确但不完全的每个选项得 0.5 分，完全正确的得满分）

※※第二节　防水层施工质量检测※※

1. 隧道止水带按照设置的位置可分为(　　)。

A. 中埋式止水带　　B. 背贴式止水带

C. 可排水止水带　　D. 可注浆止水带

E. 橡胶止水带

【答案】AB　解析：止水带按材质可分为：橡胶止水带、塑料止水带、金属止水带。按用途分为：变形缝用止水带、施工缝用止水带、有特殊耐老化要求的接缝止水带等。按设置位置分为：中埋式止水带、背贴式止水带。按形状分为：平板型止水带、变形型止水带等。

2. 隧道施工常用止水带按材质有(　　)等。

A. 碳纤维止水带　　B. 橡胶止水带

C. 沥麻止水带　　D. 金属止水带

【答案】BD　解析：施工缝止水带按材质可分为：橡胶止水带、塑料止水带、金属止水带等。

3. 隧道中埋式止水带施工应符合的要求包括(　　)。

A. 止水带偏离衬砌厚度中线不超过 30mm

B. 止水带搭接长度一般不小于 100mm

C. 止水带偏离衬砌厚度中线不超过 50mm

D. 止水带搭接长度一般不小于 50mm

【答案】AB　解析：止水带横向偏差不超过 30mm，纵向偏差不超过 50mm，搭接长度一般不小于 100mm。

4. 关于中埋式止水带施工表述正确的有(　　)。

A. 在衬砌转角位置的止水带应采用连续圆弧过渡

B. 橡胶止水带转角半径不应小于 200mm

C. 钢边止水带转角半径不应小于 300mm

D. 止水带每隔 3m ~ 5m 预埋钢筋卡固定

【答案】ABC　解析：D 答案正确说法是止水带每隔 0.3m ~ 0.5m 预埋钢筋卡固定。

※※第三节　排水系统施工质量检查※※

1. 隧道排水系统包括(　　)。

A. 排水盲管　　B. 横向导水管

C. 路侧边沟和深埋水沟　　D. 防寒泄水洞

【答案】ABCD　解析：隧道排水系统包括排水盲管、横向导水管、路侧边沟、深埋水沟和防寒泄水洞等。

四、综合题（每道大题 10 分，每个小题 2 分。下列各题备选项中，有 1 个或 1 个以上是符合题意的，选项全部正确得满分，选项部分正确按比例得分，出现错误选项该题不得分）

1. 隧道防排水措施应遵循“防、排、截、堵相结合，因地制宜，综合治理”的原则，请回答有关隧道防排水系统的问题。

1）高速公路、一级公路和二级公路隧道防排水应满足的要求有(　　)。

A. 拱部、边墙、路面、设备箱洞不渗水

B. 有冻害地段隧道衬砌背后不积水

C. 有冻害地段隧道排水沟不冻结

D. 车行横通道、人行横通道等服务通道拱部不滴水；边墙不淌水

2）关于复合式衬砌防水系统表述正确的有(　　)。

A. 复合式衬砌结构在初期支护与二次衬砌之间铺设有防水层

B. 防水层包括无纺布和防水板

C. 无纺布通常铺设在二次衬砌与防水板之间，起缓冲、滤水和导水作用

D. 防水板通常采用高分子防水卷材，起防止结构与卷材间水窜流作用

3）关于复合式衬砌排水系统表述正确的有(　　　　)。

A. 围岩体内渗水通过防水层及环向排水管汇入二次衬砌拱脚处的纵向排水管

B. 纵向排水管联通横向导水管，导入路面下方的中央水沟排出洞外

C. 路基下渗出的地下水通过渗水盲管汇入中央水沟或路侧边沟排出洞外

D. 隧道内路面污水由路侧边沟排出洞外

4）纵向排水盲管设置于隧道模筑混凝土衬砌两侧墙角背后的目的有(　　　　)。

A. 收集路侧边沟至边墙角的水

B. 收集环向排水盲管至边墙角的水

C. 收集被防水卷材阻挡经无纺布导流或自重淌流至边墙脚的水

D. 收集横向导水管至边墙角的水

5）关于防水层铺设表述正确的是(　　　　)。

A. 在防水卷材铺设前，应对喷射混凝土基面进行检测

B. 铺设基面不得有锚杆头和钢筋头外露

C. 在防水施工前，如拱墙有渗流、涌水，应用不渗水薄膜隔离、铺排水管，将水隔离并引至边墙角

D. 明洞衬砌拱背混凝土应平整，不得有钢筋头外露

【标准答案】

1）ABCD　解析：高速公路、一级公路和二级公路隧道防排水应满足拱部、边墙、路面、设备箱洞不渗水；有冻害地段隧道衬砌背后不积水，排水沟不冻结；车行横通道、人行横通道等服务通道拱部不滴水，边墙不淌水。三级、四级公路隧道应做到拱部、边墙不滴水，路面不积水，设备箱洞不渗水；有冻害地段隧道衬砌背后不积水，排水沟不冻结。

2）ABD　解析：C 答案正确说法是无纺布通常采用土工织物，铺设在初期支护与防水板之间，起缓冲、滤水和导水作用。

3）ABCD　解析：选项全部正确。

4）BC　解析：纵向排水盲管的作用一是收集环（竖）向排水盲管排至边墙脚的水，二是收集被防水卷材阻挡经无纺布导流或自重淌流至边墙脚的水。

5）ABCD　解析：选项全部正确。

第十三章　辅助工程施工质量检查

速记宝典

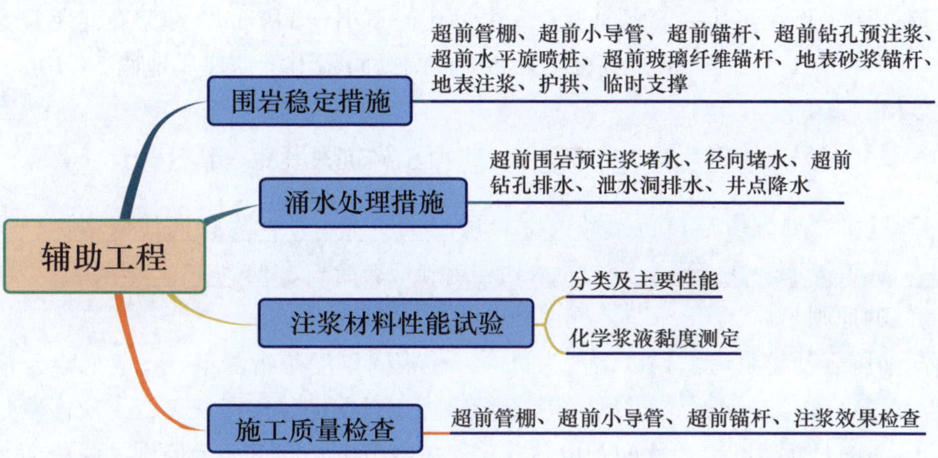

146. 常用的辅助工程措施包括围岩稳定措施和涌水处理措施，围岩稳定措施又分为对围岩预加固措施和围岩支护措施。

【围岩稳定措施】包括超前管棚、超前小导管、超前锚杆、超前玻璃纤维锚杆、超前钻孔注浆、超前水平旋喷桩、围岩径向注浆、地表砂浆锚杆、地表注浆、护拱、临时支撑等。

【超前管棚】钢管环向间距一般为 350 ~ 500mm，一次支护长度一般为 10 ~ 45m，与后续超前支护间应有不小于 3m 的水平搭接长度，管棚钢管宜选用热轧无缝钢管，直径一般为 89 ~ 110mm。水泥砂浆强度等级不小于 M20。

【超前小导管】环向间距为 300 ~ 400mm，钢管长度为 3 ~ 5m，纵向水平搭接长度不小于 1m，注浆用水泥砂浆强度等级应不小于 M10。

【超前锚杆】环向间距为 300 ~ 400mm，超前锚杆长度宜为 3 ~ 5m，采用自进式锚杆时长度宜为 5 ~ 10m，两排之间应有 1m 以上的水平搭接段。充填砂浆多为早强砂浆，强度等级应不低于 M20。

【超前水平旋喷桩】根据工艺不同，采用单管法施工，直径为 0. 3 ~ 1m；采用二重管法施工，直径为 0. 6 ~ 1. 4m；采用三重管法施工，直径为 0. 7 ~ 2m。周边加固时，外倾角一般宜为 3°～10°，环向间距以相邻孔浆液能互相搭接形成拱形结构为原则，旋喷桩一次施作长度一般为 5～20m，每一循环的搭接长度不小于 2m。

【超前玻璃纤维锚杆】纵向加固长度一般为 10～30m，每一循环搭接长度不小于 6m。

【地表砂浆锚杆】一般采用 16～22mm 螺纹钢筋，间距宜为 1～1.5m，呈梅花形布置。锚杆长度一般深至距衬砌外缘 0.5m，锚孔直径应大于杆体直径 30mm，充填砂浆强度等级不低于 M20。锚杆设置范围：纵向一般超出不良地质地段 5～10m；横向为 1～2 倍隧道宽度。为保证达到预期加固效果，锚固砂浆在达到设计强度 70% 以上时，才能进行下方隧道的开挖。

【地表注浆】注浆孔一般竖向设置，注浆孔径不小于 110mm，注浆孔间距宜为单孔浆液扩散半径的 1.4～1.7 倍，地表注浆加固范围纵向超出不良地质地段 5～10m，横向为 1～2 倍隧道宽度。

【护拱】可采用干砌片石、浆砌片石、混凝土构筑，厚度一般不小于 1m。

147. 【涌水处理措施】包括超前围岩预注浆堵水、开挖后径向注浆堵水、超前钻孔排水、坑道排水、井点降水等。涌水处理措施应符合“预防为主、疏堵结合、注重保护环境”的原则。

【超前围岩预注浆堵水】以堵水为目的，注浆圈厚度是指隧道开挖轮廓线至注浆外缘的距离，一般为 3～6m，注浆段长度是指沿隧道纵向的注浆段长度，一次注浆长度一般为 10～30m，注浆孔底中心间距以各孔浆液扩散范围相互重叠为原则，一般中心间距为 1.5～3m，为浆液扩散半径的 1.5～1.7 倍。

【径向注浆堵水】适用于围岩稳定时间长，变形较大的地段。以堵水为目的，注浆圈厚度宜控制在开挖轮廓线以外 3～6m。

【超前钻孔排水】孔底位置超前掌子面 1～2 个循环进尺，每断面钻孔数不少于 3 个。

【泄水洞排水】洞底高程应低于正洞底高程，泄水洞纵坡一般不小于 0.5%，以保证自流排水。

148. 【注浆材料性能试验】注浆材料的浆液应黏度低、流动性好、可注性强、凝结时间可按要求控制，以加固围岩为目的的注浆宜采用强度高、耐久性好的单液浆；以堵水为目的的注浆宜采用凝结时间短、强度较高的双液浆或其他化学浆液。注浆材料有两大类：水泥浆和化学浆，按浆液的分散体系划分，以颗粒直径 0.1μm 为界，大的为悬浊液，如水泥浆；小的为溶液，如化学浆。水泥浆分为普通水泥浆液、超细水泥浆液和水泥-水玻璃双液浆（CS 液浆），其他没有水泥字样的都是化学浆。

注浆材料的主要性能有黏度、渗透能力、凝胶时间、渗透系数、抗压强度。

【黏度】单位是帕斯卡·秒（Pa·s），工程上常用厘泊（CP）来计量，$1CP=10^{-3}Pa \cdot s$，

黏度大小影响浆液扩散半径、注浆压力、流量等参数的确定。浆液黏度变化曲线有两种，曲线Ⅰ是一般浆液材料，黏度逐渐增加，浆液扩散由易到难，最后固化；曲线Ⅱ如丙烯酰胺类浆液，凝胶前黏度不变，凝胶时发生黏度突变，顷刻形成固体，有利于注浆。

【渗透能力】对于悬浊液，渗透能力取决于颗粒大小；对于溶液，渗透能力取决于黏度，注入系数 $K=D/d\geqslant 3$，即砂性土孔隙直径必须大于浆液颗粒直径的 3 倍以上的浆液才能注入。国际标准水泥粒径为 0.085mm，只能注入 0.255mm 的孔隙或粗砂中，凡水泥不能渗入的中、细、粉砂土地层，只能用化学浆液。

【凝结时间】测定方法：凝结时间长的用维卡仪；一般浆液用手持玻璃棒搅拌浆液，以手感觉不再流动或拉不出丝为止。

【渗透系数】指浆液固化后结石体透水性的高低，或表示结石体抗渗性的强弱。

【抗压强度】注浆材料自身抗压强度的大小决定了材料的适用范围，大的可用以加固地层，小的则仅能堵水。

149.【施工质量检查】两组管棚之间纵向水平搭接长度应不小于 3m，超前小导管和超前锚杆的纵向水平搭接长度都是不小于 1m。管棚和超前小导管检查项目都是长度、数量、孔位、孔深，超前锚杆还有孔径。其中孔位允许偏差都是 ±50mm，超前锚杆的孔深允许偏差为 ±50mm，孔径为 ≥40mm。注浆效果检查的方法有分析法、检查孔法、物探无损检测法（地质雷达、声波探测仪）。测定检查孔的吸水量，单孔时应小于 1，全段应小于 20。注浆效果未达到设计要求时应补充钻孔再注浆。

【第十三章】学员笔记　　　　「杰伦老师微信 QQ：2387378441」

真题汇编

一、单选题（每题1分）

※※第二节　围岩稳定措施※※

1.《公路隧道设计规范 第一册 土建工程》（JTG 3370.1—2018）规定，隧道超前管棚钢管环向间距宜为(　　)。

A. 100～200mm　　B. 200～350mm

C. 350～500mm　　D. 450～500mm

【答案】C　解析：隧道超前管棚钢管环向间距宜为350～500mm。

2. 超前管棚施作时，钢管沿开挖轮廓线外环向布设，并注满强度不小于(　　)的水泥砂浆。

A. M15　　B. M20

C. M25　　D. M30

【答案】B　解析：超前管棚施作时，钢管沿开挖轮廓线外环向布设，并注满强度不小于M20的水泥砂浆。

※※第四节　注浆材料性能试验※※

1. 注浆材料的渗透系数是指浆液固化后结石体(　　)的高低，或表示结石体抗渗性的强弱。

A. 相对密度　　B. 透水性

C. 固化强度　　D. 渗透能力

【答案】B　解析：渗透系数是指浆液固化后结石体透水性的高低，或表示结石体抗渗性的强弱。

※※第五节　施工质量检查※※

1. 隧道注浆效果检查的方法有(　　)、检查孔法、声波探测法。

A. 分析法　　B. 扫描法

C. 量测法　　D. 以上都对

【答案】A　解析：注浆效果的检查方法通常有分析法、检查孔法、物探无损检测法　（地质雷达、声波探测仪等）。

2. 不属于隧道辅助工程施工质量检查内容的是(　　)。

A. 浆液注浆量

B. 管棚搭接长度

C. 纵向排水盲管平面位置

D. 超前锚杆砂浆灌注饱满度

【答案】C　解析：C选项是排水系统施工质量检查的内容。

二、判断题（每题1分）

※※第二节　围岩稳定措施※※

1. 围岩径向注浆适用于隧道开挖后围岩稳定时间短，变形较大的地段。（　　）

【答案】错　解析：围岩径向注浆适用于隧道开挖后围岩稳定时间长，变形较大的地段。

2. 超前管棚适用于围岩及掌子面自稳能力较强、开挖后拱部易出现塌方的地段。（　　）

【答案】错　解析：超前管棚适用于围岩及掌子面自稳能力弱开挖后拱部易出现塌方的地段。

3. 锚杆锚固砂浆应密实饱满，浆体强度等级不应低于C20。（　　）

【答案】错　解析：超前锚杆的充填砂浆多为早强砂浆，强度等级应不低于M20。

4. 地表砂浆锚杆锚固时，锚固砂浆在达到设计强度的70%以上才能进行下方隧道开挖。（　　）

【答案】对　解析：地表砂浆锚杆锚固时，锚固砂浆在达到设计强度的70%以上才能进行下方隧道开挖。

三、多选题（每题2分，下列各题均有2个或2个以上备选答案符合题意，有错误选项不得分，选项正确但不完全的每个选项得0.5分，完全正确的得满分）

※※第三节　涌水处理措施※※

1. 辅助工程中涌水处理措施包括（　　）。

A. 超前围岩预注浆堵水　　B. 开挖后径向注浆堵水

C. 超前钻孔排水　　D. 坑道排水

【答案】ABCD　解析：涌水处理措施包括超前围岩预注浆堵水、开挖后径向注浆堵水、超前钻孔排水、坑道排水（泄水洞排水）、井点降水。

2. 关于超前围岩预注浆堵水工程表述正确的有（　　）。

A. 注浆圈厚度一般为3m～6m

B. 注浆圈厚度一般为6m～9m

C. 注浆段长度一般为10m～30m

D. 注浆段长度一般为30m～50m

【答案】AC　解析：注浆圈厚度是指隧道开挖轮廓线至注浆外缘的距离，一般为3～6m，注浆段长度是指沿隧道纵向的注浆段长度，一次注浆长度一般为10～30m。

※※第四节　注浆材料性能试验※※

1. 隧道注浆材料的主要性能有（　　）。

A. 渗透能力　　B. 抗压强度

C. 凝胶时间　　D. 黏度

【答案】ABCD　解析：注浆材料的主要性能包括黏度、渗透能力、凝胶时间、渗透系数和抗压强度等。

2. 以下注浆材料属于水泥浆的有(　　　　)。

A. 普通水泥浆液　　B. 超细水泥浆液

C. 水泥-水玻璃双液浆　　D. 水玻璃类

E. 水溶性聚氨酯浆液

【答案】ABC　解析：含有“水泥”字样的属于水泥浆。

3. 隧道注浆材料应符合的要求表述正确的有(　　　　)。

A. 浆液应无毒无臭，对人体无害，不污染环境

B. 浆液黏度高、流动性好、可注性强，凝结时间可按要求控制

C. 浆液固化体稳定性好，能满足注浆工程的使用寿命要求

D. 浆液应对注浆设备、管路及混凝土结构腐蚀性低，易于清洗

【答案】AC　解析：对注浆材料的要求：①浆液应无毒无臭，对人体无害，不污染环境。②浆液黏度低、流动性好、可注性强、凝结时间可按要求控制。③浆液固化体稳定性好，能满足注浆工程的使用寿命要求。④浆液应对注浆设备、管路及混凝土结构物无腐蚀性，易于清洗，无腐蚀性与腐蚀性低有区别。

4. 隧道注浆工程中，对于粉砂土地层，宜选用的注浆材料有(　　　　)。

A. 丙烯盐酸浆液　　B. 水泥浆液

C. 水玻璃浆液　　D. 水溶性聚氨酯浆液

【答案】ACD　解析：凡水泥不能渗入的中、细、粉砂土地层，只能用化学浆液。没有“水泥”字样的都是化学浆液。

※※第五节　施工质量检查※※

1. 超前锚杆实测项目有(　　　　)。

A. 长度　　B. 孔位

C. 孔径　　D. 孔深

E. 数量

【答案】ABCDE　解析：超前锚杆实测项目包括长度、数量、孔位、孔深和孔径。见表13-1。

表13-1　超前锚杆实测项目及要求

项次	检查项目	规定值或允许偏差	检查方法和频率
1	长度（mm）	不小于设计值	尺量：逐根检查
2	数量（根）	不小于设计值	目测：逐根清点
3	孔位（mm）	±50	尺量：每5环抽查5根
4	孔深（mm）	±50	尺量：每5环抽查5根
5	孔径（mm）	≥40	尺量：每5环抽查5根

四、综合题（每道大题10分，每个小题2分。下列各题备选项中，有1个或1个以上是符合题意的，选项全部正确得满分，选项部分正确按比例得分，出现错误选项该题不得分）

※※第四节　注浆材料性能试验※※

1. 压浆材料是隧道施工过程中广泛使用的材料，其性能试验直接影响注浆工程的质量。

1）按浆液的分散体系划分，以颗粒直径（　　）为界，大的为悬浊液，如水泥浆；小的为溶液，如化学浆。

A. 0.01μm　　B. 0.1μm

C. 1μm　　D. 2μm

2）黏度表示浆液流动时，因分子间互相作用而产生的阻碍运动的内摩擦力，黏度大小影响（　　）等参数的确定。

A. 浆液扩散半径　　B. 注浆凝胶时间

C. 流量　　D. 注浆压力

3）砂性土孔隙直径必须大于浆液颗粒直径的（　　），浆液才能注入。

A. 2倍以上　　B. 3倍以上

C. 1.5倍以上　　D. 2.5倍以上

4）下列对于注浆材料说法正确的有（　　）。

A. 以加固为目的的注浆宜采用强度高、耐久性好的单液浆；以堵水为目的的注浆宜采用凝固时间短、强度较高的双液浆

B. 以加固为目的的注浆宜采用强度高、耐久性好的双液浆；以堵水为目的的注浆宜采用凝固时间短、强度较高的单液浆

C. 对于溶液，渗透能力取决于颗粒大小；对于悬浊液，渗透能力取决于黏度

D. 对于悬浊液，渗透能力取决于颗粒大小；对于溶液，渗透能力取决于黏度

【标准答案】

1）B　解析：注浆材料通常划归两大类，即水泥浆和化学浆。按浆液的分散体系划分，以颗粒直径0.1μm为界，大者为悬浊液，如水泥浆；小者为溶液，如化学浆。

2）ACD　解析：黏度大小影响浆液扩散半径、注浆压力、流量等参数的确定。

3）B　解析：砂性土孔隙直径必须大于浆液颗粒直径的3倍以上浆液才能注入。

4）AD　解析：以加固围岩为目的的注浆宜采用强度高、耐久性好的单液浆；以堵水为目的的注浆宜采用凝固时间短、强度较高的双液浆或其他化学浆液。对于悬浊液，渗透能力取决于颗粒大小；对于溶液，渗透能力则取决于黏度。

第十四章　施工监控量测

速记宝典

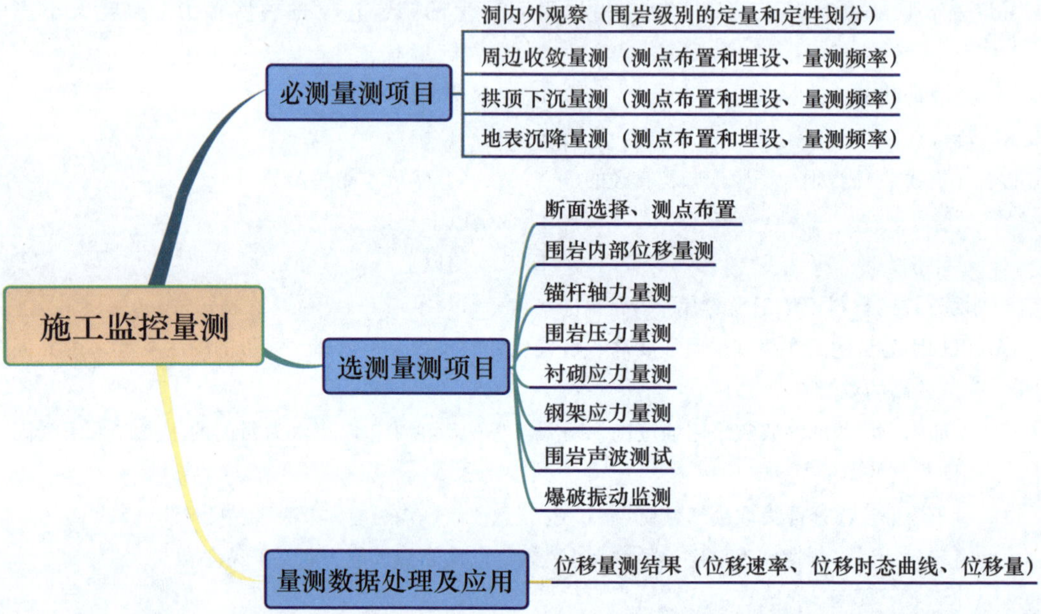

【必测量测项目】

150. 通过施工监控量测可达到的目的有确保安全、指导施工、修正设计、积累资料。监控量测的内容分为必测量测项目和选测量测项目两类，选测量测项目是必测量测项目的拓展和补充。量测元件应具有良好的防水、防腐蚀、防振、防冲击波能力。测点及测桩应牢固可靠、不松动、不移位，测桩锚固深度不小于20cm。

必测量测项目包括洞内外观察、拱顶下沉、周边位移、地表下沉、拱脚下沉。

周边收敛和拱顶下沉都是每5～100m一个断面，测试精度都是0.5mm（预留变形量不大于30mm）、1mm（预留变形量大于30mm），量测间隔时间都是前半个月为1～2次/d、后半个月为1次/2d、1～3个月为1～2次/周、大于3个月为1～3次/月。

洞内外观察方法和仪器是现场观测、地质罗盘；周边位移使用收敛计、全站仪；地表下沉和拱脚下沉的测试精度都是 0.5mm。

151.【洞内外观察】内容包括掌子面观察、支护状态及施工状态观察、洞外观察，频率为掌子面、下台阶、仰拱每开挖循环检查一次，初期支护、二次衬砌巡查每天一次。

【围岩分级】定量划分根据岩石的坚硬程度和岩体完整程度两个基本因素的定性特征和定量的岩体基本质量指标 BQ，然后在岩体基本质量分级基础上，考虑修正因素的影响修正岩体基本质量指标值。围岩分为六个级别：Ⅰ、Ⅱ、Ⅲ、Ⅳ、Ⅴ、Ⅵ级。其中Ⅰ~Ⅴ级的定性特征分别为坚硬岩岩体完整、坚硬岩岩体较完整、坚硬岩岩体较破碎、坚硬岩岩体破碎、较软岩岩体破碎。定量基本质量指标为 550 ~ 450 ~ 350 ~ 250（>≤）。Ⅵ级为软土。

岩体完整性指数 K_v 为 0.75 ~ 0.55 ~ 0.35 ~ 0.15（>≤），对应的完整程度为完整、较完整、较破碎、破碎、极破碎。

岩石饱和单轴抗压强度 R_c 为 60 ~ 30 ~ 15 ~ 5（>≤），对应的岩石坚硬程度为坚硬岩、较坚硬岩、较软岩、软岩、极软岩。

152.【周边位移】指隧道两侧壁面测点之间连线的相对位移，用收敛计进行量测，常用的收敛计为弹簧式收敛计和重锤式收敛计，对于洞口段、浅埋地段、软弱地层段、大变形段，断面布置间距一般不大于 2 倍开挖洞径或 20m。地质条件差或重要工程应加密布设。周边收敛和拱顶下沉量测断面应布置在同一断面（桩号），每个量测断面一般布置两条水平测线，三台阶法开挖时，上台阶 1 条、下台阶 1 条；三台阶法开挖的隧道，单洞四车道隧道，需设 3 条测线，每台阶至少一条测线；测线应高出开挖底面不小于 1.5m。测点要及时埋设，初读数应在每次开挖后 12h 内，下一循环开挖前取得，最迟不得超过 24h。待固定测桩的锚固剂强度达到 70% 以后即可测取初始读数。

净空位移和拱顶下沉的量测频率按位移速度（mm/d）为 5、1、0.5、0.2 对应的量测频率为 2 ~ 3 次/d、1 次/d、1 次/2 ~ 3d、1 次/3d、1 次/3 ~ 7d。

按与开挖面的距离为（0 ~ 1）b、（1 ~ 2）b、（2 ~ 5）b、>5b（b 为隧道开挖宽度）对应的量测频率为 2 次/d、1 次/d、1 次/（2 ~ 3）d、1 次/（3 ~ 7）d。【21、23、37】

153.【拱顶下沉量测】精密水准仪的量测精度为 ±0.5mm，在每个量测断面的隧道拱顶布设 1 ~ 3 个测点，测点横向间距 2 ~ 3m。测点要及时埋设，初读数应在每次开挖后 12h 内，下一循环开挖前取得，最迟不得超过 24h。拱顶位移值 $\Delta h = h_2 - h_1 = (A_2 + B_2) - (A_1 + B_1)$，当 $\Delta h < 0$ 则拱顶下沉；当 $\Delta h > 0$ 则拱顶上移。

【地表下沉量测】水准仪量测精度为 ±0.5mm，地表下沉量测是为了观测隧道通过地段的地表下沉量和下沉范围；地表有建筑物时还包括观测建筑物下沉变形情况，同时了解隧道开挖掘进与地表下沉的动态关系。量测断面尽可能与隧道轴线垂直，一般应在开挖面距离测量断面3倍隧道开挖宽度前布设测点。单洞隧道每个断面的测点不少于5个，连拱隧道每个断面的测点不少于7个，测点布置在隧道中线附近较密，锚固剂强度达到70%以后即可测取初始读数。

【选测量测项目】

154. 选测量测项目包括钢架内力及外力、围岩内部位移、围岩压力、两层支护间压力、锚杆轴力、支护衬砌内应力、围岩弹性波速度、爆破振动、渗水压力、水流量、地表下沉、地表水平位移等。围岩内部位移测试精度可为0.1mm，爆破振动速度测试精度可为1mm/s，其他选测项目设备的满量程可为预计控制值的1.5~2倍。

锚杆轴力采用钢筋计或锚杆测力计，量测间隔时间同必测项目，为前半个月为1~2次/d、后半个月为1次/2d、1~3个月为1~2次/周、大于3个月为1~3次/月。压力盒主要测量围岩与初期支护、初期支护与二次衬砌间的接触压力。洞内量测项目的量测断面位置一般布置在围岩条件较差的Ⅳ、Ⅴ和Ⅵ级围岩中，每种围岩级别的每连续地段可设1~2个断面；Ⅲ级围岩可设1个断面；有特殊要求的地段可设1~2个断面；与必测量测断面布置在同一桩号，同步量测。测点位置一般布置在拱顶、两侧拱腰和边墙位置，两车道隧道3~5个，三车道隧道5~7个。

155. 【围岩内部位移量测】目前国内外量测围岩内部位移采用的是多点位移计（杆式）和单点位移计（弦式），数据采集方式可分为机械式和电测式，采用多点位移计量测时沿隧道开挖轮廓线分别在拱顶、拱腰和边墙部位布置3~7个深孔、连拱隧道钻6个深孔；孔深应比锚杆设计长度大100~200mm，钻孔深度一般为3~5m，每个钻孔内一般布置5个测点。单点位移计的钻孔深度根据测点深度确定（1.5~4.5m）。多点位移计不得用药包锚固剂锚固，宜采用灌注水泥砂浆方式进行锚固，钢丝式单点位移计不需要注浆。多点位移计量测待锚固砂浆强度达到70%以后即可测取初始读数，钢丝式单点位移计安装好后立即量测。

【锚杆轴力量测】按量测原理可分为电测式和机械式两类，其中电测式又分为电阻应变式和钢弦式。电阻应变式和机械式是通过量测不同深度锚杆的变形，钢弦式是通过测定不同深度处传感器受力后钢弦振动频率的变化。钢弦式测力锚杆应用广泛，机械式测力锚杆与钢弦式测力锚杆相比，不便于远距离量测，对施工的干扰大，速度较慢，在隧道现场测试中很少采用。沿隧道开挖轮廓线分别在拱顶、拱腰和边墙部位布置3~8个深孔；孔深应比锚杆设计长度大200mm，钻孔深度一般为3~5m，每个钻孔内一般设3~6个测点，钢弦式测力锚杆量测是待锚固砂浆凝固后测取初始读数；机械式测力锚杆待锚固砂浆强度达到70%以后即可测取初始读数。

【围岩压力量测】接触压力量测仪器分为液压式测力计和钢弦式压力盒，目前量测围岩压力的传感器主要采用钢弦式压力盒。围岩与初期支护间的接触压力量测是待喷射混凝土作业完成后测取初始读数；初期支护与二次衬砌间的接触压力量测是待二次模筑衬砌混凝土终凝后测取初始读数。

【衬砌应力量测】量测衬砌应力的传感器主要有钢弦式应变计和应变砖。

【钢架应力量测】钢架分格栅钢架和型钢钢架，型钢钢架应力量测可采用钢弦式表面应变计和钢弦式钢筋应力计；格栅钢架应力量测一般采用钢弦式钢筋应力计。目前多采用钢弦式钢筋应力计。

156. 【围岩声波测试】通常泛指声波（频率 2 ~ 20kHz）和超声波（20kHz 以上）的测试，其规律为岩体风化、破碎、结构面发育，则波速低衰减快，频谱复杂；

岩体充水或应力增加，则波速增高，衰减减少，频谱简化；

岩体不均匀性和各向异性使波速与频谱的变化也相应地表现出不均一性和各向异性。

声波测试的主要仪器是声波仪及换能器，发射换能器要求具有较高的发射能量（效率），接收换能器要求具有较高的灵敏度。地下工程岩体中可采用声波测试的内容有划分岩层，了解岩层破碎情况和风化程度；岩体力学参数；围岩稳定状态的分析（如测定围岩松动圈大小）；判定围岩的分级（如测定岩体波速和完整性系数）。测定松动圈的原理是声波传播速度取决于岩体完整性程度，测试方法有单孔法和双孔法，单孔法通常采用一发二收，双孔法是目前应用较广的方法，一般采用双孔同步、单发单收的方式。波速与孔深关系曲线的 4 种类型：

“—”形表示无明显分带，围岩较完整；

“/”形表示无松弛带，有应力升高，围岩较坚硬；

“ ┏”形表示无应力升高带，有松弛带，但应分清是爆破松动还是塑性松动；

“凸”形表示松弛带、应力升高带均有。

岩体的波速越高，表明岩体越坚硬，弹性性能越强，结构越完整，所含较弱的结构面减少；采用岩体完整性系数 $K_v = (V_{mp}/V_{rp})^2$ 来反映岩体的完整性，V_{mp} 为岩体纵波速度，V_{rp} 为岩块纵波速度，K_v 越接近 1，表示岩体越完整。在软岩与极其破碎的岩体中，无法取出岩块，不能测取岩块的纵波速度时，采用相对完整系数 $K_x = (V_{mp}/V_{zp})^2$，V_{zp} 为岩体纵波速度最大值。

157. 【爆破振动监测】监测点选择在需保护的建筑物上离爆破点最近点或结构薄弱部位上。传感器安装的准确性是数据可靠性的重要保障，每个测点一般布置 3 个测试方向，一般为建筑物的主轴方向、垂直主轴水平方向、垂直地面方向。传感器必须与被监测物可靠黏结，黏结剂可选择石膏粉、AB 胶，也可以选择夹具或磁座与被测物形成刚性连接。

【全站仪量测】用全站仪进行位移量测的方法有相对位移量测法（距离量测法）和

绝对位移量测法（三维坐标量测法）两种，测角精度一般要求控制在2″以内，精度要求较高时控制在1″以内；测距精度为1mm；视准轴的仰角为30°~60°；前视点与后视点的距离为50~100m；同一量测断面设站次数不超过2次；转站量测时转站次数不能超过3次。隧道内粉尘浓度应控制在2mg/m³以下；洞内粉尘浓度为8mg/m³时的可视距离约为30m；洞内粉尘浓度为2mg/m³时可视距离约为100m。

158. 回归分析是目前量测数据处理的主要方法，常用的回归曲线方程有对数函数、指数函数和双曲函数三种，量测所得到的信息可通过理论计算（反分析）和经验两种途径来实现反馈，当前广泛采用经验方法。工程实际应用中通常以位移为基础进行控制判断。

根据位移量测结果（包括位移速率、位移时态曲线、位移量）判断：

当位移速率大于1mm/d时，表明围岩处于急剧变形阶段，应密切关注围岩动态。当位移速率在1~0.2mm/d时，表明围岩处于缓慢变形阶段。

当位移速率小于0.2mm/d时，表明围岩已达到基本稳定，可以进行二次衬砌作业。

当位移速率很快变小，时态曲线很快平缓，表明围岩稳定性好，可适当减弱支护。

当位移速率逐渐变小，即 $d^2u/d^2t<0$ 时，时态曲线趋于平缓，表明围岩变形趋于稳定，可正常施工。

当位移速率不变，即 $d^2u/d^2t=0$ 时，时态曲线直线上升，表明围岩变形急剧增长，无稳定趋势，应及时加强支护，必要时暂停掘进。

当位移速率逐步增大，即 $d^2u/d^2t>0$ 时，时态曲线出现反弯点，表明围岩已处于不稳定状态，应停止掘进，及时采取加固措施。

位移管理等级Ⅲ、Ⅱ、Ⅰ对应的管理位移为<1/3极限值、1/3~2/3、>2/3极限值；对应的施工状态为可正常施工、应加强支护、应采取特殊措施。

钢弦式压力盒有单模压力盒和双模压力盒，测试中多采用双模压力盒，钢弦的张力越大（绷得越紧），自振频率越高；反之，自振频率越低。传感器受力与振动频率的关系：$p=k\ (f^2-f_0^2)$，其中 k 是传感器系数，f 受力后钢弦的振动频率，f_0 是未受力时钢弦的振动频率。

【第十四章】学员笔记　　「欢迎关注“杰伦老师试验考试课堂”微信公众号」

项目		量测间隔时间
周边位移、拱顶下沉、锚杆轴力		前半个月为1~2次/d、后半个月为1次/2d、1~3个月为1~2次/周、大于3个月为1~3次/月
净空位移和拱顶下沉	按位移速度	5、1、0.5、0.2（mm/d）对应的量测频率为2~3次/d、1次/d、1次/（2~3d）、1次/3d、1次/（3~7d）
	按与开挖面的距离	（0~1）b、（1~2）b、（2~5）b、>5b对应的量测频率为2次/d、1次/d、1次/（2~3d）、1次/（3~7d）

真题汇编

一、单选题（每题1分）

※※第三节　必测量测项目※※

1. 隧道周边位移和拱顶下沉量测断面，一般间隔（　　）布设一个断面。

A. 10～60m　　B. 5～100m

C. 5～60m　　D. 10～100m

【答案】B　解析：周边位移和拱顶下沉都是每5～100m一个断面，见表14-1。

表14-1　隧道现场监控量测必测项目

序号	项目名称	方法及工具	测点布置	精度	量测间隔时间			
					1～15d	16d～1个月	1～3个月	大于3个月
1	洞内、外观察	现场观测、地质罗盘等	开挖及初期支护后进行	—	—			
2	周边位移	各种类型收敛计、全站仪或其他非接触量测仪器	每5～100m一个断面，每断面2～3对测点	0.5mm（预留变形量不大于30mm时）；1mm（预留变形量大于30mm时）	1～2次/d	1次/2d	1～2次/周	1～3次/月
3	拱顶下沉	水准仪、铟钢尺、全站仪或其他非接触量测仪器	每5～100m一个断面		1～2次/d	1次/2d	1～2次/周	1～3次/月
4	地表下沉	水准仪、铟钢尺、全站仪	洞口段、浅埋段（$h \leq 2.5b$），布置不少于2个断面，每断面不少于3个测点	0.5mm	开挖面距量测断面前后<2.5b时，1～2次/d；开挖面距量测断面前后<5b时，1次/（2～3d）；开挖面距量测断面前后≥5b时，1次/（3～7d）；			
5	拱脚下沉	水准仪、铟钢尺、全站仪	富水软弱破碎围岩、流沙、软岩大变形、含水黄土、膨胀岩土等不良地质和特殊性岩土段	0.5mm	仰拱施工前，1～2次/d			

注：b为隧道开挖宽度；h为隧道埋深。

2. 某隧道周边收敛量测断面量测已有21d，其变形速度为0.8mm/d，此时该断面周边收敛量测频率宜为（　　）。

A. 1～2次/d　　B. 1次/d

C. 1次/（2~3d）　　D. 1次/（3~7d）

【答案】C　解析：位移速度为0.8mm/d时的量测频率为1次/（2~3d），见表14-2。

表14-2　净空位移和拱顶下沉的量测频率（按位移速度）

位移速度（mm/d）	量测频率	位移速度（mm/d）	量测频率
≥5	2~3次/d	0.2~0.5	1次/3d
1~5	1次/d	<0.2	1次/（3~7d）
0.5~1	1次/（2~3d）		

3. 单洞隧道地表下沉断面布设时，每个断面的测点不得少于(　　)个。

A. 2　　B. 3

C. 5　　D. 7

【答案】C　解析：地表下沉量测中，量测断面数量一般不少于3个，单洞隧道每个断面的测点不少于5个，连拱隧道每个断面的测点不少于7个。

4. 隧道监控中地表下沉量测在(　　)时可结束。

A. 量测断面隧道仰拱封闭　　B. 量测断面隧道仰拱封闭，下沉基本稳定

C. 量测断面隧道衬砌封闭　　D. 量测断面隧道衬砌封闭，下沉基本稳定

【答案】D　解析：隧道监控中地表下沉量测直到衬砌结构封闭，下沉基本稳定时为止。

※※第五节　量测数据处理及应用※※

1. 某隧道实测位移值为8cm，当设计极限位移值为15cm时，(　　)。

A. 可以正常施工　　B. 停止施工

C. 应加强支护　　D. 应采取特殊措施

【答案】C　解析：管理位移5cm≤8cm≤10cm，属于Ⅱ级，应加强支护，见表14-3。

表14-3　位移管理等级

管理等级	管理位移（mm）	施工状态
Ⅲ	$U<(U_0/3)$	可正常施工
Ⅱ	$(U_0/3)\leq U\leq(2U_0/3)$	应加强支护
Ⅰ	$U>(2U_0/3)$	应采取特殊措施

注：U为实测位移值；U_0为设计极限位移值。

二、判断题（每题1分）

※※第三节　必测量测项目※※

1. 隧道监控量测中拱顶下沉和地表下沉量测的测试精度要求均为0.1mm。　　(　　)

【答案】错　解析：拱顶下沉的测试精度：预留变形量不大于30mm时为0.5mm，预留变形量大于30mm时为1mm；地表下沉的测试精度要求是0.5mm。

※※第四节　选测量测项目※※

1. 围岩声波测试时，通常岩体的波速越低，表明岩体越坚硬，弹性性能越强，结构越完整，所含较弱的结构面减少。（　　）

【答案】错　解析：围岩声波测试时，岩体的波速越高，表明岩体越坚硬，弹性性能越强，结构越完整，所含较弱的结构面减少。

三、多选题（每题2分，下列各题均有2个或2个以上备选答案符合题意，有错误选项不得分，选项正确但不完全的每个选项得0.5分，完全正确的得满分）

※※第三节　必测量测项目※※

1. 下面是隧道工程监控量测必测项目的有（　　）。

A. 洞内外观察　　B. 周边位移
C. 围岩内部位移　　D. 拱顶下沉

【答案】ABD　解析：《公路隧道施工技术规范》（JTG/T 3660—2020）中规定的必测项目有洞内外观察、周边位移、拱顶下沉、地表下沉和拱脚下沉测量。

2. 下列围岩基本质量指标BQ值中，可划分为Ⅱ级围岩的有（　　）。

A. BQ值550　　B. BQ值500
C. BQ值450　　D. BQ值400

【答案】AB　解析：Ⅰ、Ⅱ、Ⅲ、Ⅳ、Ⅴ级围岩对应的围岩基本质量指标BQ是550~450~350~250（>≤）。

3. 围岩级别定量划分依据包括（　　）。

A. 岩石坚硬程度　　B. 岩体完整程度
C. 修正因素　　D. 围岩孔隙率

【答案】ABC　解析：围岩级别定量划分根据岩石的坚硬程度和岩体完整程度两个基本因素的定性特征和定量的岩体基本质量指标BQ，然后在岩体基本质量分级基础上，考虑修正因素的影响修正岩体基本质量指标值。

※※第四节　选测量测项目※※

1. 围岩声波测试，一般用波速、波幅、频谱等参数进行表征。关于围岩声波测试，以下说法正确的是（　　）。

A. 岩体风化、破碎、结构面发育，则波速高衰减快，频谱复杂
B. 岩体风化、破碎、结构面发育，则波速低衰减快，频谱复杂
C. 岩体充水或应力增加，则波速增高，衰减减小，频谱简化
D. 岩体充水或应力增加，则波速降低，衰减加快，频谱简化

【答案】BC　解析：围岩声波测试规律：①岩体风化、破碎、结构面发育，则波速低，衰减快，频谱复杂。②岩体充水或应力增加，则波速增高，衰减减少，频谱简化。③岩体不均匀性和各向异性使波速与频谱的变化也相应地表现出不均一性和各向异性。

2. 施工监控量测的项目包括必测项目和选测项目，其中选测项目包括(　　)。

A. 钢支撑应力　　B. 围岩体内位移

C. 周边位移　　D. 拱顶下沉

【答案】AB 解析：《公路隧道施工技术规范》（JTG/T 3660—2020）中规定的必测项目有洞内外观察、周边位移、拱顶下沉、地表下沉和拱脚下沉测量。其他都是选测项目。

3. 压力盒可用于隧道(　　)监测。

A. 围岩与初支间接触压力

B. 初支与二衬间接触压力

C. 锚杆轴力

D. 二衬内应力

【答案】AB 解析：隧道选测量测项目及量测频率中，围岩与初期支护间接触压力、初期支护与二次衬砌间接触压力均可使用压力盒进行检测。

※※第五节　量测数据处理及应用※※

1. 回归分析是目前量测数据处理的主要方法，常用的回归曲线方程包括(　　)。

A. 对数函数　　B. 指数函数

C. 三角函数　　D. 双曲函数

E. 常数函数

【答案】ABD 解析：常用的回归曲线方程有对数函数、指数函数、双曲函数。

四、综合题（每道大题 10 分，每个小题 2 分。下列各题备选项中，有 1 个或 1 个以上是符合题意的，选项全部正确得满分，选项部分正确按比例得分，出现错误选项该题不得分）

※※第三节　必测量测项目※※

1. 隧道施工监控量测是指隧道施工过程中使用各种类型的仪表和工具，对围岩和支护衬砌变形、受力状态的检测。

1）洞内外观察内容包括(　　)。

A. 掌子面观察　　B. 支护状态观察

C. 施工状态观察　　D. 洞外观察

2）隧道周边收敛测量采用的仪器有(　　)。

A. 地质罗盘　　B. 收敛计

C. 水准仪　　D. 全站仪

3）拱顶沉降测量，基点设置于稳定的衬砌边墙，前一次后视点读数 1114mm，前视点读数 1126mm；当次后视点读数 1116mm，前视点读数 1125mm，则拱顶位移值为(　　)。

A. 3mm　　B. －3mm

C. 1mm　　D. －1mm

4）量测数据结果判定错误的有(　　　　)。

A. 当位移速率大于2mm时，围岩处于急速变形阶段，应密切关注围岩动态

B. 当位移速率小于1mm时，围岩处于基本稳定状态

C. 当位移速率 $d^2u/d^2t<0$，围岩处于不稳定状态，应停止掘进

D. 当位移速率 $d^2u/d^2t>0$，围岩处于稳定状态

【标准答案】

1）ABCD　解析：观察内容包括洞内掌子面观察，隧道已施工区间的支护状态及施工状态观察，洞外地表及周边建筑变形观察。

2）BD　解析：周边收敛使用的仪器是各种收敛计、全站仪等。

3）C　解析：拱顶位移值 $\Delta h=(A_2+B_2)-(A_1+B_1)=(1116+1125)-(1114+1126)=$ 1mm。若 $\Delta h<0$ 则拱顶下沉；若 $\Delta h>0$ 则拱顶上移。

4）ABCD　解析：当位移速率大于1mm/d时，表明围岩处于急剧变形阶段，应密切关注围岩动态；

当位移速率在1~0.2mm/d之间时，表明围岩处于缓慢变形阶段；

当位移速率小于0.2mm/d时，表明围岩已达到基本稳定，可以进行二次衬砌作业。

当位移速率很快变小，时态曲线很快平缓，表明围岩稳定性好，可适当减弱支护；

当位移速率逐渐变小，即 $d^2u/d^2t<0$，时态曲线趋于平缓，表明围岩变形趋于稳定，可正常施工。

当位移速率不变，即 $d^2u/d^2t=0$，时态曲线直线上升，表明围岩变形急剧增长，无稳定趋势，应及时加强支护，必要时暂停掘进。

当位移速率逐步增大，即 $d^2u/d^2t>0$，时态曲线出现反弯点，表明围岩已处于不稳定状态，应停止掘进，及时采取加固措施。

※※第四节　选测量测项目※※

1. 监控量测项目主要分为必测项目和选测项目，其中选测项目是必测项目的拓展和补充。

1）适用于锚杆轴力量测的仪器有(　　　　)。

A. 钢筋计　　B. 表面应力计

C. 锚杆测力计　　D. 压力盒

2）多点位移计埋设时，一般采用(　　　　)进行锚固。

A. 药包锚固剂　　B. 螺栓

C. 焊接　　D. 灌注水泥浆

3）围岩声波测试可用于(　　　　)。

A. 划分岩层，了解岩层破碎情况和风化情况

B. 岩体力学参数

C. 围岩稳定性分析

D. 判定围岩的分级

4）布设在初期支护和二衬之间的压力盒应在(　　　　)测取初始读数。

A. 喷射混凝土作业完成后　　B. 防水层布设后

C. 二次衬砌灌注前　　D. 二次衬砌终凝后

【标准答案】

1）AC　解析：锚杆轴力量测的仪器有钢筋计和锚杆测力计。

2）D　解析：多点位移计不得用药包锚固剂锚固，宜采用灌注水泥砂浆进行锚固。

3）ABCD　解析：可采用声波测试的内容包括①地下工程位置的地质剖面检测，用于划分岩层，了解岩层破碎情况和风化程度等。②岩体力学参数。③围岩稳定状态的分析（如测定围岩松动圈大小）。④判定围岩的分级（如测定岩体波速和完整性系数）。

4）D　解析：围岩与初期支护间的接触压力量测是待喷射混凝土作业完成后测取初始读数；初期支护与二次衬砌间的接触压力量测是待二次模筑衬砌混凝土终凝后测取初始读数。

第十五章　超前地质预报

速记宝典

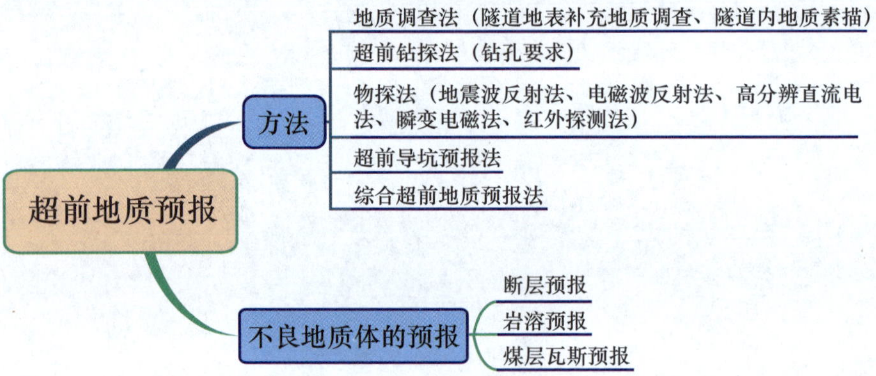

159. 超前地质预报的主要内容有地层岩性预报、地质构造预报、不良地质条件预报、地下水状况和对围岩级别变化的判断。超前地质预报可采用长距离预报、中长距离预报、短距离预报，对应的预报长度为100m 以上、30～100m、30m 以内。超前地质预报方法有地质调查法、超前钻探法、物探法和超前导坑预报法。

【地质调查法】包括隧道地表补充地质调查和隧道内地质素描，隧道内地质素描是将隧道所揭露的地层岩性、地质构造、结构面产状、地下水出露点位置及出水量、煤层、溶洞等记录下来并绘制成图表。

【超前钻探法】在富水软弱断层破碎带、富水岩溶发育区、煤层瓦斯发育区、重大物探异常区等地质条件复杂地段必须采用超前地质钻探法，主要采用冲击钻和回转取芯钻，通常两者交替使用。冲击钻不能取芯样，钻进速度快，耗时少，采用较多；回转取芯钻钻进速度慢，耗时多，一般只在特殊地层、特殊目的地段使用。

孔数要求：断层、节理密集带或其他破碎富水地层每循环可只钻 1～3 个孔；富水岩溶发育区每循环宜钻 3～5 个孔；煤层瓦斯地层，先在距煤层 15～20m 的开挖工作面钻 1 个超前钻孔，然后在距初探煤层位置 10m 开挖工作面，钻 3 个以上超前钻孔。在需连续钻探时，前后两循环钻孔应重叠 5～10m，富水岩溶发育区超前钻探应终孔于隧道开挖轮廓线以外 5～8m。探测炮孔孔深较设计爆破孔（或爆破循环进尺）深 3m 以上。

160. 物探法包括弹性波反射法、电磁波反射法、瞬变电磁法、高分辨率直流电法、红外探测法等。弹性波反射法包括地震波反射法、水平声波剖面法、负视速度法和极小偏移距离高频反射连续剖面法（陆地声纳法）。目前最常采用的是地震波反射法。

【地震波反射法】通常采用TGP 或 TSP 隧道超前地质预报系统。地震波反射法连续预报时前后两次预报距离宜重叠 10m 以上，在软弱破碎地层或岩溶发育区，每次预报距离宜为 100m 左右，不宜超过 150m；在岩体完整的硬质岩地层每次预报距离宜为 150 ~ 180m，不宜超过 200m。

【电磁波反射法】主要采用地质雷达法，用于探测浅部地层、岩溶、空洞、不均匀体，具有快速、无损伤、可连续可单点方式探测、实时显示等特点。对探测对象情况复杂时，应选择两种及以上不同频率的天线。当多个频率的天线都符合探测深度要求时，应选择频率相对较高的天线。数据分析包括编辑、滤波、增益等处理。情况较复杂时，还宜进行FK 滤波、正常时差校正、褶积、速度分析、消除背景干扰等处理。地质雷达工作天线频率越低，波长越长，能量衰减越慢，预报距离就越远，但相应的分辨率会降低。预报距离还取决于介质的衰减系数、接收器的信噪比和灵敏度、发射器发射功率、系统总增益、目标的反射系数、几何形状及其产状等。地质雷达法在一般地段预报距离宜控制在 30m 以内，连续预报时前后两次重叠长度宜在 5m 以上。

【高分辨直流电法】适用于探测地层中存在的地下水体位置及定性判断含水量，有效预报距离不宜超过 80m，连续探测时宜重叠 10m 以上。

【瞬变电磁法】是一种时间域的电磁探测方法，通过掌子面接收线圈接收二次磁场的变化，就可以判断前方低阻异常带电性要素，并推断出前方地质异常体位置和规模，进而推断围岩破碎、含水、地质构造等情况。视电阻率较高，曲线比较规则，表明围岩完整性较好，含水率低；视电阻率较低，曲线不规则，变化较大，表明围岩完整性较差，含水率高。每次有效预报距离宜为 100m 左右，由于探测时会存在 20m 以上的盲区，因此连续探测时宜重叠 30m 以上。

【红外探测法】适用于定性判断探测点前方有无水体存在及其方位，不能定量给出水量大小等数据，应先确定正常场，再确定异常场，由异常场判定地下水的存在。有效预报距离宜在 30m 以内，连续预报时前后两次重叠长度宜在 5m 以上。

161. 【超前导坑预报法】可分为平行超前导坑法和正洞超前导坑法。线距离较小的隧道可互为平行导坑，以先行开挖的隧道预报后开挖的隧道地质条件。

【综合超前地质预报法】综合运用上述两种或两种以上方法进行预报，综合分析，以达到长短结合、取长补短、相互印证、提高预报准确性的目的。

【不良地质体的预报】包括断层预报、岩溶预报、煤层瓦斯预报等。其中断层预报应以地质调查法为基础，以弹性波反射法和地质雷达法探测为主，断层预报必要时，采用高分辨直流电法、瞬变电磁法、红外探测法探测断层带地下水的发育情况。

岩溶预报和煤层瓦斯预报都应以地质调查法为基础，以超前钻探法为主，结合多种物探手段进行综合超前地质预报。

接近煤层前，应在距煤层 15 ~ 20m（垂距）处钻一个超前钻孔；应在距初探层位置 10m（垂距）处钻 3 个超前钻孔；在煤层垂距不小于安全距离处进行瓦斯突出危险性预测；开挖工作面瓦斯突出危险性预测应采用瓦斯压力法或瓦斯含量法作为主要预测方法，并至少选取钻屑指标法或钻孔瓦斯涌出初速度法进行验证。

物探法	有效预报距离	前后两次重叠长度	备注
地震波反射法	软弱破碎地层 100m 左右 硬质岩地层 150 ~ 180m 以内	10m 以上	长距离预报
瞬变电磁法	100m 左右	30m 以上	
高分辨直流电法	不宜超过 80m	10m 以上	中距离预报
电磁波反射法（地质雷达法）	30m 以内	5m 以上	短距离预报
红外探测法	30m 以内	5m 以上	

【第十五章】学员笔记　　「有志者事竟成!」

真题汇编

一、单选题（每题1分）

※※第二节　超前地质预报方法※※

1. 地质雷达天线频率越低，则(　　)。

A. 波长越大，能量衰减越快，预报距离越小

B. 波长越大，能量衰减越慢，预报距离越大

C. 波长越小，能量衰减越快，预报距离越小

D. 波长越小，能量衰减越慢，预报距离越大

【答案】B　解析：地质雷达工作天线频率越低，波长越大，能量衰减越慢，预报距离就越大，但相应的分辨率会降低。

2. 超前钻探法地质预报加深炮孔应较爆破循环进尺深(　　)以上。

A. 1m　　B. 2m

C. 3m　　D. 5m

【答案】C　解析：超前钻探法地质预报加深炮孔应较设计爆破孔（或爆破循环进尺）深3m以上。

※※第三节　不良地质体的预报※※

1. 关于煤层瓦斯预报错误的是(　　)。

A. 接近煤层前在距煤层15～20m（垂距）处开挖掌子面上钻1个超前钻孔，初探煤层位置

B. 距初探煤层位置10m（垂距）处开挖掌子面上钻3个超前钻孔，分别探测开挖掌子面上方及左右部位煤层位置

C. 穿越煤层前在煤层垂距小于安全距离处的开挖掌子面进行瓦斯突出危险性预测

D. 穿越煤层前瓦斯突出危险性预测方法有瓦斯压力法、综合指标法、钻屑指标法、钻孔瓦斯涌出初速度法、“R”指标法等，选出两种方法相互验证

【答案】C　解析：C答案正确说法是根据围岩强度和预计瓦斯压力确定掌子面距突出煤层的安全距离，在煤层垂距不小于安全距离处的开挖掌子面进行瓦斯突出危险性预测。

2. 根据《公路隧道施工技术规范》(JTG/T 3660—2020)，关于煤层瓦斯预报说法正确的是(　　)。

A. 以地质调查法为主，结合物探方法综合预报

B. 开挖掌子面距离煤层100m之前，应该开始实施超前地质钻探

C. 以地质雷达法为主，结合地质调查法综合预报

D. 开挖掌子面距离煤层15m～20m，应该开始实施超前地质钻探

【答案】B　解析：岩溶预报和煤层瓦斯预报都应以地质调查法为基础，以超前钻探法为主，结合多种物探手段进行综合超前地质预报。A和C都错误。D答案正确说法是接近煤层前，应在距煤层15～20m（垂距）处的开挖掌子面上钻1个超前钻孔，初探煤层位置。

二、判断题（每题1分）

※※第二节　超前地质预报方法※※

1. 隧道超前地质预报中的地震波反射法主要用于地下水的探测预报。（　　）

【答案】错　解析：地震波反射法适用于划分地层界线、查找地质构造、探测不良地质体的厚度和范围。高分辨直流电法适用于探测地层中存在的地下水体位置及定性判断含水量。

2. 超前钻探时，冲击钻由于钻进速度快，通常与回转取芯钻交替使用。（　　）

【答案】对　解析：超前钻探法主要采用冲击钻和回转取芯钻，通常两者交替使用。

三、多选题（每题2分，下列各题均有2个或2个以上备选答案符合题意，有错误选项不得分，选项正确但不完全的每个选项得0.5分，完全正确的得满分）

※※第一节　概述※※

1. 隧道超前地质预报的内容包括（　　）。

A. 地层岩性　B. 地质构造
C. 不良地质条件　D. 地下水状况

【答案】ABCD　解析：超前地质预报的主要内容包括地层岩性预报、地质构造预报、不良地质条件预报、地下水状况预报、对围岩级别变化的判断。

※※第二节　超前地质预报方法※※

1. 下列关于隧道超前地质预报方法中，属于物探法的有（　　）。

A. 地震波反射法　B. 地质雷达法
C. 红外探测　D. 地质调查法

【答案】ABC　解析：物探法包括弹性波反射法、电磁波反射法（地质雷达探测）、瞬变电磁法、高分辨率直流电法、红外探测等。其中弹性波反射法包括地震波反射法、水平声波剖面法、负视速度法和极小偏距高频反射连续剖面法（陆地声纳法）等，目前最常用的是地震波反射法。

2. 可用于隧道超前地质预报含水构造的方法有（　　）。

A. 高分辨直流电法　B. 瞬变电磁法
C. 隧道地震波反射法　D. 红外探测法

【答案】ABCD　解析：高分辨直流电法适用于探测地层中存在的地下水体位置及定性判断含水量。红外探测适用于定性判断探测点前方有无水体存在及其方位，不能定量给出水量大小等数据。

※※第三节　不良地质体的预报※※

1. 开挖工作面瓦斯突出危险性预测应采用（　　）作为主要预测方法，并选取其他方法验证。

A. 瓦斯压力法　B. 瓦斯含量法

C. 钻屑指标法　　D. 综合指标法

【答案】AB　解析：开挖工作面瓦斯突出危险性预测应采用瓦斯压力法或瓦斯含量法作为主要预测方法，并至少选取钻屑指标法或钻孔瓦斯涌出初速度法进行验证。

四、综合题（每道大题 10 分，每个小题 2 分。下列各题备选项中，有 1 个或 1 个以上是符合题意的，选项全部正确得满分，选项部分正确按比例得分，出现错误选项该题不得分）

1. 对某隧道进行超前地质预报，该隧道开挖掌子面岩性以灰色微风化砂岩为主，围岩自稳能力一般，掌子面没有明显渗水，采用台阶法开挖。

1）针对本隧道地质特征，可采用的长距离物探预报方法有(　　)。

A. 红外探测法　　B. 地质雷达法

C. 地震波反射法　　D. 瞬变电磁法

2）超前地质预报说法正确的有(　　)。

A. 地震波反射法预报距离宜控制 100m 以内，前后两次宜重叠 10m 以上

B. 电磁波法预报距离宜控制 30m 以内，前后两次宜重叠 5m 以上

C. 瞬变电磁法预报距离宜控制 100m 以内，前后两次宜重叠 30m 以上

D. 红外探测法预报距离宜控制 30m 以内，前后两次宜重叠 5m 以上

【标准答案】

1）CD　解析：地震波反射法在软弱破碎地层或岩溶发育区的有效预报距离宜为 100m 左右，不宜超过 150m；在岩体完整的硬岩地层的有效预报距离宜为 150～180m，不宜超过 200m。瞬变电磁法有效预报距离宜为 100m 左右，连续探测时宜重叠 30m 以上。高分辨直流电法有效预报距离不宜超过 80m，连续探测时宜重叠 10m 以上。红外探测法和电磁波反射法的有效预报距离宜在 30m 以内，连续预报时前后两次重叠长度宜在 5m 以上。

2）BCD　解析：同上。

2. 采用地质雷达法进行隧道超前地质预报，请回答以下问题。

3）关于地质雷达法超前地质预报的相关特性描述，正确的包括(　　)。

A. 利用电磁波传播及反射特性，依据传播速度、反射走时及波形特征进行超前地质预报

B. 属于物探法的一种类型

C. 具有快速、无损、连续检测、实时显示等特点

D. 可进行长距离探测预报

4）地质雷达法适用(　　)的探测和超前预报。

A. 煤层瓦斯　　B. 前方地下水体

C. 岩溶　　D. 浅部地层

5）地质雷达法的预报距离取决于(　　)。

A. 发射器信噪比　　B. 接收器的灵敏度

C. 介质的衰减系数　　D. 目标的反射系数

6）雷达数据处理包括（　　　　）。

A. 时差校正　　　　B. FK 滤波

C. 信号增益　　　　D. 背景去噪

【标准答案】

3）ABC　解析：D 答案正确说法是地质雷达法在一般地段预报距离宜控制在 30m 以内，连续预报时前后两次重叠长度宜在 5m 以上。属于短距离预报。

4）CD　解析：电磁波反射法（地质雷达法）用于探测浅部地层、岩溶、空洞、不均匀体。

5）BCD　解析：预报距离取决于介质的衰减系数、接收器的信噪比和灵敏度、发射器发射功率、系统总增益、目标的反射系数、几何形状及其产状等。

6）ABCD　解析：数据分析包括编辑、滤波、增益等处理。情况较复杂时，还宜进行 FK 滤波、正常时差校正、褶积、速度分析、消除背景干扰等处理。

第十六章　隧道施工环境检测

速记宝典

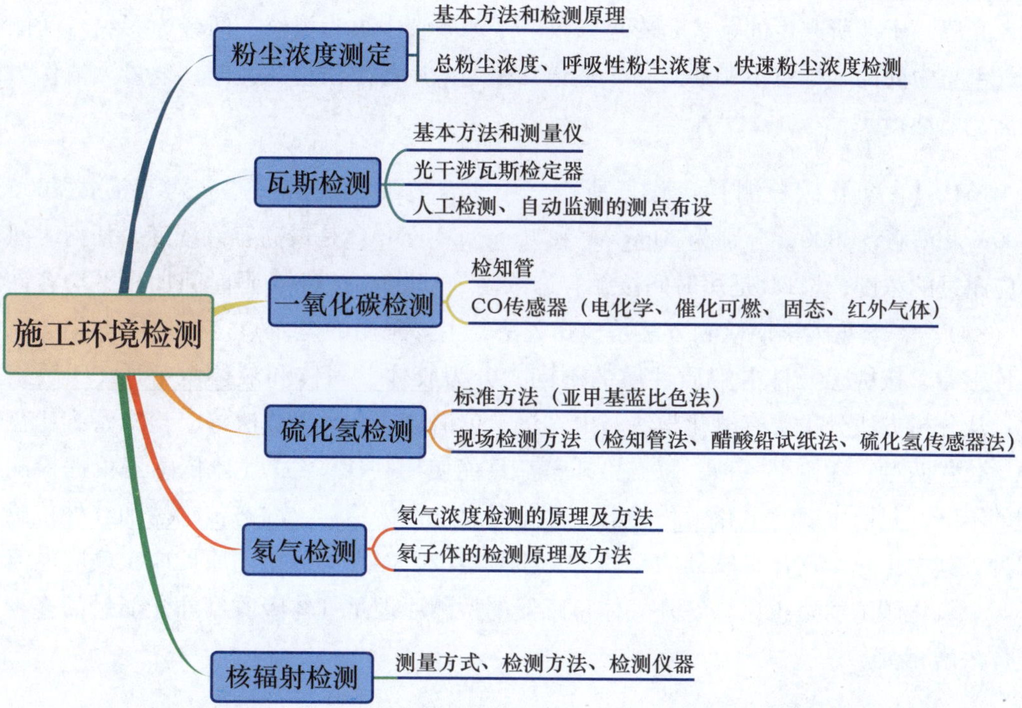

162. 一般隧道施工，主要监测的是粉尘浓度、一氧化碳浓度、硫化氢浓度、氡气浓度、洞内温度；瓦斯隧道施工重点监测瓦斯浓度；放射性地层隧道施工重点监测核辐射。

【粉尘浓度测定】我国常采用质量法测定粉尘浓度，普遍采用滤膜测尘法，测试仪器有滤膜、粉尘采样器、抽气装置等，空气中粉尘浓度≤50mg/m^3 时，用直径 37mm 或 40mm 的滤膜；粉尘浓度 >50mg/m^3 时，用直径 75mm 的滤膜。滤膜毛面应朝进气方向，采样前后滤膜称量应使用同一台分析天平，应在每次称量前除去静电。采样时间应在测点粉尘浓度稳定以后，一般在作业开始 30min 后进行，采样持续时间以 15min 为宜。滤膜增量≥1mg 时，可用感量为 0.1mg 分析天平称量；滤膜增量≤1mg 时，应用感量为

0.01mg 分析天平称量。呼吸性粉尘采样器主要包括预分离器和采样器，滤膜上总粉尘的增量不得小于 0.1mg，且不得大于 5mg，为保证粉类浓度测定的准确性，要求在同一测点相同的流量下同时采集两个样品。

163.【瓦斯检测】瓦斯是可燃和可爆气体，主要成分是甲烷（CH_4），瓦斯工区钻爆作业时工作面附近 20m 内风流中瓦斯浓度必须小于 1%；经瓦斯检测浓度不超过 1%，且洞内通风机及其开关附近 10m 以内风流中的瓦斯浓度不超过 0.5% 时，方可人工启动洞内通风机；当通风后瓦斯检测浓度仍存在超过 1% 时，应采取稀释瓦斯安全措施。对瓦斯浓度监测应采用人工监测和自动监测相结合的方法，瓦斯检测仪器有催化型瓦斯测量仪和光干涉瓦斯检定器，如使用单色光为光源，干涉将形成明暗相间的条纹；如使用白色光源，干涉所产生的条纹是彩色条纹。干涉条纹中央为黑纹，两旁为彩纹。两侧的空气室与中间的气样室不相通。每个隧道断面均采用五点法检测瓦斯，取最大值作为该断面瓦斯浓度。

164.【一氧化碳检测】工作场所空气中有毒物质最高容许浓度对于海拔 2000～3000m 和海拔 >3000m 分别为 20mg/m³ 和 15mg/m³。MAC 是最高容许浓度，任何时间都不应超过的浓度；STEL 是短时间接触容许浓度（15min）；TWA 是时间加权平均容许浓度（8h）。一氧化碳早期检测方法是检知管法，主要采用的是三点定电位的电化学原电池传感器，按敏感元件电解质性质的不同，分为胶体、固体和液体电解质 CO 敏感元件；从分析方法分主要有电化学法、电气法、色谱法、光学吸收法等，检知管有比色式和比长式两种，无论哪一种，每支检知管都只能使用一次。CO 气体传感器根据检测原理的不同，目前主要有电化学传感器、催化可燃气体传感器、固态传感器和红外传感器四种，其中电化学气体传感器的原理是在检测电极表面发生氧化还原反应，反应电流大小与一氧化碳浓度呈正比。红外气体传感器的检测原理是气体吸收红外光能量的多少与气体浓度相关。

165.【硫化氢检测】硫化氢立即威胁生命或健康的浓度为 142mg/m³，硫化氢在工作场所的容许浓度（MAC）为 10mg/m³，硫化氢测定方法是亚甲基蓝比色法，现场检测常用的方法有检知管法、醋酸铅试纸法和硫化氢传感器法。其中硫化氢传感器包括硫化氢库仑检测仪、硫化氢气敏电极检测仪、便携式气体监测仪、固定式硫化氢检测仪。

【氡气检测】地下建筑的氡浓度水平规定为每个检测点的氡浓度均小于 400Bq/m³，采样方式有瞬时采样、连续采样、累积采样；瞬时采样的检测方法有电离室法、闪烁室法、双滤膜法和气球法。氡子体的测量方法有三点法、三段法、五段法和 α 谱法。

【核辐射检测】环境中放射性元素主要通过外照射与内照射对人体产生损伤，外照射 γ 射线，内照射为 α 粒子，以检测 γ 辐射剂量率来确定环境放射性强度，异常值确定的方法：一是取大量正常平均本底值的 3 倍作为最低异常限值；二是正常平均本底值 +

（3×本底值的标准误差）作为最低异常限值。环境辐射测量方式有即时测量、连续测量，隧道内检测时一般采用点位上的即时测量方式。

【第十六章】学员笔记　　「信心来自实力，实力来自勤奋」

真题汇编

一、单选题（每题1分）

※※第二节　粉尘浓度测定※※

1. 我国常采用(　　)测定粉尘的浓度。

A. 体积法　　B. 质量法

C. 长度法　　D. 比重法

【答案】B　解析：我国常采用质量法测定粉尘浓度。

※※第三节　瓦斯检测※※

1. 瓦斯工区钻爆作业时工作面附近20m内风流中瓦斯浓度必须小于(　　)。

A. 0.5%　　B. 1%

C. 2%　　D. 5%

【答案】B　解析：瓦斯工区钻爆作业时工作面附近20m内风流中瓦斯浓度必须小于1.0%。

2. 隧道人工检测瓦斯时，每个隧道断面均采用五点法检测，取(　　)作为该断面瓦斯浓度。

A. 最大值　　B. 平均值

C. 最小值　　D. 中位数

【答案】A　解析：隧道人工检测瓦斯时，隧道内各工作面，每个隧道断面均采用五点法检测瓦斯，取最大值作为该断面瓦斯浓度。

※※第七节　核辐射检测※※

1. 在放射性异常隧道施工环境中，放射性元素主要通过外照射和内照射对人体产生伤害，其中内照射一般是指核素镭产生的(　　)及子体放射出的粒子对人体的伤害。

A. 氦　　B. 氡

C. 钾　　D. 氢

【答案】B　解析：环境中放射性元素主要通过外照射与内照射对人体产生损伤。外照射是指隧道环境物质中的天然放射性核素镭、钍、钾等核素所放出的γ射线对人体所造成的辐射损伤。内照射一般指由核素镭产生的氡被人呼吸进入体内肺和呼吸系统后，氡及子体放出的α粒子对体内细胞组织所造成的辐射危害。

2. 隧道施工环境中核辐射通常可检测(　　)，以确定环境（外照射）放射性强度，判断环境安全性。

A. 废水、废气、废渣　　B. 氡子体

C. α粒子　　D. γ辐射剂量率

【答案】D　解析：核辐射检测中，以检测γ辐射剂量率来确定环境放射性强度。

二、判断题（每题1分）

※※第二节　粉尘浓度测定※※

1. “总粉尘”指采用直径37mm或40mm滤膜，按标准粉尘测定方法采集所得的粉尘。（　　）

【答案】错　解析：空气中粉尘浓度≤50mg/m³时，用直径37mm或40mm的滤膜；粉尘浓度>50mg/m³时，用直径75mm的滤膜。

三、多选题（每题2分，下列各题均有2个或2个以上备选答案符合题意，有错误选项不得分，选项正确但不完全的每个选项得0.5分，完全正确的得满分）

※※第一节　概述※※

1. 公路隧道在施工中应加强施工环境检测，降低施工过程给环境和人员带来的不利影响。隧道施工环境检测的主要任务是监测施工过程中隧道内的（　　）。

A. 粉尘浓度　　B. 一氧化碳浓度

C. 硫化氢浓度　　D. 洞内温度

【答案】ABCD　解析：一般隧道施工环境主要监测粉尘浓度、一氧化碳浓度、硫化氢浓度、氡气浓度、洞内温度；瓦斯隧道施工重点监测瓦斯农度；放射性地层隧道施工重点监测核辐射。

※※第二节　粉尘浓度测定※※

1. 关于粉尘浓度滤膜称重表述正确的有（　　）。

A. 滤膜安装时，滤膜毛面应朝进气方向，滤膜放置应平整，不能有裂隙或褶皱

B. 采样前后，滤膜称量应使用同一台分析天平

C. 测尘滤膜通常带有静电，影响称量的准确性，因此每次称量前应除去静电

D. 呼吸性粉尘称量应使用感量为0.1mg的分析天平

【答案】ABC　解析：D答案正确说法是滤膜增量≥1mg时，可用感量为0.1mg分析天平称量；滤膜增量≤1mg时，应用感量为0.01mg分析天平称量。

※※第四节　一氧化碳检测※※

1. 一氧化碳传感器有（　　）。

A. 电化学传感　　B. 催化可燃气体传感器

C. 振弦式传感器　　D. 固态传感器

E. 红外传感器

【答案】ABDE　解析：一氧化碳气体传感器根据检测原理的不同，目前主要有电化学传感器、催化可燃气体传感器、固态传感器和红外传感器四种。

2. 隧道中关于一氧化碳检测正确的是（　　）。

A. 比色式检知管法检测精度低，无法检知一氧化碳浓度

B. 每支检知管只能使用一次

C. 红外线吸收式一氧化碳检测原理在于气体浓度与吸收红外光能量相关

D. 电化学气体传感器检测原理是在检测电极表面发生氧化还原反应

【答案】BCD　解析：A 选项正确说法是一氧化碳早期检测方法是检知管法，检知管有比色式与比长式两种。所以比色式检知管法可以检测一氧化碳浓度。

※※第六节　氡气检测※※

1. 属于氡气检测的方法有（　　）。

A. 双滤膜法　　B. 电离室法

C. 气球法　　D. 比色法

【答案】ABC　解析：氡气的检测方法有电离室法、闪烁室法、双滤膜法和气球法。

第十七章　隧道运营环境检测

速记宝典

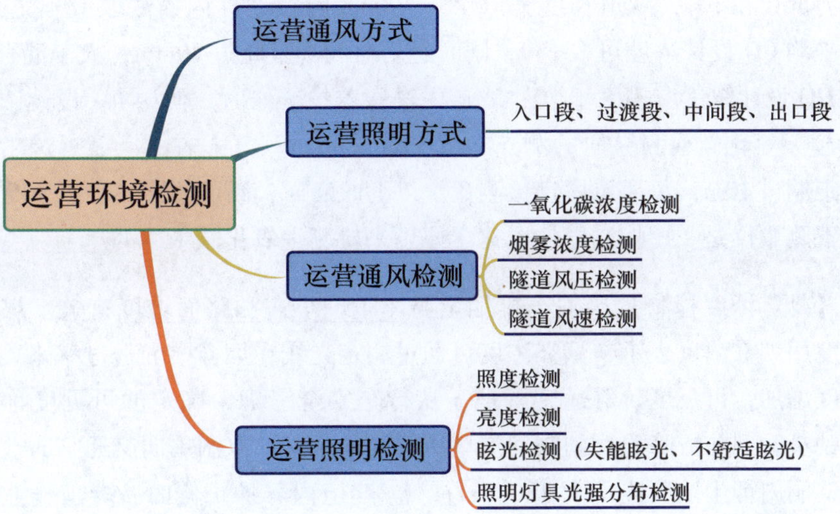

166. 隧道正常运营时，隧道通风主要是为了稀释隧道内的一氧化碳（CO）、烟雾和空气中的异味，提高隧道行车的舒适性和安全性。火灾工况时，隧道通风是为了改变隧道内气流流动方向来控制火灾烟气蔓延，为人员疏散和防灾救援创造有利条件。隧道通风分为自然通风和机械通风两大类，其中机械通风的基本方式有纵向式、半横向式、全横向式以及组合通风方式。

167. 【运营照明】白天极易引起进入隧道的“黑洞效应”或“黑框效应”和驶出隧道的“白洞效应”；夜间则刚好相反。隧道运营照明的基本方式有入口段照明、过渡段照明、中间段照明和出口段照明，对于长度＞500m 的非光学长隧道及长度＞300m 的光学长隧道，入口段亮度按公式计算；长度 300～500m 的非光学长隧道及长度 100～300m 的光学长隧道，入口段亮度按公式计算值的 50% 取值；长度 200～300m 的非光学长隧道，入口段亮度按公式计算值的 20% 取值。单向交通及设计速度通过隧道的行车时间超过 135s 时，隧道中间段宜分为两个照明段，行人与车辆混合通行的隧道，中间段亮度应不小于 2cd/m²。在单向交通隧道中，应设置出口段照明，划分为两个照明段，每段长度宜取 30m。在双向交通隧道中可不设出口段照明。

【运营通风检测】

168. 【运营通风】隧道运营通风是为了提高行车的安全性和舒适性，保护驾乘人员和洞内工作人员的身体健康。隧道运营通风检测的主要内容包括一氧化碳检测、烟雾浓度检测、隧道内风压检测和隧道风速检测。

【一氧化碳浓度检测】正常交通时，根据隧道长度≤1000m 和 >3000m，对应的 CO 设计浓度为 150 和 100，隧道长度为 1000 ~ 3000m 时按线性内插法取值。交通阻滞时，阻滞段的平均 CO 设计浓度可取 150，同时经历时间不宜超过 20min；人车混合通行的隧道，洞内 CO 设计浓度应不大于 70；隧道内进行养护维修时，洞内 CO 设计浓度应不大于 30。隧道一氧化碳检测纵向的测点布置与隧道的通风方式有关，靠近进出口的测点应布置在距洞口 10m，每通风段宜检测 3 个以上的断面，断面间距不宜大于 500m。AT2 型一氧化碳测量仪是利用控制电位电化学原理来检测一氧化碳浓度的。

169. 【烟雾浓度检测】柴油车排烟量与车重、车速和路面坡度有关。煤烟对空气的污染程度用烟雾浓度表示，烟雾浓度可通过测定光线在烟雾中的透过率来确定。隧道内烟雾浓度增加，可见度、舒适感降低，从行车安全考虑，确定的可见度称安全可见度，指驾驶员看到前方障碍物到制动汽车所行驶的距离。双洞单向交通临时改为单洞双向交通时，洞内烟尘浓度应不大于 $0.012m^{-1}$。隧道内养护维修时，隧道作业段空气的烟尘浓度应不大于 $0.003m^{-1}$。烟雾浓度检测主要采用光透过率仪。

170. 【风压检测】空气压力有绝对压力和相对压力之分，绝对压力是以零压力为起点表示的静压，恒为正值；相对压力是绝对静压与大气压力之差，如果绝对静压高于大气压力，则为正压；反之为负压。风流的动压因空气运动而产生，恒为正值并具有方向性，作用方向与风流方向一致。动压 $=0.5\rho v^2$，ρ 是空气密度，v 是风速；风流的全压即静压与动压的代数和。绝对静压的测定通常使用水银气压计和空盒气压计，其中空盒气压计使用前必须经水银气压计校定，水平放置停留 10 ~ 20min 待指针稳定后读数。相对静压的测定通常使用U 形压差计、单管倾斜压差计或补偿式微压计与皮托管配合测定风流的静压、动压和全压。

171. 【风速检测】在我国已建成的设有机械通风的公路隧道中，绝大部分都采用射流风机纵向通风，单向交通隧道风速不宜大于 10m/s，特殊情况可取 12m/s，双向交通隧道风速应不大于 8m/s，人车混用隧道风速应不大于 7m/s。常用的风表有杯式和翼式两种，杯式风表用于检测大于 10m/s 的高风速；翼式风表用于检测 0.5 ~ 10m/s 的中等风速，高灵敏度的翼式风表也可以用于检测 0.1 ~0.5m/s 的低风速。根据测风员与风流方向的相对位置，分迎面和侧面两种测风方法，其中迎面法应乘以 1.14 的校正系数后才是真实风速，侧面法为测风员背向隧道壁站立，实际风速 $=\frac{V_s(S-0.4)}{S}$，S 为所测隧道的断面面积。热电式风速仪分热线式和热球式两种，皮托管和压差计可用于通风机风筒内高风速的测定。

【运营照明检测】

172. 光谱光效率是人眼在可见光光谱范围内视觉灵敏度的一种度量，在明视觉（照度较高）条件下，人眼对 555nm 光波的视觉灵敏度最高；在暗视觉（照度较低）条件下，人眼对 507nm 光波的视觉灵敏度最高。离峰值越远，人眼的视觉灵敏度越低。

【光通量】是光源发光能力的一种度量，是光源在单位时间内发出的能被人眼感知的光辐射能的大小，单位为流明（lm）。

【光强】用于反映光源光通量在空间各个方向上的分布特性，用光通量的空间角密度来度量，单位是坎德拉（cd），是国际单位制的基本单位之一。

【照度】是用来表示被照面上光的强弱的，以被照场所光通量的面积密度来表示，单位是勒克斯（lx）；1lx 即在 $1m^2$ 的面积上均匀分布 1lm 光通量的照度值，或是一个光强为 1cd 均匀发光的点光源，以它为中心，在半径为 1m 的球面上各点所形成的照度值。

【亮度】用于反映光源发光面在不同方向上的光学特性，单位是坎德拉每平方米（cd/m^2）。在隧道照明中，路面亮度是最重要的技术指标。

173. 隧道照明现场检测主要对灯群照明下的路面照度、亮度和眩光参数进行检测，照度检测一般采用照度计，根据照明区段的不同，隧道照度检测可分为洞口段照度检测和中间段照度检测，纵向照度曲线反映洞口段沿隧道中线照度的变化规律，第一个测点可设在距洞口 10m 处，之后向内每米设一个测点，测点深入中间段 10m；横向照度曲线反映照度在隧道路面横向的变化规律，测点由中央向两边对称布置，间距 0.5m，横向照度越均匀越好。视隧道长度的不同，测区的总长度可占隧道总长度的 5% ~10%。纵向测点取灯具间距长度均匀布置 10 个点。中间段路面平均照度检测时，横排由中央向两边对称布置，分别取路中心、行车道中线、路缘点、侧墙 2m 处。照度取平均值。亮度与照度之间的换算关系 $L=E/C$，对混凝土路面 $C=13$，对沥青路面 $C=22$。

174. 路面亮度均匀度包括总均匀度和纵向均匀度，其中总均匀度是最小亮度和平均亮度之比；纵向均匀度是沿中线局部亮度的最小值和最大值之比。

隧道照明的眩光可以分为两类：失能眩光和不舒适眩光，前者用亮度对比的阈值增量表示，是生理上的过程；后者用眩光控制等级表示，是心理上的过程。眩光等级 $G=$

1、2、5、7、9 对应的不舒适感觉评价为无法忍受、干扰、允许的极限、满意、无影响。

175. 测量光强主要应用直尺光度计（光轨），要求光电池的面积对照明器的张角不大于 0.25°，光束扩散角与角度误差的关系：前者 2°~4°、4°~8°、>8°对应于 -0.1°~0.1°、-0.2°~0.2°、-0.4°~0.4°。测量距离一般不小于 3m 或不小于最大限度的 5 倍，测试前光源必须经过老练，方式是点燃 4h，关闭 15min 作为一周期。钨丝灯和管状荧光灯老练 100h，其他灯老练 200h。

【第十七章】学员笔记　　　　「学习是灯，努力是油，要想灯亮必须加油」

真题汇编

一、单选题（每题1分）

※※第二节　运营照明方式※※

1. 人车混合通行的隧道中，中间段亮度不得低于(　　)。

A. 1.0cd/m^2　　B. 1.5cd/m^2

C. 2.0cd/m^2　　D. 3.5cd/m^2

【答案】C　解析：行人与车辆混合通行的隧道，中间段亮度不应小于2.0cd/m^2。

※※第三节　运营通风检测※※

1. 隧道内进行养护维修时，洞内的CO设计浓度不应大于(　　)cm^3/m^3。

A. 30　　B. 70

C. 100　　D. 150

【答案】A　解析：隧道内进行养护维修时，洞内CO设计浓度不应大于30cm^3/m^3。

※※第四节　运营照明检测※※

1. 用于反映光源光通量在空间各个方向上的分布特性是指(　　)。

A. 光强　　B. 光通量

C. 照度　　D. 亮度

【答案】A　解析：光通量是光源发光能力的一种度量，是指光源在单位时间内发出的能被人眼感知的光辐射能的大小；光强用于反映光源光通量在空间各个方向上的分布特性，用光通量的空间角密度来度量；照度是用来表示被照面上光的强弱的，以被照场所光通量的面积密度来表示；亮度用于反映光源发光面在不同方向上的光学特性。

二、判断题（每题1分）

※※第三节　运营通风检测※※

1. 使用侧面法进行风速检测时，流经风表的流速增加，实际风速比测得风速小。　　(　　)

【答案】对　解析：风速检测方法有迎面法和侧面法，其中迎面法是测风员面向风流站立，人体的正面阻力减低流经风表的流速，校正后的真实风速 $v=1.14v_s$。侧面法是测风员背向隧道壁站立，人体与风表在同一断面内造成流经风表的流速增加。$v=v_s(S-0.4)/S$，S是所测隧道的断面面积。

2. 空气动压因空气运动而产生，其值与风速呈正比，且恒定为正。　　(　　)

【答案】错　解析：空气动压因空气运动而产生，它恒为正值并具有方向性，作用方向与风流方向一致。动压 $h_v=0.5\rho v^2$，所以空气动压与风速的平方呈正比。

※※第四节　运营照明检测※※

1. 纵向均匀度是沿中线局部亮度的最小亮度和平均亮度之比。（　　）

【答案】错　解析：纵向均匀度是沿中线局部亮度的最小值和最大值之比。总均匀度是路面最小亮度和平均亮度之比。

2. 隧道照明的眩光可以分为失能眩光和不舒适眩光，其中不舒适眩光是心理上的过程。（　　）

【答案】对　解析：隧道照明的眩光可以分为失能眩光和不舒适眩光。失能眩光是生理上的过程，是表示由生理眩光导致辨认能力降低的一种度量。不舒适眩光降低驾驶员舒适的驾驶程度，用眩光控制等级表示。不舒适眩光是心理上的过程。

三、多选题（每题2分，下列各题均有2个或2个以上备选答案符合题意，有错误选项不得分，选项正确但不完全的每个选项得0.5分，完全正确的得满分）

※※第一节　运营通风方式※※

1. 隧道机械通风的基本方式主要有（　　）。

A. 纵向通风　　B. 半横向通风

C. 全横向通风　　D. 组合通风

【答案】ABCD　解析：隧道机械通风的基本方式有纵向式、半横向式、全横向式以及组合通风方式。

※※第三节　运营通风检测※※

1. 隧道运营通风检测主要内容包括（　　）。

A. 一氧化碳检测　　B. 瓦斯检测

C. 隧道内风压检测　　D. 隧道内风速检测

E. 烟雾浓度检测

【答案】ACDE　解析：隧道运营通风检测的主要内容包括一氧化碳检测、烟雾浓度检测、隧道内风压检测和隧道风速检测。

※※第四节　运营照明检测※※

1. 隧道照度检测依据照明区段的不同可分为（　　）。

A. 接近段照度　　B. 洞口段照度

C. 过渡段照度　　D. 中间段照度

E. 出口段照度

【答案】BD　解析：根据照明区段的不同，隧道照度检测可分为洞口段照度检测和中间段照度检测。

2. 关于隧道中间段路面平均照度检测表述正确的有（　　）。

A. 视隧道长度的不同，测区总长度为隧道长度的5%～10%

B. 纵向测点取灯具间距长度，沿隧道长度均匀布设5个测点

C. 横排测点由中间向两边对称布置，分别取路中心、行车道中线、路缘点、侧墙2m处

D. 测区照度为测点照度中位值

【答案】AC　解析：B 答案正确说法是纵向测点取灯具间距长度，沿隧道长度均匀布设 10 个测点。D 答案正确说法是测区照度为各测点照度的平均值。

四、综合题（每道大题 10 分，每个小题 2 分。下列各题备选项中，有 1 个或 1 个以上是符合题意的，选项全部正确得满分，选项部分正确按比例得分，出现错误选项该题不得分）

※※第三节　运营通风检测※※

1. 隧道风压是隧道通风的基本控制参量，在长大隧道中，通风系统往往由复杂的通风网络构成，要使风流有规律地流动，就必须调整或控制网络内各节点的风压。

1）空盒气压计测量时，应将盒面(　　　)放置在被测地点，停留 10～20min 待指针稳定后再读数。

A. 倒置　　　　B. 竖立

C. 水平　　　　D. 与边墙平行

2）空气的相对静压可采用(　　　)与皮托管配合测定。

A. 空盒气压计　　　　B. 单管倾斜压差计

C. U 形压差计　　　　D. 水银气压计

3）公路隧道单向交通隧道风速不宜大于(　　　)，双向交通隧道风速不应大于(　　　)，人车混用风速不应大于(　　　)。

A. 10m/s，8m/s，7m/s　　　　B. 12m/s，10m/s，8m/s

C. 12m/s，8m/s，7m/s　　　　D. 12m/s，10m/s，7m/s

4）采用迎面法检测隧道风速时，测试结果为 12m/s，则实际风速为(　　　)。

A. 12.48　　　　B. 13.2

C. 13.68　　　　D. 14.4

5）下列隧道风速检测说法有误的是(　　　)。

A. 杯式风表和翼式风表的区别在于，杯式风表用于检测 0.5～10m/s 的中等风速，翼式用于大于 10m/s 的高风速

B. 背面法测风速时，测试人员应背向隧道壁站立

C. 皮托管和压差计不可用于通风机风筒内高风速的测定

D. 公路隧道中一般采用射流风机纵向通风

6）空盒气压计测量时，将盒面水平放置在被测地点，停留(　　　)待指针稳定后再读数。

A. 10s～20s　　　　B. 10min～20min

C. 1s～2s　　　　D. 1min～2min

7）单管倾斜压差计用来测定(　　　)。

A. 空气动压　　　　B. 绝对静压

C. 相对静压　　　　D. 风流全压

8）关于隧道通风表述正确的有(　　　)。

A. 隧道运营通风通过洞外新鲜空气置换洞内空气

B. 对于射流纵向通风，风速过小，不足以稀释排出隧道内的车辆废气

C. 对于射流纵向通风，风速过大，会使隧道内粉尘含量过高

D. 公路隧道都采用射流风机纵向通风

【标准答案】

1）C　解析：空盒气压计测量时，应将盒面水平放置在被测地点，停留 10～20min 待指针稳定后再读数。

2）BC　解析：空气的相对静压通常使用U 形压差计、单管倾斜压差计或补偿式微压计与皮托管配合测定。

3）A　解析：单向交通隧道风速不宜大于 10m/s，特殊情况可取 12m/s；双向交通隧道风速不应大于 8m/s；人车混用隧道风速不应大于 7m/s。

4）C　解析：迎面法是测风员面向风流站立，人体的正面阻力减低流经风表的流速，校正后的真实风速 $v=1.14v_s=1.14\times12=13.68$m/s。

5）ABC　解析：选项 A 说反了，杯式风表用在检测大于 10m/s 的高风速，翼式风表用在检测 0.5～10m/s 的中等风速。选项 B 应为侧面法，没有背面法这种说法。选项 C 皮托管和压差计可用于通风机风筒内高风速的测定。

6）B　解析：空盒气压计测量时，将盒面水平放置在被测地点，停留 10min～20min 待指针稳定后再读数。

7）ACD　解析：通常使用U 形压差计、单管倾斜压差计或补偿式微压计与皮托管配合测定风流的静压、动压和全压。

8）ABC　解析：D 答案正确说法是在我国已建成的设有机械通风的公路隧道中，绝大部分都采用射流风机纵向通风。并不是都采用。

※※第四节　运营照明检测※※

1. 现有一座高速公路隧道需进行照明现场检测。

1）隧道照明现场检测主要对灯群照明下的(　　　)参数进行检测。

A. 路面照度　　　B. 逆反射系数

C. 亮度　　　D. 眩光

2）隧道路面亮度均匀度包括(　　　)。

A. 平均均匀度　　　B. 总均匀度

C. 横向均匀度　　　D. 纵向均匀度

3）现场照度检测使用的仪器是(　　　)。

A. 亮度计　　　B. 照度计

C. 卧式分布光度计　　　D. 球形积分亮度计

4）隧道路面总均匀度的计算与(　　　)直接相关。

A. 平均亮度　　　B. 最大亮度

C. 最小亮度　　　D. 亮度方差

5）隧道照明眩光检测时，主观上对不舒适感觉评价为“满意”，则相应眩光等级为(　　　)。

A. $G=9$　　　B. $G=7$

C. $G=5$　　　　D. $G=3$

【标准答案】

1）ACD　解析：隧道照明检测可分为实验室检测和现场检测。实验室检测主要对单个灯具的特性或质量进行检测，为照明设计提供依据，或为工程选用合格产品；现场检测则主要对灯群照明下的路面照度、亮度和眩光参数进行检测，用以评价隧道照明工程的设计效果和施工质量。

2）BD　解析：隧道路面亮度均匀度包括总均匀度和纵向均匀度。

3）B　解析：照度检测一般采用照度计。

4）AC　解析：路面总均匀度是路面最小亮度和平均亮度的比值。

5）B　解析：眩光等级 1、2、5、7、9 对应的主观上对不舒适感觉评价为无法承受、干扰、允许的极限、满意、无影响。

第十八章　运营隧道结构检查

速记宝典

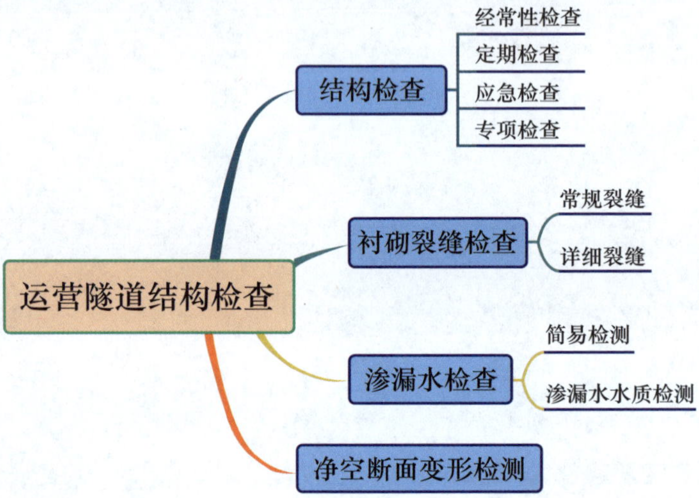

176. 根据公路等级、隧道长度和交通量大小，公路隧道养护可分为三个等级：一级、二级、三级；根据检测目的、内容和范围的不同，隧道检测可分为经常性检查、定期检查、应急检查和专项检查。

【经常性检查】是对土建结构的外观技术状况进行的一般性定性检查。公路隧道结构经常检查频率要求是一级为 1 次/月，二级为 1 次/2 月，三级为 1 次/3 月（季度），经常检查一般采用目测方法，配合简单的检查工具进行。经常检查的结论以定性判断为主，判定结果分为情况正常、一般异常、严重异常三种情况。一般异常多是尚未妨碍交通，严重异常多是已妨碍交通。当经常检查中发现隧道存在一般异常情况时，应进行监视、观测或做进一步检查；当经常检查中发现隧道存在严重异常情况，应采取措施进行处治，若对其产生原因及详细情况不明时，还应做定期检查或专项检查。

【定期检查】是按规定周期对土建结构的技术状况进行的全面检查，频率宜每年检查 1 次，最长不得超过 3 年检查 1 次，当经常性检查中发现评定状况值为 3 或 4 时，应立即开展一次定期检查。定期检查宜安排在春季或秋季进行，新建隧道应在交付使用 1

年后进行首次定期检查。定期检查频率要求是一级为1次/年，二级为1次/2年，三级为1次/3年。需要配备必要的检查工具或设备，进行目测或量测检查。除检修道、内装饰、交通标志标线的技术状况评定状况值为0、1、2、3四类外，其余分项技术状况评定状况值都是0、1、2、3、4五类。土建结构技术状况等级评定分类为1类、2类、3类、4类、5类对应的JG-CI分值为85～70～55～40（≥＜）。当洞口、洞门、衬砌、路面和吊顶及预埋件的技术状况评定值达到3或4时，对应土建结构技术状况应直接评为4类或5类。直接评为5类隧道的情况是各种严重、大范围开裂贯穿、明显的永久变形。

【应急检查】内容方法、结果的记录、评定标准与定期检查相同。主要针对发生异常情况或者受异常事件影响的结构或结构部位作重点检查，以掌握其受损情况，应根据受异常事件影响的结构，决定采取的检查方法、工具和设备。

【专项检查】是在经常性检查、定期检查和应急检查的基础上进行的更深入的专门检查，漏水检查包括漏水调查、漏水检测和防排水系统。其中漏水检测内容包括水温、pH值检查、电导度检测、水质化学分析。

177. 隧道衬砌裂缝包括受力裂缝、沉降裂缝、混凝土收缩裂缝等，裂缝位置指裂缝中点的位置，分为隧道拱部、边墙、路面3个部位；裂缝方向是裂缝起始端和终端的连线与隧道中线或墙底线的夹角；裂缝宽度指裂缝最宽处的宽度，有微裂缝、微张开、张开、宽张开（对应的裂缝宽度为0.2mm～3mm～5mm）。除了常规裂缝检测的内容（位置、方向、长度、宽度、形态）外，还可以增加的详细裂缝检查内容有裂缝深度、倾角、裂缝发展性观测。裂缝的宽度可以采用标点量测法、砂浆涂抹法和裂缝测量计的方法进行观测，裂缝长度扩展可采用尖端标记法、砂浆涂抹法进行观测。

178. 隧道渗漏水检查可分为简易检测和水质检测两类，简易检测包括位置、范围、漏水状态和漏水流量检查、浑浊程度、pH值、冻结检查；当渗漏水可能具有腐蚀作用时应进行水质检测，包括温度检测、pH值及水质检测、水样检测。根据漏水压力、流量等因素将漏水状态分为喷射、涌流、滴漏、浸渗四类。

当检测出隧道衬砌或附属设施任何部分侵入建筑限界，应直接判定侵限区域属于3类及以上病害，当变形速度呈现加速时，则可以将等级提高一级。如因山体滑移导致衬砌变形，则应判定为3/4类。

隧道衬砌病害自动化检测系统工作流程一般分为准备阶段、现场工作阶段和室内分析阶段三个阶段，其中检测准备阶段时，每隔5m或10m标出隧道里程桩号；现场检测阶段时，三维激光扫描系统以5km/h的速度进行扫描，需要临时封洞或封道。高清视频扫描系统速度可达50～80km/h，对正常交通完全没有影响；室内分析阶段时，可采用人工、自动与人工相结合或全自动的方式。

桥梁隧道检查	桥梁检查	隧道检查
经常检查	养护检查等级为Ⅰ、Ⅱ、Ⅲ级的桥梁，分别为每月、每两个月、每三个月（每季度）不应少于1次	一级为1次/月，二级为1次/2月，三级为1次/3月（季度）
定期检查	养护检查等级为Ⅰ级的桥梁，定期检查周期不得超过1年； 养护检查等级为Ⅱ、Ⅲ级的桥梁，定期检查周期不得超过3年。	一级为1次/年，二级为1次/2年，三级为1次/3年。 每年检查1次，最长不得超过3年，新建隧道在交付使用1年后进行首次定期检查。 分项技术状况评定为3或4时应立即开展一次定期检查
分类	包括初始检查、日常巡查、经常检查、定期检查、特殊检查5类	包括经常性检查、定期检查、应急检查、专项检查4类

【第十八章】学员笔记　　「只有不想做的，没有做不到的」

真题汇编

一、单选题（每题1分）

※※第二节 结构检查及技术状况评定※※

1. 土建结构技术状况评定时，当技术状况评分JGCI为(　　)评定为1类隧道。

A. ≥90　　B. ≥85

C. ≥40，<55　　D. <40

【答案】B　解析：隧道等级1、2、3、4、5对应的JGCI值为85～70～55～40。(≥ <)，见表18-1。

表18-1 土建结构技术状况等级界限值

技术状况评分	土建结构技术状况评定分类				
	1类	2类	3类	4类	5类
JGCI	≥85	≥70，<85	≥55，<70	≥40，<55	<40

2. 当隧道经常检查中发现重要结构分项技术状况评定状况值为(　　)时，应立即开展一次定期检查。

A. 1　　B. 2或3

C. 3或4　　D. 2

【答案】C　解析：当隧道经常检查中发现重要结构分项技术状况评定状况值为3或4时，应立即开展一次定期检查。

3. 运营隧道技术状况定期检查频率，以下说法错误的是(　　)。

A. 检查频率应根据隧道技术状况确定，宜每年检查1次，检查周期最长不得超过3年

B. 新建隧道交付使用两年后第一次定期检查

C. 当经常检查中发现重要结构分项技术状况评定状况值为3或者4时，应立即开展一次定期检查

D. 定期检查宜安排在春季或秋季进行

【答案】B　解析：B答案正确说法是新建隧道交付使用1年后第一次定期检查。

二、判断题（每题1分）

※※第一节 概述※※

1. 隧道结构的养护等级根据结构的重要性划分。　　(　　)

【答案】错　解析：根据公路等级、隧道长度和交通量大小，公路隧道养护可分为三个等级。

※※第二节 结构检查及技术状况评定※※

1. 检修道、内装饰、交通标志标线的技术状况评定最大值为3。　　(　　)

【答案】对　解析：检修道、内装饰、交通标志标线的技术状况评定最大值为3。

2. 当经常检查中发现隧道存在一般异常情况时，应进行监视、观测或做进一步检查。（　　）

【答案】对　解析：当经常检查中发现隧道存在一般异常情况时，应进行监视，观测或做进一步检查；当经常检查中发现隧道还存在严重异常情况，应采取措施进行处治，若对其产生原因及详细情况不明时，还应做定期检查或专项检查。

※※第五节　隧道净空断面变形监测※※

1. 衬砌变形速率每年超过5mm时，其评定状况值为4。（　　）

【答案】错　解析：衬砌变形速率每年超过10mm时，其评定状况值为4。

三、多选题（每题2分，下列各题均有2个或2个以上备选答案符合题意，有错误选项不得分，选项正确但不完全的每个选项得0.5分，完全正确的得满分）

※※第一节　概述※※

1. 根据《公路隧道养护技术规范》（JTGH 12—2015），属于高速公路隧道一级养护等级的有(　　)。

A. 1000m≥L>500m　单车道年平均日交通量≥10001

B. 1000m≥L>500m　单车道年平均日交通量≤5000

C. L>3000m　10000≥单车道年平均日交通量>5000

D. L>3000m　单车道年平均日交通量≤5000

【答案】ACD　解析：见表18-2。

表18-2　高速、一级公路隧道养护等级分级表

单车道年平均日交通量[pcu/（d·ln）]	隧道长度（m）			
	L>3000	3000≥L>1000	1000≥L>500	L≤500
≥10001	一级	一级	一级	二级
5001～10000	一级	一级	二级	二级
≤5000	一级	二级	二级	三级

※※第二节　结构检查及技术状况评定※※

1. 在公路隧道技术状况评定中，当有下列(　　)情况时，隧道土建结构技术状况评定为5类隧道。

A. 隧道路面发生严重隆起，路面板严重错台、断裂，严重影响行车安全

B. 隧道衬砌结构发生明显的永久变形，且有危及结构安全和行车安全的趋势

C. 隧道洞门墙身结构严重开裂、错台；钢筋外露，受到锈蚀，墙身有明显倾斜、沉降趋势，壁面严重渗水，将会妨碍交通

D. 隧道洞口边仰坡不稳定，出现严重的边坡滑动、落石等现象

【答案】ABD　解析：隧道土建技术状况评定应评为5类隧道的情况是各种严重、贯穿、危及结构安全和行车安全。

2. 土建结构评价时，当(　　　)的技术状况值达到3或4时，应对该隧道土建结构技术状况直接评定为4类或5类。

A. 洞口和洞门　　B. 衬砌和路面

C. 检修道和排水沟　　D. 吊顶及各种预埋件

E. 标志、标线、轮廓标

【答案】ABD　解析：土建结构评价时，当洞口、洞门、衬砌、路面和吊顶及预埋件的技术状况评定状况值达到3或4时，应对该隧道土建结构技术状况直接评定为4类或5类。

四、综合题（每道大题10分，每个小题2分。下列各题备选项中，有1个或1个以上是符合题意的，选项全部正确得满分，选项部分正确按比例得分，出现错误选项该题不得分）

1. 运营隧道中，隧道结构的裂缝和渗漏水病害最为常见，其调查和检测对隧道运营安全至关重要。

1）专项检查项目中漏水检查包括(　　　)。

A. 漏水调查　　B. 漏水检测

C. 防排水系统　　D. 钢筋锈蚀

2）隧道存在一条长度为4mm，宽度为2mm，发展缓慢的裂缝，其评定状况值为(　　　)。

A. 0　　B. 1

C. 2　　D. 3

3）裂缝长度发展性观测可采用(　　　)。

A. 尖端标记法　　B. 标点量测法

C. 砂浆涂抹法　　D. 裂缝测量计

4）渗漏水的简易检测主要包括(　　　)。

A. 位置　　B. 范围

C. 浑浊程度　　D. 温度检测

5）隧道侧墙存在一处喷射漏水，已影响行车安全，其评定状况值为(　　　)。

A. 1　　B. 2

C. 3　　D. 4

6）根据《公路隧道养护技术规范》(JTG H12—2015)，专项检查中漏水检测的内容包括(　　　)。

A. 水温　　B. pH值

C. 电导度检测　　D. 水质化学分析

【标准答案】

1）ABC　解析：漏水检查包括漏水调查、漏水检测和防排水系统。

2）C　解析：查看《当裂缝存在开展时的评定标准》表得到评定状况值为2。

3）AC　解析：裂缝的宽度可以采用标点量测法、砂浆涂抹法和裂缝测量计的方法进行观测，裂缝长度扩展可采用尖端标记法、砂浆涂抹法进行观测。

4）ABC　解析：隧道渗漏水检查可分为简易检测和水质检测两类。简易检测包括位置、范围、漏水状态和漏水流量检查、浑浊程度、pH值、冻结检查。

5）C　解析：查看《渗漏水的评定标准》表得到评定状况值为3。

6）ABCD 解析：漏水检查包括漏水调查、漏水检测和防排水系统。其中漏水检测内容包括水温、pH值检查、电导度检测、水质化学分析。

第十九章　盾构隧道施工质量检测与监测

速记宝典

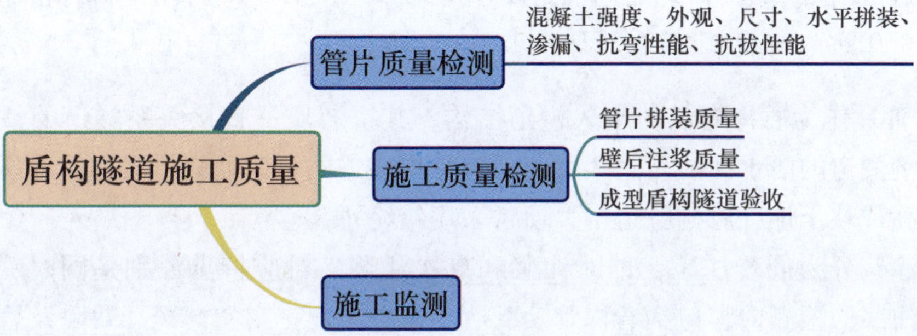

179. 盾构隧道即采用盾构法施工的隧道，施工过程主要分为三个阶段：盾构的始发与到达、盾构的掘进以及盾构隧道贯通后联络通道、风道、泵房等辅助设施的施工。盾构法是一种新型的暗挖施工方法，具有机械化程度高、对地层扰动小、掘进速度快、地层适应性强、对周围环境影响小等特点，成为水下公路隧道建设的主要施工方法。

180. 盾构隧道管片类型按照材料可分为混凝土管片、钢管片、铸铁管片等，其中混凝土管片又分为钢筋混凝土管片和纤维混凝土管片。目前我国盾构隧道管片主要采用钢筋混凝土管片。

混凝土管片质量检测项目包括混凝土强度、外观、尺寸、水平拼装、渗漏、抗弯性能及抗拔性能。其中混凝土强度抽检数量不少于同一检测批管片总数的5%；外观和尺寸抽样数量都是每200环抽检1环，不足200环时按200环计；水平拼装、渗漏、抗弯性能、抗拔性能都是每1000环抽检1环，不足1000环时按1000环计。管片类型包括标准块、邻接块、封顶回弹法或钻块三种，渗漏和抗弯性能检测宜选用标准块。

181. 【混凝土强度】检测应采用芯法，对回弹结果有争议时，采用钻芯法。混凝土管片的强度等级应不小于C50。

【尺寸检测】检测项目一般包括宽度、厚度和钢筋保护层厚度检测，其中前两项是主控项目。

【水平拼装】检测项目一般包括成环后内径、成环后外径、环向缝间隙、纵向缝间隙等项目。

【渗漏检测试验】加压速度为 0.05MPa/min，判定标准是在设计抗渗压力下稳压 2h，管片内弧面不出现渗漏水现象，侧面渗水高度不超过 50mm，判定抗渗性能合格。

【抗弯性能检测试验】试验反力架能提供的反力不得小于最大试验荷载的 1.2 倍，试验反力架应具有足够的强度、刚度和稳定性。当出现下列情况之一时，检测失败应重新检测：位移随加载变化出现异常突变、混凝土管片在加载点处出现局部破坏。判定标准是加载达到设计荷载并持荷 30min 后，没有观察到裂缝或裂缝宽度不大于 0.2mm，判定符合设计要求。

【抗拔性能检测试验】判定标准是设计荷载下的最后 3 次所测位移，相邻两个位移差均小于 0.01mm，应判定符合设计要求。

182. 管片作为盾构隧道的永久衬砌结构，其拼装质量直接关系隧道的整体质量和安全，影响隧道的防水性能及耐久性能。管片拼装方式分为通缝拼装和错缝拼装。在防水要求较高或软土地区盾构隧道中，通常采用错缝拼装。

壁后注浆分为同步注浆、即时注浆和二次注浆。对应特点分别是同时、迅速、补充。壁后注浆的检测内容包括盾构管片壁后注浆层厚度、密实情况、缺陷及管片壁后病害。壁后注浆填充质量检测一般采用地质雷达法或打开管片注浆孔进行防水试验等方法。

成型盾构隧道验收项目分为主控项目和一般项目，主控项目包括表观病害、接缝、防水、轴线平面位置和高程偏差；一般项目包括衬砌环椭圆度、衬砌环内错台和衬砌环间错台。

183. 【施工监测】盾构施工阶段风险主要体现在开挖引起周边地层变化、对工程周边环境的影响以及盾构管片结构的变形、渗漏等。监测项目中，管片结构竖向位移、净空收敛和地表沉降尤为重要，属于应测项目。

监测预警是整个监测工作的核心，当监测数据达到预警标准或实测变形值大于允许变形的 2/3 时，应进行预警。当出现各种明显、过大、其他警情时，也应及时进行预警。

【第十九章】学员笔记　　　　「大家的支持是我创作的动力！」

真题汇编

一、单选题（每题1分）

※※第三节　盾构隧道施工质量检测※※

1. 盾构隧道管片钢筋保护层厚度检测，当全部钢筋保护层厚度检测的合格点率为(　　)及以上时，钢筋保护层厚度的检测结果应判为合格。

A. 80%　　B. 85%

C. 90%　　D. 95%

【答案】C　解析：盾构隧道管片钢筋保护层厚度检测，当全部钢筋保护层厚度检验的合格点率为90% 及以上时，钢筋保护层厚度的检验结果应判为合格。

2. 根据《盾构隧道管片质量检测技术标准》（CJJ/T 164—2011），盾构管片抗弯性能试验反力架所能提供的反力不得小于最大试验荷载的(　　)倍。

A. 1.15　　B. 1.20

C. 1.50　　D. 2.00

【答案】B　解析：混凝土管片的抗弯性能检测试验中，试验反力架能提供的反力不得小于最大试验荷载的1.2倍。

二、判断题（每题1分）

※※第三节　盾构隧道施工质量检测※※

1. 成型盾构隧道验收主控项目包括衬砌环椭圆度、衬砌环内错台和衬砌环间错台。　　(　　)

【答案】错　解析：成型盾构隧道验收的主控项目包括表观病害、接缝、防水、轴线平面位置和高程偏差；一般项目包括衬砌环椭圆度、衬砌环内错台和衬砌环间错台。

※※第四节　盾构隧道施工监测※※

1. 盾构隧道施工时，当实测变形值大于允许变形的2/3时，应进行报警。　　(　　)

【答案】对　解析：当监测数据达到预警标准或实测变形值大于允许变形的2/3时，应进行预警。

三、多选题（每题2分，下列各题均有2个或2个以上备选答案符合题意，有错误选项不得分，选项正确但不完全的每个选项得0.5分，完全正确的得满分）

※※第三节　盾构隧道施工质量检测※※

1. 根据《盾构隧道管片质量检测技术标准》（CJJ/T 164—2011），关于混凝土管片质量检测数量表述正确的是(　　　)。

A. 尺寸：每400环抽检1次，不足400环时按400环计

B. 混凝土强度：抽检数量不少于同一检测批管片总数的5%

C. 渗漏：每2000环抽检1次，不足2000环时按2000环计

D. 水平拼装：每1000环抽检1次，不足1000环时按1000环计

【答案】BD　解析：混凝土强度抽检数量不少于同一检测批管片总数的5%；外观和尺寸抽样数量都是每200环抽检1环，不足200环时按200环计；水平拼装、渗漏、抗弯性能、抗拔性能都是每1000环抽检1环，不足1000环时按1000环计。

教材外补充　重要规范考点浓缩

速记宝典

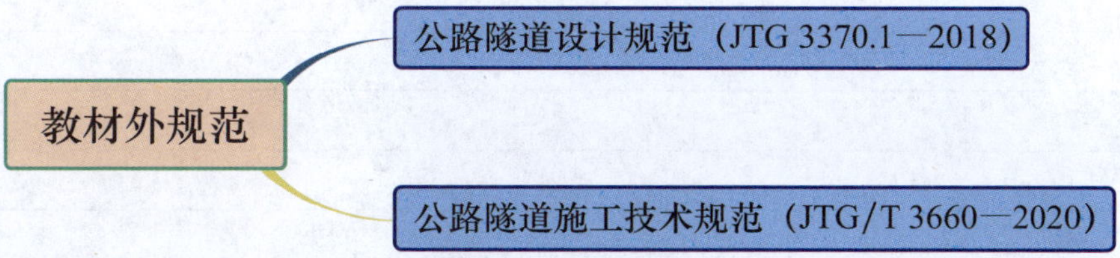

《公路隧道设计规范 第一册 土建工程》（JTG 3370. 1—2018）

1. 隧道内纵断面线形应考虑行车安全、运营通风规模、施工作业和排水要求确定，最小纵坡不应小于0. 3%，最大纵坡不应大于3%；短于100m的隧道可不受此限制。高速公路、一级公路的中、短隧道，受地形等条件限制时，经技术经济论证、交通安全评价后，隧道最大纵坡可适当加大，但不宜大于4%。两车道隧道对于Ⅲ、Ⅳ、Ⅴ级围岩的预留变形量分别为20～50、50～80、80～120mm；三车道隧道对于Ⅱ、Ⅲ、Ⅳ、Ⅴ级围岩的预留变形量分别为10～30、30～80、60～120、100～150mm。横向导水管直径不宜小于80mm，排水坡度不宜小于1%，沿隧道纵向间距不宜大于10m。横向透水盲沟直径不应小于50mm，排水坡度不应小于1. 5%。

《公路隧道施工技术规范》（JTG/T 3660—2020）

2. 仰拱开挖长度：土和软岩应不大于3m，硬岩应不大于5m。黄土隧道的施工应采用机械挖掘，不宜采用钻爆法施工。宜采用环形开挖留核心土法、双侧壁导坑法、中隔壁法等分部开挖法。不得采用长台阶法、中导洞超前法等分部独进开挖方法。隧道施工中人员接触噪声40h等效声级应不大于85dB（A），洞口位于居民区时，噪声声级限值应不大于70dB（A）。空气中的氧气含量应大于19. 5%，二氧化碳时间加权平均容许浓度不超过9000mg/m³，二氧化碳短时间接触容许浓度不超过18000mg/m³。

【重要规范考点浓缩】学员笔记

「创作不易，且学且珍惜」

真题汇编

※※《公路隧道设计规范 第一册 土建工程》（JTG 3370.1—2018）※※

【单选题】

1.《公路隧道设计规范 第一册 土建工程》（JTG 3370.1—2018）对隧道衬砌背后横向导水管排水坡度要求为（　　）。

A. 不宜小于2.0%　　B. 不宜小于1.5%

C. 不宜小于1.0%　　D. 不宜小于0.5%

【答案】C　解析：横向导水管直径不宜小于80mm，排水坡度不宜小于1%，沿隧道纵向间距不宜大于10m。横向透水盲沟直径不应小于50mm，排水坡度不应小于1.5%。

【多选题】

1. 隧道开挖轮廓应按照设计要求预留变形量，对于两车道隧道，依据《公路隧道设计规范 第一册 土建工程》（JTG 3370.1—2018），下列预留变形量符合要求的是（　　）。

A. Ⅱ级围岩预留变形量10mm～50mm

B. Ⅲ级围岩预留变形量20mm～50mm

C. Ⅳ级围岩预留变形量50mm～80mm

D. Ⅴ级围岩预留变形量80mm～120mm

【答案】BCD　解析：两车道隧道对于Ⅲ、Ⅳ、Ⅴ级围岩的预留变形量分别为20～50、50～80、80～120mm；三车道隧道对于Ⅱ、Ⅲ、Ⅳ、Ⅴ级围岩的预留变形量分别为10～30、30～80、60～120、100～150mm。

2. 根据《公路隧道设计规范 第一册 土建工程》（JTG 3370.1—2018），隧道内纵断面线形的要求包括（　　）。

A. 最小纵坡不应小于1.5%　　B. 最大纵坡不应大于3%

C. 最小纵坡不应小于0.3%　　D. 最大纵坡不应大于2%

【答案】BC　解析：隧道内纵断面线形的最小纵坡不应小于0.3%，最大纵坡不应大于3%；短于100m的隧道不受此限制。

※※《公路隧道施工技术规范》（JTG/T 3660—2020）※※

【单选题】

1.《公路隧道施工技术规范》（JTG/T 3660—2020）规定，黄土隧道不得采用的开挖方法为（　　）。

A. 中隔壁法　　B. 双侧壁导坑法

C. 长台阶法　　D. 环形开挖留核心土法

【答案】C　解析：黄土隧道的施工应采用机械挖掘，不宜采用钻爆法施工。宜采用环形开挖留核心土法、双侧壁导坑法、中隔壁法等分部开挖法。不得采用长台阶法、中导洞超前法等分部独进开挖方法。

2.《公路隧道施工技术规范》（JTG/T 3660—2020）对隧道施工中人员接触噪声等效声级要求是（　　）。

A. 不大于 75dB（A 声级）　　B. 不大于 80dB（A 声级）

C. 不大于 85dB（A 声级）　　D. 不大于 90dB（A 声级）

【答案】C　解析：隧道施工中人员接触噪声 40h 等效声级应不大于 85dB（A），洞口位于居民区时，噪声声级限值应不大于 70dB（A）。

3.《公路隧道施工技术规范》（JTG/T 3660—2020）对长度 3000m 的隧道整个贯通区间的横向贯通误差要求为(　　)。

A. ≤70mm　　B. ≤50mm

C. ≤100mm　　D. ≤300mm

【答案】C　解析：见附表。

贯穿误差影响极限值

测量部位	不同贯通长度 L（m）的横向贯通中误差（mm）			高程中误差（mm）
	$L<3000$	$3000\leqslant L\leqslant 6000$	$6000\leqslant L<9000$	
洞外	45	60	90	25
洞内	60	80	120	25
整个贯通区间	75	100	150	35

【多选题】

1. 依据《公路隧道施工技术规范》（JTG/T 3660—2020），仰拱开挖长度要求包括(　　　)。

A. 土和软岩不应大于 3m　　B. 土和软岩不应大于 5m

C. 硬岩不应大于 3m　　D. 硬岩不应大于 5m

【答案】AD　解析：仰拱开挖长度：土和软岩应不大于 3m，硬岩应不大于 5m。

2. 根据《公路隧道施工技术规范》（JTG/T 3660—2020），关于职业健康要求正确的有(　　　)。

A. 氧气含量始终保持在 19.5% 以上

B. 氧气含量始终保持在 17.5% 以上

C. 二氧化碳时间加权平均容许浓度不超过 18000mg/m^3

D. 二氧化碳时间加权平均容许浓度不超过 9000mg/m^3

【答案】AD　解析：空气中的氧气含量应大于 19.5%，二氧化碳时间加权平均容许浓度不超过 9000mg/m^3，二氧化碳短时间接触容许浓度不超过 18000mg/m^3。